孙越崎传

孙越崎科技教育基金委员会 编

（第三版）

石油工业出版社

内 容 提 要

本书描写了"工矿泰斗"孙越崎从一个山村少年成长成为著名实业家,最后担任国民政府政务委员、经济部部长兼资源委员会主任委员,以及新中国成立后的经历。突出了他对煤炭、石油方面的贡献,详细介绍了他怎样抓管理,办事业。之中穿插了他和中国现代史上许多著名人物、国共两党要人的来往。史料翔实,人物生动,文字流畅。

图书在版编目(CIP)数据

孙越崎传 / 孙越崎科技教育基金委员会编. —3版.
—北京:石油工业出版社,2021.9
ISBN 978-7-5183-4871-8

Ⅰ.①孙… Ⅱ.①孙… Ⅲ.①孙越崎(1893～1995)
—传记 Ⅳ.①K826.14

中国版本图书馆CIP数据核字(2021)第183596号

孙越崎传
孙越崎科技教育基金委员会　编

出版发行:石油工业出版社
　　　　(北京安定门外安华里2区1号楼 100011)
网　　址:www.petropub.com
编 辑 部:(010)64523687　　图书营销中心:(010)64523633
经　　销:全国新华书店
印　　刷:北京中石油彩色印刷有限责任公司

2021年9月第3版　　2021年9月第1次印刷
710×1000毫米　开本:1/16　印张:18.5
字数:280千字

定　价:90.00元
(如出现印装质量问题,我社图书营销中心负责调换)
版权所有,翻印必究

《孙越崎传》编写组

宋红岗　朱大为　易希高

周笑添　张江一

第一版序

孙越崎同志是著名的爱国主义者，是我国现代能源工业的奠基人之一。他从青年时代起，就投身于反帝、反封建的爱国、民主运动。1919年，他不顾反动军阀的威胁，积极参与组织北洋大学和天津各大中学校的"五四"爱国运动，被学校开除。后得蔡元培先生帮助，进入北京大学采矿系学习。大学毕业后，他不畏艰辛，深入土匪出没的长白山区，开办了当时北满最大的煤矿——穆棱煤矿。后来他又克服困难，领导开发了中国大陆第一个油矿——延长油矿。抗战前夕，他力排众议，置生死于度外，领导中福煤矿全体员工，将焦作煤矿的机器设备全部迁往四川，有力地支援了抗战时大后方的煤业发展。与此同时，他还在塞外戈壁领导创建了中国第一座较具规模的石油城——玉门油矿，为我国石油工业日后的飞速发展奠定了基础。全国解放前夕，他毅然抗拒国民党当局向台湾搬运资源委员会财产的命令，在中共地下党组织的帮助下，领导资源委员会同仁护厂护矿，迎接解放，将所属厂矿企业完整地移交给人民政府，为新中国建设留下了一批宝贵人才和重要财产，对国民经济的恢复起了很好的作用。

全国解放后，孙越崎同志在党和政府的领导下，勤奋工作，尽责尽力。在中央财政经济委员会计划局任副局长时，适时制订了一套基本建设程序，对新中国成立初期大规模的基本建设起了重要的指导作用。在唐山开滦煤矿工作时，他不顾年龄大而经常下井视察指导工作，坚持科学开采，受到全矿员工的爱戴和好评。党的十一届三中全会后，孙越崎同志已届耄耋之年，仍然奋斗不已。他经常深入基层，调查研究，向党中央和国务院提出了许多有价值的意见和建议。

从孙越崎同志所经历的百年世事沧桑中，我认为他以下三个方面的优秀品质特别值得我们学习。

第一是爱国自强。1915年，袁世凯答应接受《二十一条》，他痛感国运之艰，遂将原名毓麒改为越崎，取意要救国图存，务使中国越过崎岖而达康庄。"五四"运动爆发，他更是热血沸腾，组织学生罢课、请愿，积极投身爱国民主运动。赴美留学，他放弃在国外工作的机会。学成归来，为中国人打出了自己的第一口油井。直至九十高龄，还在为现代化建设东奔西走，表现了他对祖国和人民的炽热感情。

第二是不务浮名。孙越崎同志无论是担任矿务股长，还是荣膺政府高级职务，务实精神很突出。远渡重洋求学，他不图学位，只求增长采矿知识，学以致用。国共和谈破裂，他不图迁台高官厚禄，只求能留大陆为祖国的能源工业多发一分光和热。

第三是廉洁律己。抗日战争时期，他身兼数职，却坚持兼职不兼薪。抗战胜利后，他作为处理局局长，大权在握，成天与几十亿、几百亿财产打交道，自己却两袖清风。"文化大革命"后，他为资源委员会人员的平反昭雪各方呼吁，自己遭受的委屈却只字不提。

孙越崎同志的这些崇高精神，对于我们深化改革，扩大开放，建设社会主义现代化强国具有深刻的教育意义。现在孙越崎科技教育基金委员会组织人把他写出来，由石油工业出版社出版，我表示祝贺。并祝愿孙越崎同志健康长寿！

谷牧

一九九四年九月

第一版前言

孙越崎是我国现代能源工业的奠基人之一。为了本书的出版，国家主席江泽民在百忙中题写了书名，国务院原副总理、中国人民政治协商会议全国委员会副主席谷牧撰写了序言。

本书写作历经三年、几次修改。第一稿的作者是朱大为，在收集、整理材料方面做了很多工作，写了13万字。第二稿由易希高执笔，朱大为收集资料，写了17万字。第三稿的写作提纲由张江一、宋红岗、周笑添共同拟定，由宋红岗执笔，写了35万字。经原资源委员会部分老同志、有关方面专家和孙越崎亲属审读，根据他们"围绕本人、减少议论、突出中心和精炼文字"的要求，由张江一、周笑添对三稿进行增删、修改、润色、审定，最终成书。

孙越崎的原部下、原煤炭部技术委员会副主任吴京，原西北石油管理局副局长、中国海洋石油总公司顾问邹明，石油大学（华东）名誉教授、中国海洋石油总公司原顾问张英，核对、补充了许多史实，并对书稿进行了修改。吴京补充了拒运美援物资去台湾的内容，邹明修改和撰写了玉门油矿的部分章节与护矿情况，张英订正了去美国留学和中国石油公司上海高桥油库护库的史实。煤炭科学研究总院原院长邬廷芳重点审阅、订正了有关煤炭工业的章节。原石油勘探开发科学研究院石油史研究室凌光，除参加审稿外，在本书一稿写作中，做了许多工作。孙越崎的次子孙大武，对本书的全部史实做了认真的审核订正。

为本书写作和出版提供支持的还有中国煤炭学会、中国石油学会、江苏油田、中原油田、石油工业出版社等单位和人数众多的热心者。

鉴于有些事情年代久远，各人记忆也可能有差错，本书可能还会有一些遗漏和失真之处，竭诚欢迎读者批评指正，以利重印时修正。

孙越崎科技教育基金委员会

一九九四年九月上旬于京华

目　录

第一章　山村少年

1　故乡——会稽山中的同康村 ………………………………（1）
2　耕读世家 ……………………………………………………（2）
3　父亲"闯关东" ………………………………………………（4）
4　看山读书两不误 ……………………………………………（6）
5　走出山村 ……………………………………………………（8）

第二章　学生时代

1　不甘落后 ……………………………………………………（10）
2　初为人师和初为人夫 ………………………………………（13）
3　入复旦公学结识邵力子 ……………………………………（14）
4　复旦的学生生活 ……………………………………………（16）
5　改名以铭志 …………………………………………………（18）
6　入北洋大学与转学理科 ……………………………………（19）
7　发动组织天津的"五四"运动 ………………………………（21）
8　勇斗直隶省长曹锐 …………………………………………（23）

第三章 穆棱初创业

1 等不及过了阴历年 ……………………………………………………（28）
2 土匪窝子作营寨 ………………………………………………………（31）
3 什么都想学 ……………………………………………………………（32）
4 中俄竞赛 ………………………………………………………………（33）
5 为工作唯一的一次流泪 ………………………………………………（36）
6 "盗亦有道" ……………………………………………………………（36）
7 新婚的王仪孟天天流泪 ………………………………………………（38）
8 规模粗具 次第就绪 …………………………………………………（41）
9 初识翁文灏 ……………………………………………………………（43）

第四章 不要学位的留学生

1 奔向异邦 ………………………………………………………………（48）
2 加州巧遇韩大夫 ………………………………………………………（49）
3 美国人眼中的中国人 …………………………………………………（51）
4 旧金山的关帝庙 ………………………………………………………（52）
5 心系神州 ………………………………………………………………（54）
6 美国的采金术、石油井、煤矿 ………………………………………（55）
7 遍历英法德 ……………………………………………………………（56）
8 经苏联回国 ……………………………………………………………（60）

第五章 陕北的石油之光

1 入国防设计委员会 ……………………………………………………（62）
2 初次踏上陕北高原 ……………………………………………………（66）
3 艰难的运输 ……………………………………………………………（69）
4 中国人第一次打出了石油 ……………………………………………（72）

5 奔赴新的事业 ……………………………………………（75）

第六章　整理焦作中福煤矿

1 中福煤矿的困境 …………………………………………（77）
2 翁文灏受命整理中福 ……………………………………（80）
3 委以重任 …………………………………………………（82）
4 "四个一百万" ……………………………………………（84）
5 数管齐下 …………………………………………………（85）
6 复杂的路矿关系 …………………………………………（88）
7 抢救李河东矿 ……………………………………………（90）
8 蒸蒸日上的中福 …………………………………………（93）
9 顾矿不顾家 ………………………………………………（96）

第七章　抗战内迁

1 军训职工 …………………………………………………（99）
2 力排众议 …………………………………………………（101）
3 万吨设备万里行 …………………………………………（105）
4 孙卢相会 …………………………………………………（107）
5 披荆斩棘改造"天府" ……………………………………（110）
6 一矿变四矿 ………………………………………………（114）

第八章　迎难而上的玉门油矿总经理

1 500万美元经费 …………………………………………（119）
2 初期的开发 ………………………………………………（122）
3 迎难而上 …………………………………………………（125）
4 运输线就是生命线 ………………………………………（128）
5 "为了180万加仑" …………………………………………（130）

| 6 | 蒋介石视察玉门 | （131） |
| 7 | "利用"委员长 | （134） |

第九章　戈壁滩上的石油城

1	人是第一位的	（137）
2	让员工安居乐业	（139）
3	总经理作"月下老人"	（142）
4	戈壁滩上热闹的小城	（143）
5	崇高的荣誉	（145）

第十章　"工业梦"的破灭

1	接收大员的"工业梦"	（148）
2	难当的处理局局长	（150）
3	宋子文的办法	（154）
4	"擒贼先擒王"	（157）
5	与苏联人谈判	（160）
6	为了东北工业的恢复	（161）
7	张莘夫之死	（163）
8	"工业梦"的破灭	（164）

第十一章　投奔光明

1	10月南京会议	（166）
2	明辨是非	（168）
3	拒迁五厂	（173）
4	帮"钱"说"吴"	（178）
5	支持和谈	（181）

第十二章　与企业共存

1　拒迁广州 ……………………………………………………（184）

2　巧计抗"疏运" ………………………………………………（187）

3　香港护产 ……………………………………………………（190）

4　保护工矿产业 ………………………………………………（194）

5　力劝翁文灏归来 ……………………………………………（202）

第十三章　风雨不移强国志

1　中财委计划局副局长 ………………………………………（207）

2　卢作孚之死 …………………………………………………（209）

3　开滦煤矿的第三副主任 ……………………………………（212）

4　常感痛心事 …………………………………………………（214）

5　坦然处之 ……………………………………………………（215）

6　"文化大革命"遭遇 …………………………………………（217）

7　唐山大地震中大难不死 ……………………………………（222）

第十四章　暮年壮举

1　"出土文物"回北京 …………………………………………（224）

2　壮心不已 ……………………………………………………（225）

3　关心改革 ……………………………………………………（231）

4　心系三峡 ……………………………………………………（233）

5　对历史负责 …………………………………………………（235）

6　为了统一大业 ………………………………………………（245）

第十五章　功在千秋

1　驾鹤西去　魂归故乡 …………………………………………（251）
2　风范长存 ………………………………………………………（253）

孙越崎年表……………………………………………………………（256）
一部可读的传记佳作……………………………………曹　禺（277）
第二版后记………………………………………………宋红岗（279）
第三版后记………………………………孙越崎科技教育基金委员会（281）

第一章 山村少年

孙越崎:"后来我一直不明白,那时为什么就一定要到外面去读书。"

1 故乡——会稽山中的同康村

在我国东南沿海,有一座会稽山,古称涂山。相传大禹治水,开沟疏流,致天下太平,定九州之地,会天下诸侯于此,记功封爵,取其中会稽之义,便有了会稽山。跟着又有了会稽郡,也就是绍兴。

孙越崎出生地,偏僻山村——浙江绍兴同康村

1893年10月16日，孙越崎出生在会稽山中一个叫同康村的小山村里。从行政区划上准确地说，同康村当时隶属绍兴府会稽县稽东镇（后改平水乡）。同康村分上坳、中坳和下坳。村里人吃水用水全靠山泉。山路很窄，走不了大车，所以村里没有大牲畜，运输靠人力。有钱人进进出出坐轿子。村民造房子劈山填土，像修梯田一样修出一块平地来。当地造的房子叫四合房，有些像北京的四合院。房子都是两层，人住在楼上，日常活动则在楼下，污水和垃圾都倒在院边的崖下。村子远离城市，一些农民终生未去过绍兴。

孙越崎祖籍浙江嵊县(今嵊州市)，在他出生时，孙家已经迁到同康村好多代了。经过几代人的努力，孙家在这片土地上创下了一份颇丰的产业，在村里排第二，有80亩水田和几百亩山林。

会稽山的顶上有个平岗，翻过去就是山阴县。少年时代的孙越崎，在那里留下了很多踪迹。回想起来，百岁的孙越崎还清楚地记得，家里的窗子一开，就可以看到对面的那座大山。山上有一座庙，庙前有一块大石头，大石头上有一块小石头，极像一只鸟。他就是看着对面的那山，那庙，那石鸟一天一天长大的。童年少年时代住过的那座四合房早在一场大火中成了灰，可那石鸟该还在老地方吧？

2 耕读世家

孙家的高祖有四兄弟。高祖只生一子，名朝珺，80岁时去世。孙越崎还记得见过这位为人和善的曾祖父。曾祖父又只生一子，名纯和。祖父生有二子，那就是孙越崎的父亲和叔叔。

对于祖父，孙越崎记得很清楚。

祖父生性十分严肃，少言寡笑。平时做人做事规矩很多，就连家里每个人坐的位置都固定不变，大人小孩均不得随便。也许是这种家教的影响，孙越崎一直到年过百岁，依然是坐有坐相，站有站相，从没见过他歪着或靠着的，就连有时坐着睡着了，那姿势也是端端正正。不过当时的孙越崎却是十分惧怕祖父，能躲就躲，想法和祖父少碰面。祖母的性格则大不相同，十分开朗随和，又很能干。这些秉性都传给了长子孙燕堂。

孙家的家境虽然富裕，却生活得十分俭朴。一家人围坐在院子里吃饭，有时鸡都会跳到桌子上来。吃饭时见到米饭里有稻粒，绝不可以挑出来扔掉，而是必须把稻壳剥去再把米粒吃了。一家好几口人吃饭，菜常常是只蒸一碗鸡蛋羹，谁都不许用匙子，只能用筷子挑着吃。这种情景，给孙越崎留下了很深的印象。

孙越崎的祖父像他的前辈们一样没有读过书，只识得很少的字，不会写信，只会记账。在孙越崎的记忆中，祖父似乎每天晚上都在油灯下记账。

孙越崎的父亲名延昌，又名绳武，字燕堂，叔叔名延渭，字翼庭。

祖父因为没有文化，在一场林地纠纷的官司中输了，家产受了损失，便下决心培养自己的儿子读书，就请了私塾先生住在自己家里教书。每天三餐，祖父都提着竹篮子亲自给先生送饭，四菜一汤，毕恭毕敬。自家人生活虽然俭朴，对教书先生的待遇却十分优厚。

孙燕堂读书很上进，人又聪明，学问见识与日俱长。1894年，在他21岁就已经当了父亲的时候，参加乡试，考中了秀才，成了同康村唯一的知识分子。几年后清政府被迫变法，废除了科举制度。

孙越崎是在父亲20岁那年出生的。当孙越崎以长房长孙的身份来到这个家庭时，可想而知，给这个家庭带来了极大的欢乐和希望。说到名字，孙越崎是在差不多一百岁的时候才见到自己这一族的名谱的。那是1993年春季里的一天，一位同康村的本家到北京来看望同乡。他在家乡办了个鞋厂，是位乡镇企业家，这位厂长带来了同康村的照片——孙家祠堂还安在。叙谈之中，这位厂长背出了孙家的子孙名谱："魁、怀、增、祥、瑞、永、大、安、康、宁、德、纯、延、世、祉、诗、礼、振、家、声，共计20代。"孙越崎初到人世时，家

孙延昌（1873—1942年），又名孙绳武，孙越崎之父，字燕堂，人生引路人。1915年任黑龙江省呼玛县首任县长，招商引资，机械化开荒，至今为人民称颂

人都叫他"阿菜",读私塾时正式起名为"世菜"。那位农民厂长的名字中有个祉字,虽然仅四十多岁,照名谱的顺序算,只比百岁老人低一辈。按照那时的规矩,不取谱名,就不能上家谱,也不能入宗祠。"菜"是一种常年有香味树木,看来孙家祖辈以这个很好听的名字,对这位长孙寄寓了十分美好的期望。

过了两年孙越崎有了妹妹,但没过多久就夭折了。在他4岁那年,母亲又生了个男孩。刚满月,母亲就不幸得病去世了。从那以后,孙越崎就由祖母抚养,出生刚一个月的弟弟则由外婆领去。外婆家有位邻居的媳妇是个哑巴,刚生了一个孩子死了,孙越崎的弟弟就是吃那个哑巴的奶长大的。这个相差4岁的弟弟名英坡。也许是生长环境不同的缘故,英坡和哥哥性情不同,从小就不大喜爱读书,是几个兄弟中唯一没有念过大学的。不过他有本事办厂,后来在北京广安门内里开了家"福兴面粉厂"。20世纪50年代公私合营的时候,他的这家面粉厂的规模仅次于乐家的同仁堂药店,在北京私营企业中排行"老二"。还应该提到的是,他的儿子孙孚凌后来当过北京市副市长、全国工商联副主席。1993年孙越崎百岁之年,又荣任了全国政协常委会副主席。

孙越崎的父亲长得帅气,有一次在去一家参加悼念活动时,被那家姑娘看中。这位姑娘公开表示非此人不嫁,后来她真的就成为了孙越崎的继母。继母进门那年孙越崎9岁。很快他就有了三弟、四弟和五弟。

3 父亲"闯关东"

每当提起父亲,孙越崎的脸上总会出现一种十分柔和的表情,亲生母亲去世早,他对自己的母亲没有任何印象,和父亲的感情却一直很深。

孙燕堂为人开明精干,处事果断,又热心助人,加上是村里唯一识文断字的秀才,所以在村里很有威信,方圆几十里的农民,有事都愿意找他帮忙,要主意;谁家有了纠纷,也爱请他去调解。有一次,一位寡妇要改嫁,夫家不允,父亲去劝说,还帮她介绍了个人家。这在当时是相当开明之举了。后来这对夫妻生了孩子以后,两人抱着孩子去感谢孙燕堂。这事在附近传开，很多人都来找孙燕堂帮忙。

这样整天地跑来跑去，尽忙别人的事，占去了不少时间，自己家里的事自然就做得少了，祖父看了总是不高兴。有一天，父亲在外面帮人家做事回来，手里拎着别人送的螃蟹。还没等他走进家门，祖父就和他吵了起来。吵得很凶，说他到处闲逛，还吃螃蟹，这样下去还不把家吃穷了？父亲听了把手中的螃蟹往家门口一扔，一气之下离家远走。这一走就到了遥远的黑龙江。那大约是1905年的事。

对于百岁的孙越崎，这差不多已经是90年前的往事了，可是他对父亲出走的细节却仍记得那么清楚。这也许是因为，父亲出走的意义实在重大。孙燕堂的这一气一走，把他和他的子孙们带出了这个封闭的小山村。他被骂出了家门，骂上了一条宽广的大路。

这里面有多少偶然性，又有多少必然性？这时正是20世纪之初，清朝政府迫于国内各界人士要求变法改革的压力，开始实行"新政"，奖励私人资本办实业；废除科举，建立新式学堂，提倡出国留学；改革军制，组织新式军队；要求以外国之长补中国之短；等等。而孙燕堂出走这一年，外面的世界发生了许多大事：孙中山在日本建立反清革命团体同盟会，清政府派出五大臣出国考察立宪政治，西方科学技术大量涌入中国，詹天佑开始修建由中国人设计的第一条铁路……

各种各样的、越来越多的机缘，把越来越多的农民，尤其是有钱又有文化的年轻的农家子弟推出与世隔绝的山村田野，使他们为中国农耕社会的转型做出自己或大或小的贡献。当然，孙越崎的一生，在中国走向工业化的最初阶段，可以说是写下了浓墨重彩的灿烂一页。

离开家乡以后，孙燕堂先到了北京，住在崇文门外草厂胡同叫孙友纪远房本家那里。这个本家是在皇宫里管金库的，这时恰好为儿子买到一个候补"道尹"的官职。但是由于那家人的儿子无能，他们不放心儿子到黑龙江去上任，就请孙燕堂相伴同去。

20世纪之初的交通状况使北京至黑龙江被视为畏途。那时候，长春以北是北满，势力范围属俄国；以南是南满，势力范围属日本。南满的铁路正在按世界标准改轨，不通车，有些地方连汽车也不通。孙燕堂他们坐了火车换汽车，下了汽车骑骆驼，足足走了一个多月才到了当时的省会齐齐哈尔。最初，孙燕堂在省长公署里当科员。过了没多久，因为才干出众，被任命为呼玛县的县长。

孙燕堂在呼玛县主政6年（1913—1918年），1915年正式建县后，任知事3年，迁县治，兴教育，创邮电，办矿业，整饬金融，建街道、公园，编绘城市规划图。特别是向远至上海等地招商引资，由沪资创立"三大公司"，购入五台拖拉机，开荒五六万亩，是中国最早使用机械耕种的企业之一。呼玛县也被誉为北满"标杆县"。百年后，孙燕堂被称为"呼玛近代工农业文明的开拓者和奠基人"。

呼玛县在黑河的上游，孙燕堂常常要到黑河道尹公署去汇报公务。他看到河边山沟里有被泉水冲出来的金沙，一些人到山里去寻金，说真的有金矿。这样，孙燕堂没过多久就放弃了县长的"七品官位"，与人合伙，创办了"逢源金矿公司"，自己当了董事长。他的运气不错，探出的是个富矿，从那以后，收入甚丰。有钱以后，孙燕堂曾经寄钱回村办了一所小学，并把原来的一些石子路修成了石条路。

黑龙江当时的开发程度是很低的，孙越崎记得那里曾有过马拉火车的景象。孙燕堂离乡背井，来到这举目无亲的冰天雪地，奋斗数年，终于走出了自己的路。这对于一个生长于温暖的江南山村的秀才，其艰难困苦是可想而知的。孙越崎日后的成功之中，显然是包含了父亲这种"开拓进取，志在必成"的顽强精神。

4 看山读书两不误

在孙越崎长到六岁的时候，祖父仍袭老法，请了先生来家里教书。与过去不同的是，有几个孩子与他同读。先生教书有些古怪，不是先易后难循序渐进，而是从最难的《四书》开始。《大学》最难懂，几岁的孩子根本不知所云何意，只能照背。然后是《中庸》，仍不懂，仍照背。再后来是《论语》。最后才是《孟子》。最后的这本书最好懂。幸亏父亲开明，那年从东北回来时对教书先生说，只背书上的大字，小字就不要背了（小字是朱熹加的注释），这下孙越崎才得了救。《四书》很快就背完了。少年时的记忆确实可以伴人终生，孙越崎讲到儿时读书的情景，还能随口背出《四书》中的不少句子："大学之道，在明明德，在亲民，在止于至善。"

孙越崎的叔叔翼庭在哥哥燕堂远走东北以后，也离开了同康村，到绍兴大通师范学堂去读书。受到父辈的影响，十来岁以后，孙越崎也很想到外面去读书，很想去看看外面的世界，但是祖父不允许。他又给远在黑龙江的父亲写信，要求外出读书。父亲回信说："祖父让你管家你要服从，不会让你吃亏的。"这封回信被祖父拿到了，告诉了祖母。那天吃午饭时祖母说："你羽毛未干，就会写信了。"当时，祖父因为两个儿子都不在家，当然就要留下长孙支撑门户，守着祖辈留下的产业。自己一生辛劳所创下的家产，不都是为了儿孙们吗？怎么可以都一走了之？这是中国农民世世代代相传恪守的正统观念。那时还叫"阿菜"的山村少年被"长孙"的名分所累，只好委屈地跟着严厉的祖父，守着几十亩水田、几百亩山林，万般无奈。他还太小，还不知道怎样才能离开这个车马不通的小山村。

少年的孙越崎，就这样在同康村度过了几年很标准的农家日子。祖父每天要给他安排守家业应该做的各种事情，他便很听话地去做。为了防人偷竹，天刚一亮，他就要到山里去看竹林，每天要沿着山岭走很远的路。他的肩上扛着锄，腰里放把刀，还要带些米。走在山里饿了时，就找间草棚子，自己做米饭吃。到了冬春，他会在山上挖竹笋煮熟了就饭吃。早出，晚归，日晒，雨淋，回家时，还要顺带砍些柴背给家用。每天同康村上坳和中坳的人都会看到这个背柴荷锄而归的光脚少年。老太太们不免心疼，常常对他说："你这孩子，怎么就知道心疼草鞋，就不知道心疼你娘给你的鞋（指脚）？"

从小，孙越崎就是这么一付吃得苦、耐得劳的形象，毅力强于常人，大约就是少年时代在山林里练就的。

到了晚上，他才有了自己自由使用的时间和空间，只是没有可以自由使用的光明。得到的办法是到上房去偷油来点灯。通常，他躲在四合房大门顶上的小房子里挑灯夜读。在一天的巡山砍柴、劳其筋骨之后，他一本一本地读完了父亲留下的《左氏春秋》《资治通鉴》《古文观止》和一些地理、历史书籍。

5 走出山村

绍兴大通师范学堂原是革命党人徐锡麟为了联络同志、隐蔽革命力量、培养军事人才而创办的，1906年由秋瑾女士接办。秋瑾每天领着学生操练，骑马，射击。学校还置办了不少武器。孙越崎的叔叔当时就读于大通学堂。作为秋瑾的学生，和秋瑾的关系很好。因为每天刻苦操练，原本瘦弱的身体日益强壮起来，还带回了许多新鲜的东西。1907年，徐锡麟和秋瑾武装起义的计划泄露失败，秋瑾被捕。孙翼庭连夜从学校逃出来，躲在小姑家的村子里，过了一年多才敢回家。

说来也巧，孙越崎的叔叔回到家里，恰遇祖父病倒。那天祖父去山里看林子，突然肚子剧疼，倒在自家山林的小路上，被人救回家。

祖父的病一直不见好。一位中医看了也说不出是什么病。祖父日渐衰弱，肚子疼得不能坐也不能躺，孙越崎和叔叔就日夜轮流搂着他。祖父病中喝着父亲寄回的人参煮的汤。也许在这人生的最后时刻，他很想念被自己骂走的大儿子。一个星期后，眼看祖父是不行了，孙越崎急忙给父亲写信叫父亲回来。可是祖父终于等不及，没有见到大儿子就于10月底去世了。

青年孙越崎

孙燕堂接到信后急忙动身，但是关外路遥，交通不便，紧赶慢赶地，还是足足走了一个月，才从关外赶回江南。一进家门，看到自己父亲的灵柩停放在正堂里，不由悲从中来，扑上去大哭起来。虽然是被骂出了家门，但孙燕堂从没记恨过自己的父亲，几年来他虽然远在关外，却仍很孝顺，常常给家里寄回各种东西。

孙燕堂这次回家奔丧，从头年的11月到家一直住到第二年的2月，孙越崎的人生道路也就在这期间发生了转折。那是1908年，没有出过山，连钟表都没有见过的"世棻"，这时终于要飞出去了。

祖父不在了，祖父固执的约束也就失效了。孙越崎向父亲提出，要到外面去进学校读书。他首先得到了叔叔的支持。叔叔和父亲的性情不同，不像父亲那样富有开拓精神，但为人十分纯朴厚道。他同意留在村里主持家业，让侄子外出求学。那一年叔叔才24岁。一个在外面念过书的青年，能甘于小山村的寂寞，能不顾及自己的前程，这份牺牲的分量可不算轻。孙越崎正是掂出了叔叔为自己所做牺牲的分量，才终生不忘叔叔的情谊。后来他在外面上学，叔叔又给了他很多帮助。

祖父去世的第二年——1909年，孙越崎终于离开了生他养他的同康村。从此告别了少年时代的农耕生活，带着同康村给他的健康体魄，带着长辈和村民们给他的质朴和坚韧，走向了广阔的新天地。

父亲给他起了一个学名——孙毓麒。这是第一次改名，意思是为国建功、名垂青史。

第二章 学生时代

语文教师在孙毓麒的作文本上留下这样一段批语:"才大气大,文亦足以举之。孙郎的是不凡,孙郎其勉之。"

1 不甘落后

1909年的春节刚过,孙越崎就在叔叔的陪同下来到绍兴。他差半年就16岁了,却是第一次走出大山。

第一次走进绍兴城,孙越崎看什么都新鲜。绍兴城四面环水,从会稽县进城南门,都是走水路,船一直可以进到城里的南北街上。他在那里第一次看到脚踏乌篷船,并对那么多水感到惊异。

那时候,绍兴城里有个人叫杜海生,很有钱,办了所私立学校,就是绍兴简易师范学校。进去的学生都不收学费。这所学校离秋瑾的家和畅堂不太远,叔叔因为和秋瑾是熟人,就带着孙越崎住进她家。那时,秋瑾罹难已经两年了。

他们到学校的时候,统一考试已经结束了,学校答应让孙越崎单独补考。孙越崎在家里虽然读过很多书,但从来没有动笔写过文章。叔叔在教室外面等时很不放心,就悄悄捅破了窗纸往里看,只见侄子挥着笔已经写了不少,心里才算踏实了。

孙越崎是第62名入学的,也是最后一名。那所学校只办了这一期,也只有这一个班。考上学校以后,他就从秋瑾家搬到学校住了。

刚刚走出大山的少年,乍一进城住在学校里,闹了不少笑话。

孙越崎从小是由祖母带大的,穿的是祖母做的土布斜襟中式衣服,还钉着铜扣子,而当时城里的学生早流行对襟衣服了。孙越崎坐在那真是显得土里土气的。

在家的时候,他看过一本小学课本,朦胧地记得书上说一个星期有七天。到学校后他就数天数,因为开学第一周不休息,数到第七天就大声向同学宣布,今天是星期天,我们该休息了。惹得全班哄然大笑。

进学校以前,孙越崎从来没有见过钟表,所以不会看钟点,弄不清长针和小时分钟。同学就爱拿这事逗他,总要问:"孙毓麒,现在几点了?"他说不上来,同学又大笑一通。

孙越崎到老还记得这些事,一说起来就笑眯眯的:"那辰光,我的笑话多了,我那样子也真是土。也难怪呀,我们那个同康村太闭塞了,上坳到今天还不通汽车,何况80多年前呢!"

孙燕堂回哈尔滨路过绍兴,顺便到学校看儿子。那时孙越崎刚进校几天,父亲走时他因校规所限只能送到二门。望着父亲远去的背影,他忍不住流下了眼泪。他想到这一别又不知什么时候才能相见?父亲走得那么远,爷爷又不在了,以后只能依靠自己的力量走自己的路了。

孙越崎在这所学校里只学三门课:语文、算术、教育。语文每星期有三次作文课。因为在家上私塾时先生没教过写文章,所以他对于作文很有些茫然,看到教师在黑板上写出的题目,总是不知如何下笔。每次上课,教师都是按上次作文分数的多少为序发作文本的,孙越崎每次都是在倒数第一名拿到自己的作文本的。一个学期过完了,期末成绩张榜公布出来,很不幸,孙越崎看到自己的名字排在第61名。他没有学过算术,也没有学过作文,比念过新式学堂的同学落后了一大截。

暑假到了。江南的夏天实在不是读书的好时候,可是孙越崎硬是苦读了整整一个假期。每天,只要天亮得可以看见字了,他就起身坐在桌子边上。上午的时间全部用来学习算术,从课本的第一页开始,一道题、一道题地做，做不出来的时候就再看书，想明白了再做。天热难耐，汗流浃背，他干脆脱了上衣，赤膊上阵。一本书很快就全做完了，只有一道"鸡兔同笼"的题到假期结束也没做出来，被"几头几脚"搞得头昏脑涨。后来他学了代数才知道，那是很简单的。下午的时间用来学语文。孙越崎从父亲留下的书中找到一本《东莱博议》。又是念，又是背，还借了同学的作文来反复揣摩，渐渐悟出些门道。

那个暑假苦读所创造的奇迹，使孙越崎在80多年后回忆起来还不禁露出孩子般得意的笑容。新学期第一次作文课上，老师出的题目是"特立与独行"。他随手加上个副题："鸟萝与乔松"，拿起笔洋洋洒洒地写开来——鸟萝很美，但它不能独立，只有攀着乔松……到了下一节课时，老师发作文本，念到的第一个名字就是"孙毓麒"。他自己以为听错了，全班同学也都吃惊地互相看来看去。老师还向全班朗读了孙越崎的这篇作文。接过作文本，孙越崎见到老师在他的本子上写了这样一段评语："才大气大，文亦足以举之。孙郎的是不凡，孙郎其勉之。"

皇天不负有心人，经过那个假期的苦读，孙越崎的成绩在班里就没有下过前五名。同学们对他的这种进取心都大为佩服，当然再不会有人逗他看钟点了。学生看重成绩，经过选举，孙越崎当了班长。这位山村少年到这时已经脱尽了一身土气，成就了一副会弹风琴唱歌的城市学生模样。

1911年的那个暑假，孙越崎生了伤寒病，好多天高烧不退，整日昏昏沉沉的，什么都吃不进去。祖母急得不知如何是好，就到地里摘来拳头大的西瓜喂他吃。这样，整整一个夏天，祖母日夜陪着他，终于使他死里逃生。开学时，孙越崎虽然已不发烧了，可是身体还是很虚弱，连路都走不了。他固执地要去上学，祖母和叔叔没有办法，只好由叔叔陪他到了学校，和学校商量好，陪他一同住在门房对面堆东西的一个小房子里。叔叔每天很细心地照料他。这样，过了一个月，孙越崎才能扶着墙慢慢走到教室去听课。

那年10月中旬的情景给孙越崎留下了毕生难忘的记忆。他的身体刚恢复，见一群人从东往西跑，乱乱哄哄的，人群里不断地传出急促的喊声："快跑啊，后边鞑子来了！"神色惶惶然，好像发生了什么大事。当时别的同学因校规所限不能上街,只有孙越崎看到了这一幕。后来孙越崎才知道,那就是"辛亥革命",清政府被推翻了。这一切对于痴迷读书的孙越崎的心灵上没有多大的震撼,他剪掉了辫子,只是觉得以后不用花那么长时间梳头了。

这一年的年底,孙越崎从绍兴简易师范学校毕业了。

2 初为人师和初为人夫

按照当时政府的规定,师范学校毕业的学生必须到小学义务教书一年。孙越崎被分配到绍兴城西门外的一个小学里。这间小学的校舍是座庙,只有他一个教师,语文、算术、体操、唱歌全是一个人教。庙里还住着一位和尚。到了晚上,小学生们都回家了,孙越崎看着昏暗中的菩萨,还有别人寄放在庙里的棺材,真是很害怕。开始教不好课,一着急就口吃,后来日子久了也就习惯了。难挨的是闲暇时间。

离学校不远处有一座花园叫沈园。闲时,孙越崎就去转转。传说中,陆游和唐琬凄凉的爱情故事就发生在这里。这故事常使年轻的孙越崎怅惘不已。离西门外十几里还有一处出名的景致:兰亭。孙越崎也常去那里看风景和欣赏王羲之写的《兰亭序》碑文。

过了半年,孙越崎被转到离绍兴简易师范很近的一所小学里。这里有四五名教师,校长叫陈禹门。陈校长办事认真,对教师和学生都很友善。80年后,孙越崎还记得他。

在学校教书这一段时间,孙越崎的身体一直不太好,每个星期都要去看一次中医。那位中医是和他父亲同年的秀才。有一天,孙越崎看病时和他聊天,说:"现在外国有飞机了,这世界可真不得了。"他却不大以为然,倚老卖老地说:"你听这些干什么,什么飞机?大风一吹还不就掉下来了?"孙越崎在心里直骂他是个老顽固。

孙越崎的身体不太好,很使祖母和叔叔着急。他们猜想:是不是毓麒有了心事,想要结婚了?在这种一相情愿的猜想下,他们也没有征求孙越崎的意见,就给他操办起婚事来了。

未婚妻是早就有了。父亲早年与一位姓葛的同年秀才十分要好,孙越崎一岁多的时候，葛太太怀孕了，两家商定，如果生的是女孩，就结为亲家。葛家果然生了个千金，这门亲事就这样定了。

学校里还没有放假，可家里就把一切都准备好了，一定要孙越崎回去办婚事。学校里的一位年轻同事就陪他回家了。那是1912年年底，他虚岁20岁。

孙越崎到诸暨县的柳坞村去迎新娘。那是他第一次见到葛采湘，虽然觉得她不算漂亮，但是为人很随和，落落大方，用今天的词形容，是气质不错。结婚的那天晚上，年轻的同事和村里的一伙人来闹洞房，新娘有问必答，毫无扭捏之态，反使闹洞房的人无趣了。当时新思想流行，孙越崎很喜欢她的这种样子，觉得挺对自己的脾气。后来他们共同生活的时间虽然不长，但两人感情却很好。

结婚的第三天，孙越崎就回学校去教书了。

3 入复旦公学结识邵力子

一年的义务教书结束了，时间到了1913年。结婚不久的孙越崎决心到上海去继续读书。葛采湘深明事理，对丈夫很理解体贴。孙越崎自己一心想读书，同时也一心想让妻子读书，让她成为一个有文化的人。那年葛采湘18岁，读书还不算太晚。孙越崎离开家以前先把新婚不久的妻子送回娘家，并和岳父说，要让她在家里专心读书。岳父也很赞成，就请了先生到家里给她上课。后来葛采湘把缠过的脚也给放了。孙越崎的叔叔很是开明大度，觉得葛采湘已经嫁过来了，就是孙家的人了，不能白白吃娘家的，所以经常给她家送米去。葛采湘就这样一直在自己娘家住着读书。那一年孙越崎不满20周岁，是第一次离开绍兴。由于当年他到外面读书的时候，岁数已经比较大了，在学校同班同学里，他一般要比别人大几岁。

到了上海，孙越崎住在叔叔为他介绍的一个远房本家的家里。没有人指点，正好看到震旦公学在招生，他就去报考。震旦公学是法国人办的，学校里是用法语教课，报考前孙越崎并不知道。在回来的路上，他在电车上问路，旁边有个人听了他的口音就问他："你叫什么名字？"孙越崎回答了。

那人又问:"你姓孙?那么孙燕堂你认不认识?""他是我父亲,你怎么知道他?"那人很高兴地说:"我也在黑龙江那边做过事,你父亲在那边是很有名的。你到上海来有什么事?"孙越崎就把到上海来上学的事说了。那人十分热情地说:"你要上学?那到我们学校来好了,我现在是复旦公学的总务长。"

这位热情的陌生人也是绍兴人,姓邵,是后来他的老师邵力子的一位本家。

孙越崎听了这个人的介绍也很高兴,第二天就去报考。当时只考了一门中文,很简单,不久就录取了。

早年,复旦公学是从震旦公学里"闹"出来的。震旦公学是法国天主教

邵力子(1882—1967年),对孙越崎思想影响巨大,他们亦师亦友的关系持续一生

会办的,当时学校的负责人是马相伯。他虽然信奉天主教,却不愿意依附外国教会势力办学。后来,进步学生邵力子、于右任等人与学校内的教会势力发生冲突,带领学生退学。马相伯很有爱国热情,支持这些学生,也一同离开了震旦公学。他们自己办学,没有钱,马相伯卖了自己的田产。钱还是不够,他们又到处募捐。经过一番十分艰苦的努力,终于创办了"复旦公学"。"复旦"不但有复我震旦的意思,还取了《尚书》中"日月光华,旦复旦兮"的含义。复旦公学是在1905年中秋节那天正式开学的。这是中国第一所在反对帝国主义文化侵略的斗争中,由中国人自己创办的私立大学(开始仅有高中)。马相伯被选为校长,邵力子和于右任留校工作,王宠惠等也在该校教书。

当年,复旦公学还不是现在复旦大学这副现代化大学的模样。那时的复旦公学在英法租界之间的徐家汇。那里曾是李鸿章和太平军打仗的地方,盖了一所"李公祠"。复旦公学用的就是"李公祠"的房子。

从"李公祠"的大门进去,院子的两边各有一排房子,都被改成为教室。另一个院子有一座戏台,戏台楼上楼下的房间被改修成宿舍。戏台的后边有个花园,花园里立着一尊和真人一般大小的李鸿章的铜像。

孙越崎入学的时候，复旦公学的校长已换成李登辉。李校长是华侨，以前作过孙中山的秘书，在国外时间长了，不大会讲中文，有时他亲自给学生讲课，就用英文讲。他的思想是比较民主的。

复旦公学是在特殊条件下创办起来的，教师中有很多人是同盟会的会员，跟孙中山一起革命过，好几个都是当时袁世凯要追捕的。所以这个学校里的气氛和其他学校不同，学生和教师的爱国热情与民主意识比其他学校里多一些。学校里各种"研究会""讨论会""演讲会"很多，学生思想十分活跃。

孙越崎在青年时代能够投身于这样一所学校，受益匪浅。

4 复旦的学生生活

孙越崎刚入学时进的是初级班，他现在还记得第一节课上的是英语，教师讲的课文是《一百年前的拿破仑》，第一句是"One hundred years ago"。课文不长，只有一页多一点儿，可是孙越崎一句也听不懂。在绍兴简易师范的时候，只学过26个英文字母，英文成了他的大难题。

这一年的暑假，孙越崎没有回家。和他住在一个宿舍的一位姓陶的同学也是绍兴人，与他又很谈得来，孙越崎就请那位同学帮助补习英文。那位同学一口答应，孙越崎便去住在那位同学家村外的一间小庙里。那个村叫陶家堰。每天上午，姓陶的同学都划着小船到那个四面临水的小庙，帮助他学习一小时的英文。孙越崎在小庙里像关了禁闭，足不出户，埋头苦学，专攻英文。蚊子很多，天气又是酷热，真是难耐。

一个暑假之后，孙越崎英语听、读能力都有了很大提高，可是说的能力还是不大行。那时他已经年过20，绍兴口音又重，要练好英语口语是相当困难了。

一直到了暑假的最后一天，孙越崎才收拾起书本离开那个四面环水的小庙，匆匆赶回同康村，到家取了换洗的衣服被褥就又往学校赶。返回学校的路上，他顺道去葛采湘家看了看。与妻子分别半年了，说不想念那是不可能的。可是因为急着回学校，孙越崎只陪她吃了一顿午饭就上路了。

在孙越崎已经走过的百年之旅中，很少能听到"爱情故事"，在人们的印象之中，他终生绝少缠绵于男女之情和亲子之情，他生活得是这样的长久，他从他的生命长河中得到的时间比大多数人要多得多，可是他却还是很少把时间慷慨地给予妻子、孩子，给予家庭生活中的种种温馨和浪漫。

复旦公学初级班当时有一门课是其他学校没有的，叫"格致"，与今天小学的"自然"很类似，上讲天文，下讲地理，无所不包。孙越崎特别喜欢这门课，觉得有许多事情过去在心里都是混混沌沌的，学习了这门课以后，一下子眼光大开，心里亮堂多了。世界上有那么多事情是他在同康村里想也想不到的。不过，"格致"的课本是英文的，孙越崎读不懂，又急着看，就整天抱着字典翻。

在复旦公学读书时，孙越崎和几个要好的同学组织了个"浙江同乡会"，他被选为会长。这个同乡会还办了个月刊，虽然他们还只是中学生，可他们那份月刊还办得相当不错，发表的文章在学校里很有影响，全校的同学都争着看。后来学校提出要把他们的这份月刊"收编"成校刊，他们一下子没了积极性，月刊就停办了。

有一件事是孙越崎很难忘记的。那一年，全国青年会发起举办演说竞赛，在全国各大学里选拔参赛的选手。各所大学都先在校内层层举办演说竞赛。复旦公学一共赛了四次，在90名参加比赛的同学里最后只剩下了两名：孙越崎和另一位姓金的同学。两人决赛以后，邵力子评判说："孙越崎的绍兴口音重一些，不过他讲的内容很好，还是由孙越崎代表复旦公学去参加比赛。"

东南地区各大中学选拔出来90人，复选后余下的共有九人，按规定，每人讲10分钟。孙越崎的讲稿是和他很要好的同学，后来去台湾当了考试院院长的罗家伦帮他润色的。罗家伦的文章写得很出色。孙越崎比赛时讲的题目是："自鸣钟的响声"。大意是一寸光阴一寸金，我们一定要珍惜一点一滴光阴。现在日本人要侵略中国，袁世凯又要做皇帝，我们必须好好学习，将来成才，才能抵抗日本……很可惜，他最终还是吃了绍兴口音重的亏，比赛只得了第二名。那年得第一名的是圣约翰大学的学生，他讲的是普通话。

虽然只得了第二名，孙越崎还是在复旦公学里大大出名了。

后来孙越崎当总经理，当资源委员会（简称资委会）的委员长，当部长，都受益于在复旦时所接受的这种对语言表达能力的训练。

5 改名以铭志

当时，邵力子除了负责行政工作以外，还亲自给学生讲国文课。孙越崎虽然不在邵先生的班上，却常常去听邵先生的课。邵先生讲课十分生动，也十分新鲜。他在课堂上常常向学生灌输反对帝制、反对皇权的思想，培养学生爱国、救国，勇于探索、勇于革新的精神。他给学生出的作文题目也多带"革命"味道，这些都很合孙越崎的口味。孙越崎他们班的国文老师是蒋梅笙。这位蒋先生是大画家徐悲鸿的岳父。蒋先生讲课尽讲八股，学生都不爱听。孙越崎是学生会会长，就带头到蒋先生的宿舍去和他说，因为言辞比较激烈，硬是把蒋先生给气走了。

孙越崎考入复旦的那一年，袁世凯当上了终身大总统。可是，袁世凯的目标是坐龙廷，当皇帝。在1915年5月，日本政府向袁世凯提出，只要他愿意接受《二十一条》，就同意支持他称帝。这个《二十一条》等于承认中国是日本的殖民地。那一年的5月7日，日本发出最后通牒，限中国政府在48小时之内作出答复。经过一番斟酌，袁世凯终于答应接受《二十一条》。消息传出，举国愤怒，抗议之声，席卷大江南北。孙越崎痛感国运之艰，想到中国要摆脱外国的控制，真正地独立富强起来，恐怕是要经过很漫长、很崎岖的道路。为了铭志，他为自己取了个号名——越崎，意思就是要救国图存，务使中国越过崎岖而达康庄。

越崎两字在绍兴口音里和毓麒的发音是一样的。在复旦公学读书期间，大家还叫他毓麒。后来去北洋大学读书也是用的毓麒这两个字。大学毕业以后到煤矿工作，矿上的人按习惯都称号名，叫他越崎。一直到从国外回来，在国防设计委员会，毓麒这两个字才彻底不用了。

中国人的名字里很少有用"崎"字的，所以后来常有人将"孙越崎"三字写为"孙越琦"，这就把他改名以铭志的心意给扭曲了。

除罗家伦外，复旦里和他关系比较好、对他又有较大影响的同学还有俞大维、恽震。俞大维是学机械的，留学美国和德国。回国后以非国民党员身份担任了兵工署署长，后来去台湾当了国防部长。恽震是学机电的，在资源委员会里主管电力，全国解放前和他一起留在了大陆。

在知识增长的同时，孙越崎的能力也有了提高。他曾协助叔叔打赢过地产官司和说服村人不要迷信等。

1914年，孙越崎的大儿子孙竹生出生。又过了两年，大女儿孙蔚我出生。

6 入北洋大学与转学理科

1916年，孙越崎和俞大维一起去考清华留美预备学校（清华大学的前身），都没有考上，复旦公学校长李登辉知道了以后很生气，就在《字林西报》上发表了一篇文章。文章中说：孙越崎和俞大维是我们复旦公学两名最好的学生，清华留美预备学校不录取，就证明他们这个学校有派系。他们只录取教会学校的学生，这样太不公平。

正在孙越崎苦恼的时候，正好有北洋大学的校长亲自到上海来招生，他就报考并录取了。

北洋大学即是现在天津大学的前身，创办于1895年10月2日，创办时名为"国立北洋大学堂"，创办人为近代改良派代表盛宣怀。

"北洋"二字本是我国旧时对北方地区的统称。清政府设过北洋大臣住在天津专办洋务。民国初年又有北洋军阀割据混战，弄得"北洋"二字名声不大好听。不过在孙越崎的记忆之中，北洋大学堂却是"桃堤蔼蔼，北运滔滔，巍巍学府北洋高。"

北洋大学的创办是在中日甲午战争后一年，那时清政府中的改良派感到中国虚弱，欲学西方，所以在大办洋务的同时，又想学习西方的科学技术。盛宣怀正是抓住了这样一个时机，在大力举办以工商业为主的洋务事业，"轮船、电报、矿务、交通"等实业的同时，还创办了附属于这些企业的带有学堂性质的"训练班"，并明确提出创办正规的"商船学堂"和"矿务学堂"

等。1895年秋天，他终于创办了"北洋大学堂"。开始，北洋大学堂设在光绪十一年所建的"博文书院"里。校内设头等学堂和二等学堂各一所。这里的二等就有预科的性质。

盛宣怀创办北洋大学堂的过程之中，订过两条规矩，其一是循序渐进，不容紊乱，不许中途他鹜。其二是学习专门科学技术，语言文字不过是工具。

北洋大学的教学主要是由美国人担任。聘任的很多教师都是美国国内的知名学者，他们在北洋大学的工资比他们在国内还要高。这些外籍教师认真负责，治学严谨，所以北洋大学毕业的学生质量很高，当时美国和欧洲各国大学的研究院都有明文规定，免试接收北洋学生入院读硕士学位。那时有志学工科的青年都以能入北洋大学为荣。

民国初年，北方青年尚以仕途为重，所以北洋大学录取的学生大多数是南方青年。

北洋大学考试制度很严格，入学以后就有频繁的考试，淘汰率很高，学生作业压力很大，因此多数学生只知读书，不问政治，与北京大学、复旦公学的风格都很不同。"五四运动"之前，政治风潮从来没有进过北洋大学的大门。

北洋大学是我国废除科举制度以后学习西方兴办的第一所正规大学，所以后来对中国教育影响较大。它是随后建立起来的"南洋大学"的模式，也是后来各省仿办的"范本"。盛宣怀于1896年卸任天津海关道之职后，长住上海，将主要精力用于"南洋大学"（上海交通大学前身）上。

1917年春天，孙越崎离开南方来到了天津。北洋大学已经开学，他是插班进去的。最初，孙越崎入的是北洋大学的文科预科班。这里规定，文科预科班毕业之后不用考试，可以直接进入法科。理科预科班毕业后可升入矿冶系、土木系或机械系。

他给当时哈尔滨的父亲写了一封信，报告了在北洋大学学习的情况。父亲在回信中否定了他的选择。信中有这样的话："……我都已经不作'高级流氓'了，所以希望你今后也不要作'高级流氓'。既然大学里有矿冶系，你还是选择学习采矿技术为好……"看了父亲的信以后,孙越崎认真地想了好久:要使中国越过崎岖而达康庄,大力兴办实业是当务之急。父亲的话是有道理的。父亲对当时官场人士"高级流氓"的蔑称给他留下了极其深刻的印象,对他选择"工业救国"的道路起了重大的影响。许多年以后,他曾经有缘近距离地接触了中国最高层的官僚,自己也"荣任"统管全国国营工矿业的"大官",甚至已经有了明显的"入阁拜相"之可能,却仍孜孜于实业,醉心于煤炭、石油,奔走于工厂、矿山,为中国的石油工业奠定了最初的基石,做出了非凡的贡献。

孙越崎决定改变学习的专业。他去找校长赵天麟,要求改学理科。校长说可以,不过要等期末考试及格才能转入理科。孙越崎上了半年的文科班。那一年的暑假,他第二次没有回家,又照老办法,请了一位功课很好的同学秦瑜为他补习高等数学、物理等理科课程。开学以后,孙越崎顺利地考进了理科。

进了北洋大学,孙越崎又被同学们选为学生会会长。因他为人正派,办事有主张,总是知道自己适合做什么,能做好什么,也比较清楚每一件事情的具体目标,并能找对达到此目标的方法,所以,做起事来就显得胸有成竹,干练通达。这样,每到一处,都很快地得到周围的信任和尊敬。这也是他在所上的几个学校里总是被同学们选为学生会会长的原因。

在北洋大学学习期间,孙越崎遇到的最重要的事件就是"五四运动",他一反北洋传统,以学生会会长的身份带领全校同学积极投入了这场伟大的爱国主义运动。

7 发动组织天津的"五四"运动

1919年的1月,第一次世界大战刚刚结束。英、美、法、日等27个战胜国在巴黎召开了对战败国的和约会议。中国作为战胜国也派代表在会上提出了要求:收回德国在中国山东的一切特权。然而,众列强根本不把羸弱的中国放在眼里,反而决定,战败国德国在中国山东的特权均归日本所有。当时北洋政府对这个丧权辱国的条约有应允之意,密令中国代表在条约上签

字。消息传到国内，热血青年知识分子的爱国责任感燃烧成愤怒的火焰。5月4日这一天，北京学生在天安门举行抗议示威游行，火烧亲日汉奸曹汝霖的住宅，痛打卖国贼章宗祥，军警逮捕了32名学生和市民。北京学生为了表示抗议，实行了总罢课，并通电全国抗议示威。学生的爱国运动马上席卷了全国各地。

天津的学生是最早起来响应的。5月6日，北洋大学的学生和天津高等工业学校的学生取得了联系，学生代表一起商量配合北京学生罢课的计划。

5月14日那天，天津各校学生成立了天津学生联合会，会址设在水产学校和高等工业学校。北洋大学当时是天津唯一的大学，不过学校离市中心很远，交通联络都不方便，加上毕业班的同学正要进行毕业考试，不毕业，就会影响个人的前途，所以那天选举的结果是河北高等工业学校的谌志笃为会长，南开中学的马骏和第一中学的韩志祥为副会长。

从那以后，学生联合会组织了好几次示威游行。5月22日那天，学生联合会又开了一次会，到会的有九个学校的学生代表。孙越崎是以北洋大学学生会会长的身份参加的。那天的会场气氛很严肃，议题是组织第二天全市大中学生总罢课。代表们都很认真，最后要每一人站起来表态，大学代表在前，中学代表在后。第一个就是孙越崎发言。孙越崎仔细想过，北洋大学是个不问政治、校风保守的学校，要实现总罢课是比较困难的，但是他相信多数同学是爱国的，在全国各地学生全力声援北京学生的大潮的冲击之下，北洋的同学也不会无动于衷，只要事先做好动员工作，参加全市总罢课，是会得到本校同学支持的。孙越崎毅然表态："我代表北洋全体同学，从明天起一定罢课！"但是有个别学校不敢保证，会议开了很久。

孙越崎从市中心赶回北洋大学，已经过了晚饭时间。他顾不上吃晚饭马上找来几个热心的同学一起商量。他们都同意第二天罢课。孙越崎就让他们分别到各宿舍去宣传动员。他清楚地意识到，第二天能不能顺利实现一致罢课，关键在即将进行毕业考试的三年级同学。参加罢课就等于失去毕业考试的机会，没有毕业考试，就拿不到毕业文凭。那时有了毕业文凭谋职尚且很难，拿不到文凭，失业的可能就更大了。很多学生都是自费上大学的，无法就业损失就太大了。从这方面说,毕业班的同学参加罢课困难比较大,但是如果毕业班的同学都能参加罢课,其他同学就更没有问题了。

因为毕业班同学的态度很重要,所以孙越崎自己出面去动员。他先找了几个平时考试成绩名列前茅的同学,他们在班里有威信,向他们说明天津学生联合会今天作出的决议:明天全市大中学校学生要实行总罢课。又向他们宣传国家兴亡、匹夫有责的爱国思想,请他们支持罢课。他们都深明大义,同意参加罢课。这样,孙越崎稍稍心安。

孙越崎认为,学生会的决定应该告诉校长。他平时因学生会的事情和校长赵天麟接触来往比较多,关系也不错,就去找赵天麟,通知了天津学生联合会决定明天总罢课,声援北京学生。赵天麟很滑头,他既不敢反对学生罢课,更不敢表态支持,就干脆装作什么都不知道。

各个方面的准备就绪以后,孙越崎就召集了全校学生大会。在大会上,他先详细汇报了天津学生联合会召集大中学校代表开会的内容,宣布第二天全市大中学生统一总罢课的决定,最后说:"我已经代表北洋的同学表态同意罢课,请大家审议。"这时,全校同学的爱国热情都焕发出来了,群情沸腾,一致喊参加。

会后,有个同学告诉孙越崎,他看见赵天麟校长就站在会场的后面,静静地听孙越崎讲话。照北洋的校风和当时的政治形势,校长对全体学生参加罢课没有阻拦,就已经算是相当难得了。孙越崎听了同学的发现,心里对校长有几分感谢,觉得赵天麟不是个太顽固的人。

8 勇斗直隶省长曹锐

5月23日那天,天津大中学校学生实现了统一总罢课。

6月3日,上海工人、商人开始罢工罢市,全国对北洋政府的抗议活动更加猛烈了。随之,天津的学生运动也进入高潮。

6月4日,全市学生又一次举行了规模浩大的示威游行。

那天一早,在学生联合会的指挥下,全市15个大中学校的近万名学生,集合在南开中学前的广场上,在学生代表的带领之下庄严宣誓。宣誓仪式之

1919年"五四运动"时北洋大学的游行队伍（孙越崎作为北洋大学学生会会长参与领导天津学生运动）

后，宣布了游行路线：经过南马路、东马路的大胡同等闹市区，到河北大经路省长衙门向省长请愿，要求北洋政府释放被捕的北京学生和拒签丧权辱国的条约。

游行还没有开始，直隶省长曹锐就派天津警察厅厅长杨以德率领全副武装的北洋保安队，把南开中学的广场包围了。几十层保安队员站在广场出口处堵截，高喊着："奉大总统命令，禁止学生游行！"

学生队伍中有人竖起一面大旗做先导，旗下几个领头的学生大声呼叫，一次又一次地组织突围。学生冲到哪里，保安队员堵到哪里，双方短兵相接，对峙了很久。

后来，警察厅厅长杨以德没有办法了，亲自出来向学生讲话，声称：这是奉直隶省长曹锐之命来禁止你们游行的。你们要请愿，可以派五个代表去见曹锐。这样学生当场推荐了五名代表：马骏、谌志笃、沙祖培、易守康和孙越崎。于是，杨以德挥手叫来六辆人力车，他坐在第一辆上面，把五名学生代表拉到省长衙门。在车上，孙越崎看到沿途街道上站满了北洋保安队，他们臂上带着袖章，荷枪实弹，警戒森严。孙越崎还看到，为了阻止学生，通向省长衙门的海河金刚桥已经吊起来了。

杨以德带着他们五人进了省长衙门。衙门的院子很深，两边也站满了荷枪实弹的保安队员，一个个紧张得如临大敌。一转眼，杨以德不见了。另外一个人出来领着他们，七拐八拐地走进一个破破烂烂的席棚子里。等他们五人进去以后，那人也溜走了，把他们给晾在那儿了。没有办法，他们只好在棚子里耐心地等着。

过了好久，省教育厅长王章祜进来对他们说，曹省长在会见日本总领事和海军舰长，等一会儿才能来接见你们。他故意把"日本总领事和海军舰长"说得很响，说完又走了。过了一会儿，又来了一个警官，把他们五人带到一间警官训练班的教室后也消失了。他们又等了好长时间。孙越崎想来想去，不知道他们五人会不会有危险，也不明白曹锐在玩什么花样，心里有些紧张。

终于教育厅长王章祜又来了，把他们五人领进一间装饰考究的会客厅。会客厅的中央是一张铺着丝绒台布的长桌，桌上摆着几个高脚玻璃盘，玻璃盘中放着水果、点心。警察厅长和教育厅长分坐在桌子的两边。孙越崎五人看了看这两位厅长：一文一武坐下了。

大家才坐好，曹锐就走出来了。只见他身着长袍马褂，头戴瓜皮缎帽，道貌岸然地走到长桌的一端坐下，满脸是大人不计小人过，慈悲为怀的神气。曹锐抬手比划着，让两位一文一武的厅长端起玻璃盘，请学生吃水果、点心。五个人里孙越崎年龄最大，他就站起来说："外面我们上万名同学还饿着肚子，我们不能只顾自己在这里吃东西。"曹锐马上说："学生们已经离开南开广场了，他们上大街游行的时候，我让警察发给他们每人两个馒头。他们已经吃饱了，你们几个也吃吧。"

孙越崎他们坚决不肯吃。曹锐又说："你们不吃，饿坏了身体怎么行，将来国家要靠你们复兴，如果身体不好，怎么能担重任？前清曾国藩、李鸿章、左宗棠等中兴名将，在年轻的时候哪里知道自己后来会做那样的大事？你们也是任重道远啊！"

曹锐在那里侃侃而谈，孙越崎几人沉默不语。孙越崎仍然代表五个人坚持他们的要求："我们还是要求省长给北洋政府打个电报，提出释放北京学生。不答应这个要求，我们不会复课！"

曹锐说："我的一封电报，无非是给政府里多了一张废纸，没有什么用处嘛！刚才日本总领事和海军司令来了，他们对天津学生的游行示威提出警告，如果学生游行扰乱秩序，他们就要开炮轰击。为了避免伤亡，我要求你们回去劝告同学们，不要示威游行了，从明天起，一律复课。"

孙越崎他们还是反复要求省长给北洋政府发电报，曹锐不肯，坚持要

学生先复课，双方僵持不下。在反复交涉中，曹锐听出他们五个人之中沙祖培是天津人，又最年轻，就把他当做突破口，想把沙祖培吓住。只见曹锐突然用手猛拍了一下桌子。把茶杯都震碎了，茶水流了满桌子。教育厅长反应快，马上站起来，哈着腰，赔着笑，连声说："省长息怒，省长息怒！"曹锐没有理他，用手指着沙祖培，大发雷霆："他们四个都是外地人，你是本地人，是我的同乡，咱们的祖宗、财产、庐舍、坟墓都在这里，万一闹出事来，日本海军一开炮，他们四个外地人一走了之，我们本地人不是都完了吗？你怎么跟着他们闹事？"

孙越崎知道曹锐这番话的用意是要把他们五个人拆开。他马上接过说："你一天不发电报，我们一天不复课。天津闹出事来，只能由你这个省长负责，和我们毫无关系，沙祖培更丝毫没有责任。"

正在孙越崎他们与省长唇枪舌剑地交涉时，进来一个人，在曹锐的耳边说了几句话。曹锐听那人说完以后就回身站了起来，像斗败了鸡似的对他们说："学生游行大队已经到了省衙外面，要你们几个学生代表出去。"这时教育厅长王章祜也马上随着省长站起来，说："我陪你们出去，免得外面的同学惦记。"孙越崎他们半信半疑，跟着他走到省衙的大门口，果然见到大队同学已经冲破保安队的重重阻拦，来到门前。同学们见到自己的代表安然无恙，都激动得高声欢呼起来，原来他们真怕代表进了省长衙门会有什么意外。

孙越崎他们五个人分别走进自己学校的队伍。这时北洋大学的同学告诉他，刚刚听到上海工人罢工、商人罢市、学生罢课的消息。上海是中国最大的城市，上海的"三罢"一定会对全国产生巨大的影响。孙越崎听了这个消息，觉得全身增添了许多力量，信心更足了。为了及时鼓舞大家，孙越崎又找来那四位学生代表商量，决定把学生带到附近高等工业学校的操场集合。不多时，大队人马就到齐了。孙越崎知道自己绍兴口音重，就让马骏向大家报告与省长交涉的经过。当时马骏是站在一个滑梯的顶上，孙越崎和另外三个人坐在滑梯的中间。马骏声音洪亮、简明扼要、形象动人地把过程讲了一遍，会场上万名学生无不为之动容。马骏讲过之后，大家决定继续罢课。这时整个会场上人头攒动，气氛热烈，口号声此起彼伏，每个人都热血沸腾，情绪高昂。

散会的时候，天津市已经被暮色笼罩。街灯亮了，照着一队队学生走回自己的校园。

6月4日大游行之后，天津各大中学学生继续罢课。在上海市"三罢"的影响之下，学生运动也向全市各界广泛深入地发展着。6月9日，全市学生联合会又在河北公园里召开了全市公民大会。会场中心悬挂着大标语，上联是：振民气合民力万众一心，下联是：御国敌除国贼匹夫有责。那天参加大会的有新闻界、教育界、宗教界、工商界等各方面的代表，共有两万多人。大家一致要求北洋政府释放被捕学生，拒签卖国条约，支持学生爱国运动。大会开得很成功。大会以后，天津商界就在学生联合会的督促之下，开始罢市。

"五四运动"期间，天津一些学校分别办起校刊。《北洋大学日刊》发表的几篇社论，影响非常大。后来又出了《天津学生联合会报》，南开中学毕业生、当时21岁的周恩来特意从日本赶回天津参加学生运动，担任了《天津学生联合会报》的主编。随着学生运动的发展，周恩来成了运动的核心领导人物。

说到那一段事，孙越崎还会想起邓颖超。邓颖超在"五四运动"时还只有十五六岁，是天津女师的学生。她虽然很年轻，却非常活跃，到处演讲宣传，也常在报上发表文章，和孙越崎也算是"战友"了。因为这层关系，新中国成立以后，邓颖超一直很关心孙越崎。

与天津学生遥相呼应的是，恰在6月上旬，北京学生代表同各省到京的学生代表到中南海南门前向政府请愿，总统徐世昌迫不得已在勤政殿接见了10名学生代表，结果发生了西安学生屈武血溅总统府事件。到深夜一点，徐世昌终于妥协，派内务总长向学生宣布，内阁紧急会议决定，接受大家的要求，马上电令巴黎和会中国代表拒签和约，立即释放被捕学生，并批准曹汝霖、章宗祥、陆宗舆三人的"辞职"。学生请愿的目的全部实现。

在全国各界的支持下，五四运动取得了胜利。

孙越崎在北洋大学的同学，许多人后来成了中国现代史上的重要人物，例如陈立夫、张太雷、曾养甫、叶秀峰等。

第三章　穆棱初创业

翁文灏："今观孙君之一出学校，即入穷山，数载辛劳，辛创大业。其奋发兴起者当如何？"

1 等不及过了阴历年

1923年秋天，孙越崎离开绍兴北上哈尔滨。到了东北后，在父亲的帮助下，他参观了抚顺和本溪的煤矿、昭和钢铁厂（鞍钢）等。1924年春节前几天，他不顾家里的劝阻，冒着纷飞的大雪，毅然奔向了当时尚是一片荒凉的黑龙江穆棱，开始了他的事业——去勘探开发煤矿。

这几年里孙越崎经历了两件较大的事情：一件是被北洋大学开除转学北京大学，一件是妻子不幸去世，身心受到重大打击。

1919年"五四运动"以后，天津的学生是在过了暑假之后复课的。经过这一场斗争的洗礼，北洋大学的校风有了转变，同学对有的专制蛮横的外籍教师和校方不合理的管理制度也敢于反抗了。复课以后，由于上学期罢课未能举行的期末考试，学校通知全体同学一律参加补考。通知下达的时候，土木系的同学正在北戴河作测量实习，因此外籍教师要在晚上进行补考。同学们每天往返奔走，忙于实习，不可能有时间准备功课，而北洋大学的校规又极其严格，考试不及格就得降级，降级两次就要开除学籍。这样一来，土木系的同学极为不满，坚决反对在晚上考试，外籍教师仍坚持要在晚上考试，双方僵持不下，同学们拒绝上这位教师的课，没有实习完就都返回了学校，向校长提出辞退这位外籍教师。这时，全校同学又都出来支持土木系的同学，又实行了罢课。这件事闹大了，结果迫使赵天麟校长辞职。

没有想到，省长曹锐派来了更加反动顽固的冯熙运作北洋大学校长。冯熙运是早年北洋法科的毕业生，对北洋大学的校规很熟悉。他一上任就态度强硬，立即下令复课，而且每个人都得写悔过书。矿冶系孙越崎他们那一级不足30人，写了悔过书的只有两人，一个是直隶省财政厅长的侄子，另一人是因为害怕如果被开除就回不了家。

因为多数同学不肯写悔过书，冯熙运就下令对学生停电、停水、停伙。很多学生仍不肯就范。终于于9月，冯熙运下令予以开除。

孙越崎是被开除的学生之一。被北洋大学开除，当然不好向家人交代，可是孙越崎的叔叔非常通情达理，说开除了没关系，再换个学校上就行了。孙越崎是北洋大学学生会的会长，觉得自己对其他被开除的同学负有责任，就和一位姓李的湖北同学到北京大学去联系。现在，从出版的《蔡元培日记》中可以看到，孙越崎曾经到他家里去找过他。后来又去具体联系转学之事的时候，蔡元培校长不在北京大学，是教务长蒋梦麟接待的。他很快就按照校长的意见，为孙越崎他们办好了入学手续。

孙越崎在北京大学期间学会了骑马，对他后来的野外生活有用。临毕业时去唐山开滦煤矿和本溪的煤矿实习了一段时间。1921年，他在北京大学毕业了，获工科学士学位。

孙越崎从北京大学毕业的时候，他的家已经从同康村搬到了绍兴城里。这时葛采湘已经考入绍兴明道女子师范学校，相当于高中的文化水平了。孙越崎很满意。他一直希望妻子能与自己"比翼齐飞"，共同到绍兴以外的更大的天地里去成就一番事业。事实却没有按照他希望的那样去发展。

1921年，在北京大学学习的最后一个学期里，孙越崎觉得身体不大好。那一年冬天他回家里度假。有一天他吐了一口痰，葛采湘看了对他说："这口痰怎么是这样子？你的肺好像有病。"因为她的父亲是中医，所以孙越崎很相信她的话。从那以后，就总是觉得自己的肺有病。回到北京以后，他去了好几个医院，都没有查出肺病来。

从北京大学毕业回绍兴，孙越崎就在家里养病，没有想到，他的这种"疑心病"反过来害了葛采湘。有一天，孙越崎在叔叔的陪同下到萧山的一个中医那里看病。那个中医说不是肺病，不过是肺上有一点小毛病，保养好了就没什么关系。在家里时，本来已经和家人说好，要他留在萧山治病，因为没有找到住的地方，叔侄两人就一起回绍兴了。葛采湘的哥哥那时是在圣章女子学校教书，听说孙越崎从萧山回来了，就给葛采湘打了个电话。电话里没有说清楚。葛采湘一听孙越崎回来了，吓了一大跳，以为是医生不肯收治，那么一定是不治之症。接电话时她正在吃饭，这一吓，从此就不能吃东西了。孙越崎急得六神无主，也顾不上自己的身体了，到处给她请医生，每天给她吃各种各样的药。葛采湘的娘家也请来了当地最好的医生。葛采湘生性很要强，娘家人来了，她一定要梳理得整整齐齐的。她很想活下去，看到医生来了说："救星来了！"那位医生给她诊过脉以后，出了房间就对家人说："太晚了，没法治了。"祖母听了直流眼泪，埋怨孙越崎给她乱吃药。

葛采湘病了一个月以后知道自己不行了，让孙越崎把一儿一女叫到床前，儿子已经上小学了。孙越崎泪流满面，搂着一双儿女问她："他们怎么办？"葛采湘虽然也很伤心，却还能想得开："他们要好就好，要是不学好，我也就没有办法了。"第二天葛采湘就去世了。这是1922年。

妻子的去世，对孙越崎是个巨大的打击。他一直觉得自己对不起她，结婚10年，共同生活的时间加在一起还不到二年。现在自己刚刚完成了学业，可以夫妻团聚长相守了，她却出人意外地离开了人世。孙越崎一直很喜欢葛采湘那种开朗坦率的性格，这些年又一直培养她学习文化，盼着有朝一日，两个人能一同到外面的世界去。这个愿望眼看就要实现了，没有想到一下子被打得粉碎。两人共同生活的时间很短，却唯其短才更觉得味浓，更觉得有那么多值得回味的大大小小的事情，甜的、酸的、苦的、辣的，一时间俱上心头。每日里只觉得她的面容还在眼前，只觉得她还在和家人说话，为家人做事，儿女喊娘的声音更使他肝肠寸断。

当孙越崎沉浸在痛苦之中的时候，父亲来信了，让他去哈尔滨散散心。这时葛采湘已经死了一段时间了，他想这样下去不行，自己还年轻，总还要做点事。于是他把女儿托付好后，带上竹生便登上了北去的列车。

到东北以后几个月，孙越崎觉得心情好多了。他渴望做事，但不愿去父亲的金矿，父亲也没勉强他……

这次在车站与父亲分手，父亲把自己多年穿过的一件皮袍和戴过的一顶皮帽子给了他。看着他穿上后，拍了拍他的肩膀，什么没说就走了。

孙越崎觉得有些对不起他。父亲年过半百还在为金矿的事情奔忙，自己这么大了还要靠父亲补贴，而自己却不愿意去他的金矿做事——这是父亲让他学矿业的原因之一。父亲还为自己的工作着急，联系过哈尔滨电厂翻译。想到这里，不由一阵鼻子发酸。他暗下决心，一定要干出一番事业，不让父亲失望。

2 土匪窝子作营寨

孙越崎与几个俄国人从哈尔滨出发，坐了28个小时的火车，在下城子下了车。找了几个雪橇，拉上带来的四台钻机及器材，经过两天的奔波，沿着穆棱河谷，来到了小碱厂沟。没有想到，这里这么荒凉。

民国初年，穆棱地方有个从山东来的姓高的农民，有一次他在挖地窖时见到地下有煤，可是再往下挖，一直挖了20多米，只有石层，就不再挖了。

哈尔滨有个俄国富商叫谢吉斯，是个犹太人，他的兄弟在法国开银行，所以他很有钱。他原来在海参崴和绥芬河有两个煤矿，俄国十月革命以后都被没收了。他流亡出来成了"白俄"。在中国，谢吉斯以经营中东铁路沿线林场的木材为业。他感到这里的森林日益减少，煤炭将会越来越贵，开矿一定大有前途，就带了技术人员到处找矿。1923年，当地一位叫王琦的农民在挖地窖时又见到黑土，就带到哈尔滨给谢吉斯看。谢吉斯立即派了一位叫卜鲁希年科的探矿师带了钻具去私探，结果发现了真正的煤。这位王琦却又马上去报告了中国官方，滨江道尹蔡运升知道了立刻命令谢吉斯停止探矿。双方磋商结果，由吉林政府和谢吉斯合办此矿，中方出土地和矿权，谢吉斯出资金，合资300万元，矿名为"中俄官商合办穆棱煤矿公司"。煤矿建成以后，利润51%归吉林省，49%归俄方。1924年1月，由吉林省实业厅厅长马德恩与谢吉斯签订了合办合同，蔡运升兼任督办，马德恩任董事，刘文田为理事长。1924年经董事会议决定成立总公司，地点设在哈尔滨。

蔡运升知道孙越崎是学矿的，他们的矿上正好没有学矿的人，就请黑龙江督军朱庆澜对孙燕堂说，要孙越崎到他们那里去。

由于是合资企业，按照合办规定，所有职务都由双方各派一人，俄正中副。这样，卜鲁希年科和孙越崎分别被任命为探矿队正副队长。

一路上气温达零下三四十摄氏度，坐在马爬犁上时，北风呼啸，大雪纷飞，几米之外不辨道路……这些孙越崎已经见过了，可是眼前小碱厂沟的一切，还是让他感到意外、心寒。

那时的穆棱是一片未开发的处女地，是森林、虎豹狼虫、土匪的世界，道路不通，人家很少。

从地理位置上看，西距哈尔滨400多公里，南距中东铁路下城子车站65公里，东距海参崴330公里。后来为了运输的方便，煤矿自己修建了到下城子的铁路。眼前的小碱厂沟原来有三户人家，由于总是闹土匪，搬到八面通去了。孙越崎他们进了沟只看见一所土房子，因为土匪经常在这里住，屋子里积满了马粪，冻得很结实。房子很大，是南北对面炕。炕已经裂了，完全不能用。那次他们一起去的有通讯员、翻译、马夫和工人共二十几个人。孙越崎给那个翻译起了个外号叫"外交部"，因为他们总是派他去和土匪打交道办交涉。

这样，他们便在这冰天雪地里的破房子里安营扎寨了，大家一起除马粪、修土炕、做饭。

3 什么都想学

出去探矿都是骑马，幸亏孙越崎在北京大学上学时学会了骑马，骑几十里路不成问题。有一次，马在很深的雪地里走，被矮树丛绊倒，一下子把他摔出去好远，肋骨断了，过了一个多月才好。经过"孤骑入村，破橇驶雪"，很快探明了小碱厂煤矿。

他们又在山东人高某废弃的斜洞里探勘。很快发现，这个斜洞不是沿煤层前进，而是在煤层底部开掘，所以只挖到石层，不见煤层，失之交臂。于是他们很快又发现了梨树沟煤矿。

经过几个月的探查，他们对煤层的分布已经有了比较准确的了解，申请开采。探矿进行到一半的时候，下一步的筑路测量已经同时开始。这项工作是几个俄国人在做的。那时孙越崎的求知欲很强，和开矿有关的一切事都想学，就跟着他们一起干。有一天，到了独家村，住在一家农民家里，主人很客气，把炕烧得很热，那几个俄国人不习惯，干脆睡在地上，有的甚至睡到屋外。孙越崎也和他们一样，裹着父亲给他的皮袍，戴着皮帽子在外面睡了一夜。俄国人当时被称为俄国熊，他们在北方长大，非常耐寒。孙越崎在江南长大，没有俄国人那么耐寒，可是却十分地要强，俄国人怎样做，他也要怎样做，从不示弱。孙越崎回忆说："那时吉林人叫我南蛮子，他们说这个南蛮子怎么这样不怕冷，人家穿毡靴，他却穿双单皮鞋。"

孙越崎跟着那几位俄国人跑了好几天，知道了修铁路是如何做测量的。那位俄国工程师是贵族，孙越崎现在还记得，他是既会工作又会享受，到哪里都专门有人给他背着一个盒子，放着各种漂亮的餐具，每次吃饭都像摆宴席，讲究得不得了。

4 中俄竞赛

经过一年来的勘探和修路，与"三月五迁徙、六告匪警"（《穆棱煤矿六周年纪事》），穆棱煤矿公司董事会于1925年9月11日决定，购买矿区五千亩，正式着手开发。孙越崎被任命为中方矿务股长兼机械、工程股长。董事会并决定：开掘第一、二号竖井。第一号竖井由俄方矿务股长卜鲁希年科负责，所有人员都是俄国人。第二号竖井由孙越崎负责，所有人员都是中国人。中俄分工合作，各不相属，这样就形成了竞争的局面。

这时员工的住宿条件已经有所改进，搬进了列车式的住房。孙越崎与其他七个中方技术人员住在一起。这是他平生第一次全面负责煤矿的开发工作，而且要与俄国人一比高低。卜鲁希年科在煤矿生产上已经有多年的经验，所以孙越崎丝毫不能懈怠。每天除了睡觉，他有十八个小时以上盯在2

孙越崎在穆棱煤矿平洞前

号井场。深夜，同室的人都睡着了，孙越崎才从工地上回来，摸黑爬上床来。第二天凌晨，别人还在梦乡时，他又爬起来悄不声地走了。所以同屋的人都称他是来无影去无踪的"土行孙"。

第一次负责打井，碰到的很多东西都是过去在课本里没有学过的。俄国人经验较多，所以打井时，他常常跑到一号井去，装作路过，随便看两眼，其实看得很用心，而且是针对他的二号井出现的问题。这样就很巧妙地把俄国人的技术学到手了。为了取得经验，孙越崎总是自己值班，工人是三班轮换，他有时就连值三班。就连点炸药的活儿有时也要自己动手干。那时打炮眼还没有机器，靠工人一锤一锤砸出眼儿，放进炸药，点着导管以后得赶紧往上爬。爬时很紧张，慢了就不得了。这种种滋味儿孙越崎都亲自尝过。除了向俄国人"偷"技术、"偷"知识以外，孙越崎还有两本不离手边的书。这两本书足有两寸厚，现在他依稀记得书名是 P. S. HAND BOOK。这两本书里有理论，又有好多实例，对初出校门的人特别有用。时间长了，这两本书都被孙越崎翻烂了。

二号井打到 20 多米，遇上了流沙，这是严重问题。在这种情况下，如果固定不住井架，整个井就会报废。孙越崎很好强，绝不甘心自己打的第一眼井半途而废，更不甘心输给俄国人。那时他甚至想，自己打的第一眼井如果失败了，就从此改行。

孙越崎的助手叫郭忠，年轻，能吃苦，也虚心，与孙越崎合作得很好，尤其是那次治流沙，给了孙越崎很大帮助。二号井出流沙后，孙越崎带着郭忠守在井上两天两夜没睡。幸好那是在冬天，气温在零下40摄氏度以下，他们想了个办法，用水泵抽出水来浇在流沙上，流沙很快就冻住了。下面的沙冻不住，又想办法用木头填进去，最后总算把沙子固定住了。幸运的是沙层不厚，又是冬天，不然后果真是难料。

当年中俄竞赛的结果如何？俄国人打的一号井1925年9月开工，1926年4月见煤，井深38米，每日出煤700吨；孙越崎负责的二号井1925年11月开工，1926年9月见煤，井深51米，日出煤也是700吨。成效不分上下。可见中俄竞赛打了个平手，初出茅庐的孙越崎没有输给经验丰富的俄国人。

1926年孙越崎主持建设的穆棱煤矿二号竖井

5　为工作唯一的一次流泪

孙越崎十分地要强,不过就是再要强的人,也会在内心深处保留一块完全属于自己的领地,在那里他可以任由感情宣泄。

那是在一天的夜晚,孙越崎到井口去处理白天没有处理完的事情。那时井下的煤都是用钢丝绳吊起的煤车运上来的。井口有一个木头架子,是绕钢丝绳的。那天架子倒了,把运煤车砸坏了。孙越崎担心误了生产,吃过晚饭就回到井上。因为运煤车已经不能用了,他打算再找一个来,就到附近的一个平洞口,见到一个车就伸手去拉。没想到,手刚一碰到车把儿就冻得粘上了,再使劲一拉,手上的皮全掉了,鲜血淋淋,疼得钻心。这时,他抬眼一看——路边是一排玻璃罩子的煤油灯,昏暗的灯光在黝黝的山坡雪地上投下些模模糊糊的影子,狂风中摇晃不止,更显得孤寂冷清。山上只有一户人家,窗口早已不见了光亮,想必那家人是早已进入温暖的梦乡。"好大的一片矿山啊,就只有我一个人在这么冷这么黑的地方做事,还把手冻成这样,这是为什么呢?"他独自一人站在雪地上,不由得泪流满面,伤心了好一阵子。

这也许是孙越崎为工作唯一的一次流泪。从那以后,无论遇到怎样的艰难困苦,他都一往无前。1978 年,年近九秩的孙越崎失去了心爱的外孙女,人们都瞒着他,怕老人经不住打击。后来他知道了,反过来安慰他人:"我是不会哭的,我的泪水已经在穆棱流光了。"

6　"盗亦有道"

在穆棱办矿的初期,经常要和土匪打交道,有几件事给孙越崎留下了很深的印象。

有一天,孙越崎带了几位工人,骑着马到野外找"露头"。到了地方,他把马拴在一棵小树上,给马的鞍子松了肚带,就去打井钻探。孙越崎低着头仔细地观察井里的地质情况,把其他一切都忘了。专注之中猛听有个工人大喊一声:"土匪来了!"孙越崎吓了一跳,抬头一看,对面山上有一百多个扛着枪的人，心里咯噔地一下子抽紧了，赶忙站起身来往拴马的地方跑。这时一位工人已经帮他解开了缰绳，他也没顾得上系紧马肚带，骑上马就跑。急不择路，山上还没发芽的灌木林把他的脸和手都划出了血。

回到家里，孙越崎话都不会说了，大家莫名其妙地围着他，着急地问，到底出了什么事？一个人递给他一杯水。喝下这杯水，孙越崎才缓过气来，说出"土匪来了"。大家一听也都害怕起来。

过了一会，通讯员递来一张帖子，看了帖子才知道，他们刚才遇到的是外号叫"小白龙"的土匪。按照当地的习惯，孙越崎派出了他的"外交部长"，也就是那位姓王的翻译，装了一车的面粉、盐、碱、烟草等给土匪送去。王翻译回来时说："小白龙"说了，今天晚上来串门。孙越崎不明白"小白龙"是何用意，心里还是挺紧张。

傍晚时，来了三位骑马的人，孙越崎很恭敬地把他们让到炕上，那三人中的一人把背着的盒子枪摘下来放在炕上。"小白龙"是山东口音，他说："我们今天来串门的目的是向你道歉，因为今天早上让你受了惊吓。"孙越崎忙说："哎呀，谁知道你们这样，要知道了就不跑了。"孙越崎请他们吃饭，"小白龙"说吃过了。接着又说："今天早上你那种跑法不对，往下跑时应该马上转弯，这样我们就看不到你了。你那样一条直线地跑，万一我们打枪你怎么办？下次可不要这样跑了。"这样一说，孙越崎也笑了，也就放下了心。"小白龙"和孙越崎谈得很融洽，他后来说："我们也不想老当土匪，现在我们有枪有人，就等政府招抚。我们也不强奸越货，是保护老百姓的。你们开矿的不是坏人，我们不会害你们。"孙越崎说："那你们为什么不开荒种地？这里的土很肥。""小白龙"说："我们不是不愿意，可头一年吃什么？我们也是没有办法，能不来向你们要东西就不来，没办法了就还得来。我们是划分了地盘的。这块地方是我们的，别的人来了就得打，也是没有办法。""小白龙"临走时又嘱咐了一句："明天我们的人马要从你们前面的山上过，你们不要害怕。"

孙越崎把"小白龙"送出门后不由地说了一句："盗亦有道。"

还有一次，孙越崎带了一个人到二十多里外的一个村子去检查探矿的进度。吃了饭要返回时有人报告，有一股土匪住到村子边上。孙越崎就让住在村子里的工人给他们送去几袋面粉。返回时在村外的河边刚要过河，从对岸丛林中走出一队官兵。等孙越崎他们过了河，那些人问："你们是哪儿的？"孙越崎回答是煤矿的。那人说："你们通匪，我们刚才看得清楚，你们给土匪送面粉，今天你们想走就没那么容易了。"孙越崎说："我们不给土匪送东西就很难办矿，请你原谅。你说我们通匪，也可以这么说。那好，现在我就告诉你，对面就是土匪，我已经向你报告了，你们马上过去打呀，为什么你看到土匪不打呢？"这下那人无话可说了，只好放孙越崎他们过去。后来孙越崎问村里的工人，工人说那些官兵根本没去打土匪。土匪走了以后，官兵就住在土匪住的地方。其实所谓官兵，不过是张作霖刚刚招安的土匪。

后来在孙越崎快要离开煤矿的时候又发生了一件事。当时矿上的工资都是每月由工头领出来发给工人的。矿上请了一连官兵保护安全。一天夜里枪声大作，孙越崎接到电话说发生了兵变，要他马上去。妻子抱着他不放，说你要是被抓走了怎么办？孙越崎坚持要去，她才哭着放了手。孙越崎赶去才知道，一个班的士兵闯进工头房间，捆了工头，抢了钥匙，要抢钱，其实工头当天就把工资发给工人了。这些兵没抢到钱，一气之下就把工头打死跑了。这连兵也是刚招安的土匪。

孙越崎和土匪的交往对他是一种很独特的锻炼，使他增长了胆识和与各种人应对的能力。

7　新婚的王仪孟天天流泪

葛采湘去世已经好几年了。1926年8月26日，孙越崎与王仪孟结婚。

与葛采湘的出身不同，王仪孟出生在官宦人家，祖籍江西临川，是历史名人王安石的后人。她们这一族系是王安石弟弟的后代。王仪孟的父亲是清朝的官员，经常改换住地。王仪孟生在北京，后来随父亲到过湖北，上学是在天津，最后是在天津法租界的女子师范学校毕业的。毕业后，也按照规定义务教了一年书。当时她很想到北京大学去读书，因为那时女子上北京大学可以免费。终因家境不佳，未能如愿，这是她终生的遗憾。王仪孟与葛采湘开朗活泼大方的性情不同，她温文尔雅，善解人意，贤惠内向，还有些软弱，为人非常讲究礼数，顾面子，有时就是借钱也要把该送的礼送了。

王仪孟嫁给孙越崎，是穆棱煤矿一位姓张的嘉兴人做的媒，他是王仪孟父亲的朋友。

让人称奇的是，王仪孟有着和孙越崎一样的超于常人的记忆力。年过九秩，头脑仍十分清晰。一次和人闲谈，随口就背出了半个世纪以前听来的一首诗："歌乐山上云半遮，老鹰崖下日西斜。滚滚寒流今又至，春风几度冻桐花。"她说这是抗日战争后期在重庆的一次宴席上，听于右任吟诵的他自己作的一首诗，几十年了竟背得一字不差。王仪孟还有很好的文学修养，孙越崎曾望着老伴面带得意之色地对人说："她文章比我写得好，我是学工科的，不大在意写文章的事。"

王仪孟当然不会忘记近70年前的婚事。结婚那一年，孙越崎33岁，王仪孟24岁。

那年，孙越崎从东北南下，先到绍兴把女儿接到天津的亲戚家里，然后回到北京。王仪孟家在二龙路，就在如今二龙路居委会所在的房子里。王家给他们租的房子在东城礼士胡同，是一个大四合院里的三间北房。新婚没几天，孙越崎就说，穆棱正在打一口新井，很危险，必须赶快回去。婚后一个星期，他们就回东北了。那时王仪孟没离开过父母，也没出过远门，什么都不会。就像当年对葛采湘的爱护一样，孙越崎也很愿意让王仪孟多学习，多长本事，就让她自己独立学着去买火车票，自己在旁边看着。王仪孟不知道穆棱在什么地方，只觉得好像远在天边。离开北京时，全家人都到车站送行，王仪孟哭得像泪人似的。

他们先到天津，接了女儿蔚我。儿子12岁，女儿10岁，四个人一路颠簸着前进。在长春，有两位孙燕堂派去的人迎接他们。历尽艰辛到了哈尔滨。煤矿没有学校，两个孩子就留在哈尔滨上学。竹生已经上初中，孙燕堂说，中国同俄国有几千里的边界，哈尔滨有那么多俄国人，以后不论同俄国是敌是友都少不了来往，竹生外文还是学俄文好。

孙越崎和王仪孟在哈尔滨住了两个星期，煤矿的总公司在这里，父亲的熟人又多，他们到处应酬，请客吃饭，也算度了"蜜月"。

穆棱煤矿总公司

王仪孟随丈夫来到穆棱煤矿。当时矿上的房子已经盖起来了，里面空空荡荡的没有家具，也没有电灯，丈夫的衣服就放在一个没有油漆的木箱里，衣服上黄渍斑斑，说是下井湿了就靠在锅炉上烤干。再看那些裹脚布，上面是脓血一片，脚都冻烂了。王仪孟看到丈夫过着如此艰苦的生活，心里很难受。

房子是用原木做的，周围都是荒地，野草有一人多高，每天丈夫一走，就剩王仪孟一个人在家守着一所空房子，一个熟人也没有。矿上照俄国人的习惯每天只开两次饭，她也很难适应。心里苦，就给家里写信，一天写一封，信上尽是眼泪。后来她母亲请了一位满族人给她做伴，才好一些了。她每天无事可做，给父亲写信要了一副围棋来，丈夫不会下就教他，生活中才有了一些乐趣。

约1927年，孙越崎与夫人王仪孟在穆棱煤矿住房外

婚后第三年5月，王仪孟的父亲去世了。孙越崎把她送回北京，自己只住了十天就回矿上了。王仪孟留下陪母亲住了半年。那一年冬天她回到矿上时，矿上已经有了电灯，四间房子也布置得很好。1929年5月1日，她在穆棱生下女儿叔涵。那时孙越崎虽然已经向矿上递了辞呈，准备出国留学，却仍是整天在外面忙。5月初的一天，孙越崎仍在忙矿上纪念五一劳动节演戏的事情，王仪孟产后发高烧，还是别人去把孙越崎找回来的。孙越崎把王仪孟送到车站，他父亲帮忙把她送进哈尔滨的医院住下。孙燕堂看到安排的病房小，马上又给她换了一间大的。公公待她一直很好。

王仪孟在孙越崎出国以后，就一直住在哈尔滨家里，与公公、婆婆等相处得很好。

8 规模粗具　次第就绪

孙越崎在穆棱煤矿共五年又八个月。期间，他和卜鲁希年科同时代理了路矿事务所所长。对他这一段的业绩，朱庆澜、蔡运升、翁文灏等都有很高的评价。

穆棱煤矿路矿事务所

滨江道尹蔡运升写道："民国十三年春，余奉命督办穆棱煤矿公司事。开办伊始，知非专门人才不足以集事，因悉浙绍孙君毓麒，系由北洋大学采矿科转北大毕业，得工科学士位，旋即实习于开滦、本溪各煤矿，学识并基，资历兼优，堪以相助为理，故引为共事，以探矿重任委之。受事后，从事探采，出入于深山丛莽之中，奔驰于盛暑祁寒之下，披荆攀棘，宿露餐风，薄虎狼，犯盗贼，忍劳冒险，经年而后蒇事。至十四年秋，探勘报竣，实行开采，乃任君为矿务股股长，兼长工程机械两股事务。凡所布置，罔不悉心筹划，宏纤巨细，纲举目张。适值开凿直井中遇流沙，工作危险，环迫叠呈，幸君与煤师郭忠等并力合衷，昼夜督视，卒得度险入夷，克底成功。是役也，设非君躬冒艰危，力负责任，应付得宜者，则不堪设想矣。计余督办穆矿，迄今五稔有半，凡百设施，次第就绪。指臂之助，惟在事诸君子是赖，尤以君之助予者为最大。今则设置完备，规模粗具，井线纵横，产额畅旺，营业发达，与日俱进，藉非才智，未易臻此。"

蔡运升半文半白的叙述，对孙越崎在穆棱创业的经过进行了很好的概括。从1924年开始探勘，到1929年，穆棱煤矿已经成为北满当时产量最多的现代化大矿，年产量达到30余万吨。从1926年起，矿上修的铁路改为煤矿与政府合办，兼营载客运货，年盈利在50万元以上，整个公司的年收入高达200万元，谢吉斯投资的300万元早已赚回。1927—1930年，路矿共盈利674.4万元（《东北年鉴（民国二十年）》）。由于通了火车，梨树镇已经成为东北数县粮食尤其是大豆的集散地，源源不断地运往全国各地并出海至日本。梨树镇的荒蛮也一扫而光。一个大矿的兴起，有力地带动了周围地方经济的开发以至繁荣。

下面是1925—1945年8月穆棱煤矿原煤产量表。

1925—1945年8月穆棱煤矿原煤产量表　　　　（单位：万吨）

年　　份	1925	1926	1927	1928	1929	1930	1931
原煤产量	6.35	10.42	20.86	28.10	31.36	32.26	33.80
年　　份	1932	1933	1934	1935	1936	1937	1938
原煤产量	13.6	14.94	19.4	30.36	27.33	37.13	39.55
年　　份	1939	1940	1941	1942	1943	1944	1945（1—8月）
原煤产量	36.69	28.95	36.17	38.13	36.05	29.73	19.76

注：引自《鸡西矿务局志》。

从表上可以看出，几十年中发展变化不大，至多不过40来万吨，和孙越崎走时差不多。

此外，穆棱煤矿的开发带动了其他煤矿的兴起和发展。1949年以后，经过持续不断的努力，到1985年，"鸡西（穆棱煤矿后身，几个煤矿的总名）由一个中央直属的中型煤炭企业发展为特大型煤炭企业，成为全国重要的煤炭生产基地。矿井生产设计能力923万吨，实际完成1400.4万吨；工业总产值完成3.3亿元；固定资产（原值）139357万元。煤矿由1949年的4个发展到 1985 年的 12 个。另有年完成建安工作量 4200 万元的建井处、年完成土建工作量 2800 万元的建筑处、年运输能力 1.4 亿吨公里的运输销售处、年入洗原煤量 250 万吨的滴道洗煤厂、总修造能力 5000 吨的机电厂、装机容量 5 万千瓦的矸石试验电厂，还有水电厂、水泥厂、地质勘探队、桦木林场、职工总医院等。共有全民职工 101700 人，集体企业职工 42100 多人，职工及其家属总人口达 48.5 万余人，占鸡西市总人口的 45%"（《鸡西矿务局志》）。

而这一切都和孙越崎分不开。孙越崎就是在这里，开创他辉煌事业的。

9 初识翁文灏

与翁文灏的相识，对孙越崎的一生是至关重要的。或许，正是由于有了这一相识，孙越崎人生的航向才靠近了政府上层，他的人生航域才从煤炭工业扩展到了整个重工业这个更为广阔的天地。

翁文灏在 20 世纪 20 年代已经是负有盛名的地质学家了。他生于 1889 年，浙江宁波鄞县人，比孙越崎大四岁。出身官僚富家。14 岁的时候考取了秀才。三年以后，到上海进入法国天主教会办的震旦公学读书。1908 年他才 19 岁就远渡重洋到比利时鲁汶大学攻读理学博士，专习地质、岩石专业。那时，出国留学的学生学习地质的为数极少。1912 年 23 岁的翁文灏以优异成绩获理学博士学位，成为我国得到地质学博士学位的第一人。他毕业的时候，比利时的一家报纸上曾有文惊呼："最好的成绩被一位小个子的黄种人夺去了。"

翁文灏（1889—1971 年），中国地质学界主要奠基者和领导人之一，是孙越崎长达 16 年的直接领导和好友

翁文灏于 1913 年回到祖国，在北京参加了留学生文官考试，名列第一。他被分配到农商部地质科任佥事。当时这个科的科长是现代著名学者兼思想家丁文江。

那时候，一般人对于地质学的意义还知道的不多，北京大学地质系因招不到学生而停办，丁文江就把北京大学的地质学方面的书籍、标本等拿了过来，办了地质研究班，后来改称为地质调查所。1922年，翁文灏继丁文江、章鸿钊之后担任所长，投身于造就一代中国地质学家的教学工作和对中国地质的调查研究。后来一些著名的地质学家如杨仲健、谢家荣、黄汲清、谭锡畴、裴文中、王竹泉、李春昱等都是翁文灏的高足。

翁文灏当时治所治校（在北京大学、清华大学任教）都十分严格，学术上建树颇丰。

在地质学方面，翁文灏曾有过很多重大贡献。他对著名的大陆漂移说和燕山造山运动的阐述和发展，在地质界有很大的影响。1920年甘肃省海原县（今属宁夏回族自治区）发生8.5级大地震，死亡20多万人。翁文灏闻讯后立即前往调查，一路上千难万险，饥寒交迫，到达震区以后已经病得不能走路，但还是坐着骡车坚持实地调查，终于完成了我国地质学家第一次实地调查大地震的创举。调查归来写出了《甘肃地震》等一系列论文，对地震的起源，提出构造成因的意见，并绘制了一张中国地震分布图，这张图就是到现在看还是十分合理的。他还创建了中国矿产区域论，首次提出我国成矿系列的概念及成矿规律。这些理论对后人都有深远的影响。

翁文灏极其重视野外实地地质调查和室内科学实验，工作作风十分严谨。长期以来，他在生活方面更是洁身自好。他留学归来时家道已经中落，后来他的亲家担任北洋政府财政总长，曾经请他去做税务官，说："这个差使即使是奉公守法的人，一年也可以有六万元的好处。你去做一年，先把生活问题解决了，再回来做科学工作也不迟。"翁文灏回答说："谢谢你的好意，我的生活很简单，用不着那么多钱。"其时，他的父亲已经完全破产，翁文灏上要赡养双亲，下要抚养六个孩子，生活十分困窘。后来，翁文灏为了维护地质调查所创办初期同人相约不在两个机关拿全薪的原则，1931年代理清华校长三个月以后，当会计科派人把1800元薪金送到他的家里时，他竟然分文不受，原璧退回，做了清华学生的奖学金。

此外，翁文灏还在政治方面有一套完整的见解。他深信："一切近代之文明，莫不根由于近代技术，而近代技术，莫不根由于近代科学"。所以他是一个科学救国论者。他认识到，要想发展中国经济，必须工业化。不仅充实国防工业及发展产业需要工业化，就是农业的机械化，以较少的农业劳动力来养活更多的人口，中国也必须工业化。他认为要在落后国家中发展经济，且避免将来贫富不均的不合理现象，必须实行民生主义，必须发达国家资本，节制私人资本。"凡与国防及奠定民生有关的工矿企业，或技术较难，或投资大、收益慢的基本企业，应由国营，而轻纺工业，收益较快、人民乐办者，应归私营，由国家从旁辅导协助。为此，国营私营齐头并进，国民经济乃可健康地、迅速地发展起来。"

这些对孙越崎及资源委员会里的人多少都有影响。

后世有人回顾，在中国现代工业发展过程中，一批有作为的知识分子起了重要作用。这批知识分子的出身大抵分为两类：一种是官宦人家，一种是耕读世家，而翁文灏与孙越崎两人，就恰好分别出身于这两类家庭，虽然两人在投身"实业救国"终生不渝这方面有着许多共同之处，但做更进一步的比较，则可以看到，翁文灏身上多一些理论家的色彩，而孙越崎的身上则多一些实干吃苦的精神。这大约就是因为从小生活于不同环境之故。

1927年7月，翁文灏到了哈尔滨，当时，他担任实业部的技正兼任地质调查所所长，知道有这么一个穆棱煤矿。此前，他已经到过全国许多地方，却还没有到过东北，这次是应东北人士所邀到那里进行地质调查。在南满，他看到工矿业都比较发达。到了北满，却只看到孙燕堂的金矿。在哈尔滨，他见到孙燕堂，才知道穆棱这个中俄官商合办的煤矿是孙越崎在那主事。尽管那时从哈尔滨到下城子车站坐火车要走28个小时，翁文灏还是去了。孙越崎接到了电话，在矿区的车站迎候。

电话是俄国人打给孙越崎的。那些俄国人虽然生活在中国，却是不肯学中国话，说太难学了，所以给孙越崎打电话时怎么也说不清"翁文灏"三个字。孙越崎只听见"汪汪汪"，又让对方重复了好几次，才费力地猜出要来的可能是翁文灏。

翁文灏从下城子车站下车后，就换上煤矿运煤的空车，空车皮里放了个凳子，堂堂所长就这样坐着运煤的车皮到了穆棱，身上还背着个柳条包，装着凿子和岩石标本。早年间的知识分子，尤其是技术人员，大多都有这种以事业为重，不计虚名、不讲排场的精神。

那时矿上刚修好招待所，用的全是原木，装修得算是比较好的，翁文灏到了矿上就住在那里。孙越崎天天陪着翁先生，每天一出去就是几十里。孙越崎对穆棱的地质情况很熟，哪里有煤层，哪里有什么岩石，都了如指掌。矿上已经购买了许多比较现代化的设备，探矿也已经有了外国进口的钻机，可以取地下深处的岩心。翁文灏对此非常欣赏。他对孙越崎说："我们地质调查所是个穷机关，一年的经费只有3000多元，调查费用都在内，职员的工资也很低。他们多数是从北大毕业的，是我的学生，所以才留在所里工作。"

孙越崎在北京大学学习时没有听过翁先生的课，因为他在北洋大学时已经学过了地质课，但翁先生的大名他是知道的。所以，能在偏僻的矿山见到翁先生，他是非常高兴的，很希望能向翁先生多学些知识。因而，那几天孙越崎别的什么事都不做了，白天一起出去，晚上陪翁先生聊天。在招待所的房间里，两个小个子、两个浙江人，坐在一张床上，东南西北，天上地下，什么都聊。翁文灏带着一张地图，是俄国人绘制的，上面连大一些的村庄都标明了。孙越崎看了很感慨，问翁先生中国为什么没有这样的地图。翁文灏说，中国也有测量局，是归军队管，从他们绘制的地图上看，佳木斯居然在松花江的北面。这样的地图有什么用？打起仗来还不得迷路！

翁文灏在那个时候就对中国没有准确实用的地图而愤愤然了，后来他为绘制中国地图真是付出了很多心血。20世纪70年代初他临去世时，把绘制地图所得的6万元稿费全部捐给了国家。周恩来总理知道后，让给翁文灏的大儿媳留下1万元，因为那时，翁文灏的大儿子翁心源已经于1970年在湖北干校去世了。

翁先生到矿上的第三天，孙越崎请他到家里吃饭。当时，岳母在北京为他们请的保姆还没到，王仪孟不会做饭，幸好家里养了几只鸡，杀了一只煮了，才算有了个菜。

第四天，孙越崎带着翁先生到马边河旁的悬崖边，上面是一块平岗，叫鸡冠山，翻过去那边有一个矿，叫黄泥河子矿，煤比穆棱的好，但因为修不起铁路，只好丢下没开。翁先生说要自己去看看，孙越崎就替他雇了一头毛驴。两天以后，翁文灏才回来。

孙越崎还带着翁文灏下过矿井。翁文灏说，他在关内看过很多煤矿，就是没人带他下过矿井。研究地质的人，应该到井下看看，所以孙越崎带他下了井使他很高兴。

翁文灏回去以后，给孙越崎写了一封信，介绍了两位他的北大的学生到穆棱去工作。其中一位身体不太好，死得比较早。另一位叫严爽，在日本人占领了穆棱煤矿以后，跑到关内去找他，和孙越崎在一起共事过许多年。

孙越崎离开穆棱之前写了一本《吉林穆棱煤矿纪实》，翁文灏为他的这本书写了"序言"：

"……遥想荒陬，远不可及，兹乃亲履其地，则已井架双峙，木屋栉比，矿工云集，市尘繁兴。数年之间，矿产额一跃而至每年30万吨，为北满区域内唯一之新式大矿矣。主此矿工程者，余初未相识，兹获握谈，则北洋大学毕业之一青年孙君越崎是也。余居矿数日，孙君日必导余登山下井，指示一切；游归，辄抵掌长谈，为余述其数年来之经过：当其初至也，固犹荆棘满山，萑苻迭起，孙君辈二、三人，构帐荒居，于周围百余里，四出探测，孤骑入林，破橇驶雪，筚路蓝缕，差足状之。嗣而苗脉渐明，层系可得，乃进而修筑铁路，开掘矿井，鸠工庀材，凿山开道，宝藏兴焉，大利斯启。当时数家孤村之梨树沟，今已阛阓殷置矣；当时寂寞荒凉之穆棱河谷，今则麦豆遍植矣，先后数年间耳。人力之足以变更环境，有如是哉！居穆棱矿数日后，余复进探尚未开发之矿区登鸡冠山而四望，'空山霜叶无人迹，半岭松风作啸声'。地力虽丰，人力未至；穆棱矿区，在孙君未至之先，当亦如是。由此可见有志之士所以努力之方向为何在矣。而余尤感焉者，方今黉舍青年往往感于一时环境之以艰，而灰终生进取之志。事求其易，禄惟其厚，数年蹉跎，一生断送矣。今观孙君之一出学校，即入穷山，数载辛勤，卒创大业，其奋发兴起者当如何？……"

翁文灏是学地质的，文笔竟如此情思并茂，可见当年结识孙越崎那几天的经历给他留下了深刻的印象。两人意气相投，孙越崎在那样恶劣的条件下，工作成绩卓著，煤矿迅速成长，地方经济逐步繁荣，确实使翁文灏情有所感，心有所动，发为文章，不可遏制。

第四章　不要学位的留学生

邵力子："出去要好好学习，学成以后，一定要报效祖国！"
孙越崎："先生放心，一定不辜负期望！"

1　奔向异邦

1929年8月，已经36岁的孙越崎，踏上了出国求学的道路，去美国学习矿业。

在穆棱的后两年，随着事业的发展，孙越崎发现自己已有的知识不够用，尤其是管理方面的知识缺乏。当时矿上的人事关系也很复杂，常常碰到一些不愉快的事。

王仪孟看到这些情形，对孙越崎说："你和这些人整天在一起，有什么意思？不如出国留学去，也可以开开眼界，将来更有发展。"王仪孟的话对孙越崎是个提醒，使他心中有了另一番境界——再扩充知识，再增加能力，再开阔眼界和心胸，总之人生要再上一个高度。

孙越崎把北京大学的文凭寄给了美国加利福尼亚大学，学校很快复信表示同意前去报考。那时的清华大学、北京大学、北洋大学，以及教会学校等名牌学校的文凭是很被国外学校看中的。

1929年5月，孙越崎递了辞呈，说明要到美国去留学。但理事长刘文田却在他的辞呈上批了"开除"二字。刘文田的此举是有原因的。哈尔滨有句话"南岗是仙境，道里是人境，道外是鬼境。"南岗的环境很好，那地方地势高，登高望远，万家灯火尽在眼底，确实有点儿仙境的味道。孙越崎的父亲在南岗买了一块地皮，准备在那里盖房子。刘文田也看上了这块地，对孙越崎说："你父亲那块地真好，我也想盖房，能不能卖给我？"孙越崎的父亲并不巴结他，回答说："我又不是地贩子，不卖地，我要自己盖房子用。"刘文田要地不成，就报复孙越崎，把他开除了。

在穆棱煤矿工作期间，孙越崎的工资每月有250元，自己及家人的生活费用每月仅70元。5年多的时间里，他积蓄了8000多元；加上父亲的资助，留学三年，他一共花费1万多元。

在离开穆棱之前，孙越崎曾经收到翁文灏的一封信，翁先生介绍他到河北井陉煤矿任总工程师。当时孙越崎出国留学之意已定，就给翁先生回信作了说明，婉言回绝了这个分量不轻的职务。

离开哈尔滨，在北京作了短时间停留后，孙越崎到了南京。他去三元巷二号看望在复旦公学读书时的老师邵力子。院子很深，有好几进。邵力子当时是海陆空总司令部的秘书长，见到孙越崎很高兴，知道他要出国留学，就嘱咐说："出去要好好学习，学成以后，一定要报效祖国！"回答说："先生放心，一定不辜负期望！"邵先生的这句话，孙越崎在国外三年一直铭记在心。后来在上海又碰见了翁文灏。二人作了短暂交谈后，就各奔东西了。

2 加州巧遇韩大夫

从上海出发乘的是日本8000吨的客货轮，和孙越崎同行的还有两位中国同学，一个是学土木的，一个是学教育的。

经过16天的海上漂泊，孙越崎他们于9月初到达加利福尼亚。这时，加州大学已经开学一个多月，不可能再注册入学了，他们一下子没了主意。在美国不进学校是无法长期居住的，三个人走投无路地在旧金山的大街上转来转去。一位中国人迎面走来，见这三人着急的样子，就主动上前问："你们是中国人吧？是来念书的？"孙越崎点点头。那人接着说："太晚了，这里的学校是念不成了。不过美国大学的学制不同，你们可以到斯坦福去，那个学校一年四个学期，现在还没开课，你们赶快去还来得及。"孙越崎十分感谢他。又谈起来，知道他姓韩，正在加州学牙科，已是最后一年了。这位好心人就是后来北京医院副院长韩宗琦的父亲韩文信大夫。他回国以后是很有名气的牙科医生，给蒋介石、毛泽东都看过牙。后来孙越崎和他的关系一直不错，得过他们一家的不少帮助。

他们三人坐火车不到一小时就到了斯坦福。去学校注册不用考试，只填个表格。到现在孙越崎仍记得有一栏当时不懂是何意：交朋友是否长久？后来才知道，美国人认为老是换朋友的人脑子一定有问题。这样奇怪的表格他总忘不了。

负责注册的人告诉他们，过了铁道，那边房子很多，找房子很容易。

头一天晚上他们三个人住的房子，臭虫多得不得了，咬得他们一夜都没睡成。孙越崎就想，不是都说美国很好吗？怎么会有这些东西？他们去时，正赶上第一次世界经济大萧条，看见了许多穷人，使他对那个世界有了更多的认识。

第二天换了个住处，又是只住了一夜，这次是房东把他们给轰走的。他们三个人住一间房子，几个人都挺兴奋，讲话声音很响，房东敲墙以示不满，第二天就让他们离开了。他们知道不对，心里很难过：这简直是太丢脸了，显得那么没有教养。有了这次教训以后，孙越崎他们谨慎多了，讲话的声音也放低了许多。

正式上学以后，学校要孙越崎他们填报志愿，是否读硕士学位，除了必读课，还选修哪些课，等等。孙越崎想，自己在穆棱煤矿已工作了五年多，有了很多经验，以后还是要办实业，不会去当教授、研究人员，也不想去政府里做官，因此，硕士学位和博士学位不那么重要，就没有申请读学位。

在北洋大学读书的时候，几乎全是外籍教师用英语授课。到了斯坦福，孙越崎很适应，觉得好像只是从北洋大学换了个地方。

孙越崎在美国斯坦福大学学习了两年。

孙越崎一生之中，务实精神特别突出，从一名普通的矿务股长，到后来担任政府高级职务，他都从未图过虚名。这在他花费巨额投资、远渡重洋求学而并不追求"学位"的行为上，就可以看得更清楚。他既无中国士大夫阶层的善清谈拙行动之类的毛病，也无官僚政客的恶习。

3 美国人眼中的中国人

在斯坦福大学读研究生的时候，孙越崎他们正赶上自己学校与加州大学举行足球赛。这种校际比赛三年一次，非常隆重，票十分难买，从头一年开始人们就要忙着找关系买票。孙越崎记得在上海读书时，徐家汇旁的南洋大学（现在的上海交通大学）也是与圣约翰大学赛足球，每年一次，十分激烈，成为学校的盛事。

那年斯坦福与加州两所大学的球赛，孙越崎他们三个人也去看了。那时他们三个人总是在一起行动。他们都不太懂足球，只是看热闹。观众席上挤得满满的，到处都是人，没有座位的就席地而坐，真是盛况空前。比赛开始了，双方学校都组织了拉拉队上场助威。记不清是哪个学校的拉拉队，非常整齐地大声喊："不要像中国人，勇于内战，怯于外战！"他们当然是用英语喊的。

这几句话就像是打在他们的脸上，火辣辣的难受，真不知道这些美国人为什么在足球赛场上还忘不了奚落千里万里之遥的中国人，也许他们没有注意场内坐着的中国留学生，不过也许他们正是看见了这些中国留学生才这样喊的，谁知道呢？不论拉拉队是否是针对他们的，反正孙越崎他们是看不下去了，趁别人不注意的时候，悄悄地离开了赛场，灰溜溜的，又一次觉得太丢脸了。

美国人嘲笑中国人"勇于内战，怯于外战"，实在是概括得很好的。这场大学生球赛的时间大约是在1931年左右，那时日本军队正待大举侵占中国东北领土，而中国政府却提出"攘外必先安内"的国策，蒋介石一面在中原与冯玉祥、阎锡山打得昏天黑地，一面在南方围剿工农红军，内战得不亦乐乎。

在美国的时候，这种气孙越崎真是受得多了。还有一次，他们三人坐在公园的长椅上聊天，对面走过来一位美国老头，问他们是不是日本人。他们

摇摇头，回答说："我们是中国人。""噢，中国人！"他马上扭头就走开了。来问话时毕恭毕敬，走时连起码的礼貌都没有，轻蔑之意显而易见。

有的时候，孙越崎也为中国人做些解释，总是自己的国家嘛，在外总要向着自己人。那一次，孙越崎去参观淘金船。在有沙金的河里，这艘船慢慢地开，前边一个挖泥的斗，把泥挖起放在船舱，有个机器把泥和金分开，泥就从船尾扔出去了。用皮带运输，循环不断。这种淘金的船很先进，整条船只有一个人操作。当时中国还没有这么好的船。开船的是位工程师，很客气，到中午请孙越崎去他家吃饭，边吃边谈。他大约是刚刚看了报纸，就对孙越崎说："你们中国人为什么老是自己打仗，蒋介石和李宗仁、冯玉祥、阎锡山他们两边不都是孙逸仙的信徒吗？"

他的这一番话把孙越崎说得不知如何回答是好。不过孙越崎理解他当时并没有恶意，只不过是关心世界上的大事情，就急中生智辩解说："你们国家的街头上，不是常常可以看到聚着那么四五个人，有拉手风琴的，有吹号的，有打鼓的，一边奏乐一边叫人来听他宣传基督教的教义，说基督怎么好，而不远的另外一处有几个人，在那里骂基督教。这还不是同我们一样。不是都是信奉耶稣的吗，为什么还不一致？不过我们不一致是用枪炮，你们是用歌唱。"那位工程师听了连说："也对，也对，你说的倒也对。"

孙越崎不愧是在学生时代得过中国东南地区演讲比赛第二名的人，他善于辞令而又反应灵敏，一番用宗教派别比照中国军阀大战的议论，还真把美国工程师说得连连称是。这样也算是为自己在美国连连受辱而求得了暂时的心理平衡。

4 旧金山的关帝庙

当初，到美国留学之前，孙越崎的父亲曾嘱咐他，一定要去旧金山看看美国金矿的开采情况。由于平时要在学校里听课，所以只能等假期。到了假期，其他中国学生都是一心一意埋头于图书馆，补功课查资料，准备论文，拿学位，孙越崎就只身一人去旧金山调查金矿。

早在 20 世纪中叶，美国西部就发现了金矿，但缺少工人开采。那时美国曾有人在中国沿海一些城市开设"招工馆",招募了大批沿海破产的农民和失业的市民,把他们运到美国西部。这些华工对美国西部的开发作出了巨大贡献,他们开采了加利福尼亚的金矿,开垦了西部沼泽地区的良田,修筑了横穿美国中部的太平洋铁路的西段,使旧金山、洛杉矶等荒凉村镇变成了繁华的城市。孙越崎在20世纪30年代之初来旧金山访寻的,正是这些华工的遗迹。

旧金山原是中国人起的地名,美国人叫它圣·弗兰西斯科,是西班牙语,这块地方原来属于西班牙。那里金矿确实很多。那一年的暑假里,孙越崎带了几件衣服,背上个背包,在公路边一站,看见来车,就做个手势。按照美国的习惯,车一定会停下,问你去什么地方。只要是路过的,马上就让上车,而且让你坐在前边,可以聊天。到了你要去的地方就下车,什么东西也不用给,更不会收钱。在美国的每个假期。孙越崎就是这样不花钱地跑了好多地方去看矿。

在美国要去参观调查也很方便,只要请学校老师给矿上认识的经理或工程师写封信就行了。美国的矿区和中国不同的是不论工人、职员都不住矿上,矿上没有住的地方,人们都住在镇子里,二三十公里不算远,工人大都自己有汽车,职员更不用说了。在美国生活,第一要有车,第二要有房,第三要有保险。

金矿分布在山的外层和里层,外层是沙金,里层是石英石,包着的是脉金。19世纪末20世纪初,这地方没有什么规矩,都来挖金子,像强盗一样。

孙越崎去旧金山的时候,沙金矿已经没有了,到处是采过沙金的遗迹。在一个地方,他看到一座很大的关帝庙,和在国内看到的一模一样。关云长的塑像大得很,可是旁边的房子却已经破败不堪了,因为采矿的人员流动性很大,所以房子都盖得很简陋。

旧金山的中国人多数的祖籍是广东。广东人特别相信关公,关公是他们的财神。

孙越崎当时看到的那座关帝庙保存得很完整,关公也挺神气,不过地上到处散落着账簿。孙越崎捡起一本翻翻,上面是老式的中国数码,有的本子

看起来还像新的，字迹清晰。这些景象让他觉得中国人很了不起，在这么远的地方开矿、修路，在美国的这片土地上留下了自己奋斗过的痕迹，留下了一段历史。

中国的关帝庙，中国的账簿，留在加利福尼亚的山上，确实让人感慨。

5　心系神州

1931 年夏天，孙越崎离开斯坦福大学，从美国西部到东部，转学哥伦比亚大学继续学习。有一天，他在报纸上看到，中国江浙一带发生严重水灾，报纸上有很大的照片，看上去，长江好像沉没在一片汪洋之中，从荆江大堤到南京街上都可以行船。从后来公布的材料中得知，1931 年的那次洪水，淹没耕地 5000 万亩，受灾人口 2850 多万，死亡 145000 人，损失相当惨重。当时，在斯坦福的中国留学生不少，大家就组织起来为国内募捐。孙越崎按分工是去找华侨捐钱。那个时候，华侨多是出卖体力的，挣钱很少也很苦。孙越崎找到一幢楼里，只见一家华侨在楼梯拐角处用木板围了一小块地方住着，是用手工给人家洗衣服的，看着真可怜。孙越崎进去了一时不忍开口，可是这位拼命挣着血汗钱的华侨，知道这位大学生是来为中国南方特大水灾募捐的，马上就拿出钱来。后来孙越崎又跑了几家华侨，家家都是这样。这些华侨为国内的水灾难过，有的出 5 元，有的出 10 元。孙越崎对这些穷苦华侨的爱国精神十分敬佩。

当时，孙越崎自己的钱也不宽余，靠父亲补贴。为了给水灾地区捐款，他就把烟戒了，把两年的烟钱捐给了灾区。那时他一天一包烟，一包烟是两角钱，两年的烟钱大约是 150 元左右。这些钱，后来都如数寄回了国内。

有一天，孙越崎前往纽约坐在火车上，离纽约还有一个小时的路，他的对面有一个人在看报。他随便用眼睛扫了一下。这一扫，使他大吃一惊，头版头条的大标题是："摩克登被日本占领"。摩克登就是奉天，即现在的沈阳。孙越崎看到这条大标题，心里很着急，真想马上知道沈阳的情况。他刚想向那人借报纸看，还没开口，那人到站起身下车了，报纸就扔在座位上。孙越崎冲过去把报纸捡起来，那时他的家就在东北，他的焦虑是可想而知的。

那一年9月，日本占领了沈阳以后，又在冬天占领了哈尔滨。这给孙越崎的留学生活罩上了浓浓的阴影。

6 美国的采金术、石油井、煤矿

还是在西部的时候，孙越崎在一个地方找到了正在开采着的沙金矿。那是"排山倒海"的办法。把山上的雪水用很粗的管子接下来，水管子对着山体冲刷。水从很高的地方下来，力量很大，山上的土石树木全被冲下来，沙金自然也在其中了。这些冲下来的东西都流进一个木板槽子里。槽子里有一个个圆的木头墩子，槽子底部是水银，水银会吸金沙，金沙比较重，沉到下面，被水银吸住。木槽很长，顺着山从高到低。含有金沙的水银回收起来稍稍加温就成气体，金沙就分离出去，水银冷却以后还原还可以用，周而复始。

孙越崎在美国考察矿山

这种方法使孙越崎回想起小的时候，在他的家乡，村里妇女洗头发常常放点儿水银杀头发里的虱子，水银洗不干净，就用金簪反复梳，这和美国的采金术其实是一个道理。

孙越崎又联想到黑河的金矿，那是和旧金山不一样的，完全是用土办法，在山沟里碰运气。

孙越崎还去看了旧金山的脉金矿，和一般开矿一样，先勘探，打钻，取岩心，找石英。那里开金矿的人都买卖金矿，看到石英石少了就卖掉，别的人买了也可能又开出许多，旅馆里的人都在谈这种交易。

在后来的又一个假期里，孙越崎去了南加州的洛杉矶。那里不久之前发现了石油，都称作黑金，又是好多人去抢着开发。

孙越崎当时不会知道自己以后会去开采石油，只是因为好奇，就跑去学习。很多的油井都在沿海的长堤。孙越崎去看了不少。那时候，600 米的井就算深井了。孙越崎在那里第一次看到石油是怎样从地底下采上来。这些知识是书本上没有的，却对他后来在陕北和玉门开油矿很有用处。

从洛杉矶向东，就到了休斯敦。这里的油井也很多。很特别的是，就在休斯敦市政府大门口的那块平地上，就打了一口油井。当时这口井已经打到 3000 多米深了，钻井技术是相当不错了。

1931 年 9 月，孙越崎到哥伦比亚大学注册入学。哥伦比亚大学大得很，分成很多学院，他进的是矿业学院。注册之后他并没有在这所世人瞩目的大学里按部就班地听课，他到哥伦比亚大学来的目的是考察美国东部的煤矿。所以，一边在哥伦比亚大学听课，一边考察煤矿。有一位教授比较照顾他，告诉他只要他写出一个"煤矿设计"，就可以算毕业论文了。孙越崎向这位教授讲了自己在穆棱煤矿办矿的经过，那位教授就给他出了个论文题目，假设有一个什么样的煤层，应该如何开发。后来孙越崎到各地煤矿去考察，也是这位教授帮助他的。教授一个矿一个矿地为他介绍，由近而远，逐个地看。美国东部的煤矿很多，什么样的矿他都去看，有竖井、斜井、平硐，哪一种也不错过。一般他在一个矿考察一个星期。

当时美国的采煤技术使孙越崎大开眼界。那些煤矿在采煤的全过程中，煤一直是可以不落地的，从采到装都是机械化，省了很多工。那时中国能进井的煤车最大的只有半吨，而美国的煤车已经有 20 吨的了。除此以外，孙越崎还看到，那时美国已经应用洗煤技术了，煤和石分开，煤块也按体积大小分类。学以致用，孙越崎在回国以后整理中福煤矿的时候，就采用了美国的这种管理办法。孙越崎在美国学习了两年半，交了一篇论文，就算是研究生毕业了。

7　遍历英法德

在美国完成学业以后，孙越崎又去考察了英、法、德三国的矿业。这时他已经离家两年半了，日本人又占领了他家所在的哈尔滨，从感情上讲，他是恨不得能够一步就踏上归国之路。家人的安危重重地压在他的心头，还有出国时才三个月的小女儿，现在快三岁半了，情况怎么样，长高了吗？王仪孟、大儿子竹生、大女儿蔚我都好吗？还有父亲、叔叔怎么样？……可是从理智上讲，他这次花巨资出国留学，不图学位，为的就是尽可能多地学些知识和本领。现在还有机会可以到欧洲几个国家学习考察，这样的机会以后恐怕不容易再有了，为什么不抓住呢？他的理智战胜了感情，把对家人的思念强压下去，振作精神，又上征途。

第一站，孙越崎到了英国。

英国人的作风和美国人大不一样，办事情十分严谨正规。刚一到英国，孙越崎就深切地体会到这一点，好像上了一课。中国大使馆把他介绍到英国煤炭局，接待他的一位官员问："你是学生？""是的。"孙越崎回答。"要看煤矿？""是的。"官员问得简洁，孙越崎答得干脆。"在英国要住多少天？"官员又问，孙越崎略想了一下说："大约40天。"没想到那位官员又问："星期天休息吗？"孙越崎毫不犹豫地一摇头说："不休息。"那位官员点点头，露出赞许的神情。问答完毕，那位官员让孙越崎在三天之后去找他。

三天之后，孙越崎从那位官员手里拿到一张日程表，这张表安排了40天的日程，一天不空。按照日期的顺序，某天某时坐某次车到某地，当地什么人接待，住在哪一个旅馆，参观哪一个煤矿，用几天时间。紧接着在某时某地坐某次车到某地，什么人接待，住何处，参观时间多长……40天的日程，每一站的地名，时间，参观地点，接待人，所乘车次，一站接一站，一环扣一环，没有一点时间上的浪费和路程上的重复。

到英国还没开始考察，孙越崎已经大受教育，知道了什么叫英国式的工作作风。这张日程表对他以后的几十年都有潜移默化的影响，他的认真严肃不能不说是带上了英国味。

孙越崎在英国住了40天，由于英国官员的安排，他一天也没有休息，从一个矿到另一个矿，马不停蹄。当然，那时他思乡心切，也愿意加快速度，好能早些回国，所以再累也不怕。

他去参观的最后一个矿，煤层很薄，是个斜井，里面支撑的木头很矮，人进去后站不起来，只能弯着腰走，而且井里黑得很。走到最后，孙越崎觉得累极了，好像所有的力气都用完了。实在走不动了，他就干脆躺在地上往下滑，才从那个井里出来。

还有一次更危险的事情。那是在另一个矿里。孙越崎跟着一位英国接待他的技术员往前走，那位英国人对矿下的地形很熟悉，走得很快，孙越崎不熟悉地形，只能急匆匆地磕磕绊绊地紧追。正走着，他的头一下子撞在煤层边斜着翘出的半根木柱上，这一下撞得很重，孙越崎当即昏倒在地上。倒下时，头正好枕在运煤的铁轨上。昏迷之中，他觉得铁轨震动起来，下意识地知道运煤的斗车就要过来了。在求生的本能支配下，他使尽全身的力气，把头从铁轨上移下来。紧跟着，运煤车就从他身边轰隆隆地开过去了。他全身一软，又昏了过去。那位英国人发现同行的中国人不见了，连忙回过头来寻找，这才发现孙越崎头上受了伤，躺在地上。他立即把孙越崎背出了矿井。那一次，孙越崎可真是死里逃生啊！那年他不到39岁。

孙越崎很善于在小事上有所发现，从那棵斜翘出来的木头上他感到，英国那时候的煤炭工业已经开始落后了。的确，英国正在走下坡路，比它本土大150倍的海外殖民地独立或即将独立，实力明显衰退。曾经居于世界领先地位的煤炭工业也在第一次世界大战后渐渐萎缩，生产水平和管理水平都落后于美国和德国。在孙越崎离开英国的时候，就听说英国聘请了100多位德国工程师，帮助他们全面提高煤矿的技术水平。

乘船渡过英吉利海峡，只用一个小时，孙越崎就到了法国。迈上法国土地的那一天，他看到法国人都穿着素服，一问才知，是在纪念他们在第一次世界大战中死去的首相。眼前的景象使孙越崎联想到日本占领下的哈尔滨，联想到自己的家人，心里增添了说不出的悲凉。

法国的煤矿大多数都在莱茵河两岸。莱茵河两岸的煤层一直延伸到北欧，煤质很好。法国煤炭工业的水平和英国大致相同。孙越崎在法国各处的煤矿也是参观了40天。除了煤矿，他在这个艺术国度里还游览了许多与又黑又硬的煤炭反差极大的艺术场所。孙越崎从小在那个不通汽车、没有钟表的偏僻山村里长大，后来是埋头读书，又在荒凉的东北矿山一干数年，在他的经历中，简直和艺术就没有搭过界。

在巴黎，孙越崎参观了凡尔赛宫、蜡人馆、卢孚宫、拿破仑墓地等名胜古迹。最使他动感情的是一幅油画。那幅画的画面是一场战争，一边是胜利者，一边是战败者。胜利者的手中举着一个女人，法国人喜欢用女人象征国家。这是一幅描写民族侵略的油画。孙越崎之所以动情，当然还是因为哈尔滨已经被日本的军队占领，家人已经沦为亡国奴。他在这幅画前站了好久，想着自己的国家，想着自己的亲人，父亲、妻子、儿女，再看看画上那个举着女人的胜利者，心里无论如何不能平静。

经过比利时，孙越崎来到了德国。1932年的德国与英、法两国的确大不一样，一种称雄世界、咄咄逼人的气氛正弥漫全国。希特勒虽然还没有上台掌权，可是，那种复仇的情绪已经到处都能感觉得到。在孙越崎到达柏林的那天晚上，就见到许多人举着火把和"卍"字旗在街上游行。

德国有个"希望公司"，请孙越崎住在他们的别墅里。那间别墅装修得十分豪华，这使孙越崎很奇怪：我只不过是一个无职无权的留学生，何以如此受到优待？第二天，"希望公司"的人给他看了一些图，是中国的淮南煤矿和马鞍山钢铁厂。他们告诉孙越崎，中国的这两个地方正待建设，希望能由他们来做设计。一位经理模样的人对孙越崎说："我相信你回国以后地位不会低，又是学矿的，有关矿的事情一定会有权的。请你一定要多帮忙，这两个矿让我们公司来做设计。"

希望公司的这种做法很使孙越崎佩服。当时他想：德国人真会办事，怎么就把我给找到了？怎么就会想到利用一个普普通通的留学生？收集信息能到这样灵敏的程度，做工作能细致到这种地步，希望公司一定会大有希望。这种善经营的方法，后来对孙越崎也有影响。

离开希望公司以后，孙越崎就搬到他的三弟家去住。他的三弟孙毓驯是德国人办的同济大学医科毕业生，三弟媳是同德大学毕业生，他们是在1926年一起到德国留学，毕业后留在德国行医，一直到抗日战争前夕才回国的。抗战胜利以后，孙越崎在北平担任敌伪产业处理局局长的时候，他的三弟也在北平，担任了德国人办的德国医院的院长。

孙越崎在德国也是住了 40 天左右。德国的工矿设备和生产技术确实先进，生产煤炭已经在使用卷扬机了，好多矿都是煤从井下运上来以后直接装车。

8　经苏联回国

英、法、德三国之行结束以后，孙越崎准备乘火车穿越西伯利亚回国。当时德国朋友对此很不以为然："你去苏联做什么？他们那里连肥皂都没有。"

孙越崎还是登上了开往苏联的火车。

在白俄罗斯的首府明斯克换车的时候，孙越崎在那里停了一天，到处看。只见从车站到大街，各处都贴满了大标语，一些地方的墙上还贴着生产统计的图表，完成指标的进度一目了然。这与欧洲那三个国家的气氛完全不同，苏联人人都为自己的国家自豪。

孙越崎到了莫斯科以后，在那里住了十多天。莫斯科的街面是石头的，到处坑坑洼洼，路上的小汽车也很少，偶尔见到两、三辆，也都是外国大使馆的。一般的人只能坐那种叮叮当当的有轨电车。

陪着孙越崎在莫斯科参观的是一位女导游。路上，孙越崎问他："你们的街道这样不平，破破烂烂的，为什么不修一修呢？"她说："我们现在的'五年计划'要四年完成，今年就是最后一年了，哪里有工夫管这种事情？只要能完成'五年计划'，路不平算什么！"孙越崎一听大为感慨：连导游的女士都大谈"五年计划"，苏联可真是了不起。他们一心一意举国若狂地大办重工业，开矿建厂，这太让孙越崎羡慕了。他心里想，如果中国也这样做该有多好。中国的重工业太落后了！中国如果学习苏联，那么我回国以后也可以大展身手了。

当时苏联对知识分子与后来也不同，尤其是很重视从美国留学回来的知识分子。听说孙越崎在美国学习了三年，就恳切地挽留他。孙越崎一方面很羡慕苏联的大办重工业，另一方面却仍惦记着被日本欺辱的祖国，没有忘记出国前邵先生的，学成一定要回来为国效力的叮嘱。他谢绝了苏联人的好意，毅然决定返回祖国。

离开莫斯科孙越崎登上了穿越西伯利亚的国际列车，行程本来是11天，他那次却走了14天。在火车上，他与一些苏联人交谈的仍然是苏联如何大办重工业的情况，在穆棱学会的俄语有了用处。在一个小站，很多人都下去排队买香烟。上了车以后，孙越崎一看，他们买的是一种用黄纸卷的质量很差的烟。苏联人说，全国只有两个地方能买到香烟。那时，苏联人的物质生活是真艰苦啊！

1932年秋，在离开中国整整三年后，孙越崎回到了自己朝思暮想的哈尔滨。出国时才几个月的二女儿，现在已经三岁半了。孙越崎抱着女儿时心头涌起万般柔情，家庭的温暖包围着他，三年来的思念化作对家人的各种"补偿"。

就在他沉浸在温馨的家庭生活之中的时候，地方小吏来催他报户口了。这事就像一盆冷水浇在他的心上，报了户口，我不就是"亡国奴"了吗？

孙越崎绝不愿意当亡国奴。尽管家庭生活是这样的美好，使他感到全身心的放松和舒服，可是他还是毅然放弃，做出了南下的决定。他的性格中天生就带有一种善于决断的色彩。

他只在家里住了三个星期，为了不做亡国奴，出国三年之后又再一次离开家人。他决定到北平去找翁文灏。

第五章　陕北的石油之光

孙越崎："南京？我不去，那是当官的地方！"

翁文灏："你可以到陕北去探石油……一个国家没有石油，怎么立足于世界？怎么抗日？"

1　入国防设计委员会

去国三年，只在哈尔滨住了三个星期，不愿当亡国奴的孙越崎又离开了家人，只身南下来到北平，住在岳母家里。

他去看望翁文灏。到了翁文灏家里，他的儿子翁心源说父亲正在生病，等病好之后一定去看望孙越崎。翁心源长得较高，很英俊，人也非常聪明，工作认真踏实，为人正派，待人接物诚恳厚道。

借着这机会，他到清东陵马兰峪探勘了一阵金矿，因没取得采矿权而作罢。

翁文灏在病好了之后果然来看孙越崎。这时，翁文灏仍是实业部技正兼地质调查所所长。

1927年在穆棱一别，至今已有五年，翁文灏对孙越崎在穆棱煤矿所表现出的卓越才能和实干精神记忆犹新。这次见到孙越崎国外深造三年归来，更是才识俱增，就越发赏识。两人见了面说了些国外的情况、日本对东北的侵占等，翁文灏便说："那个金矿你不要去搞了，规模太小了，还是到南京去吧。"

孙越崎一听马上摇头："南京？我不去，那是当官的地方。我在国外三年，在外面看中国比在国内还清楚。有句诗是：'不识庐山真面目，只缘身在此山中。'我们在国外看到，这军阀、那军阀打得不亦乐乎，都是政客们来来往往，挑拨是非。这些人都是为了自己的权势和私利。南京就是这样的地方，我不去。"

翁文灏解释道："我不是要你去做官，我自己都不肯做官。那一年，宋子文当行政部院长，要我去做教育部部长，我借口母亲去世报了丁忧，才躲了过去。还有，那次清华大学学生驱赶校长吴南轩，也是让我去清华任校长，我为了救急只答应做三个月。我是只肯作教授和所长，只教书和做调查，不肯做官，所以你放心，我也不会要你去做官。这次要你到南京去，是因为最近那里要成立一个机构，名称还没有完全定下来。他们要我做秘书长，钱昌照做副秘书长。这个机构很有钱，你可以到陕北去探石油。我在穆棱见你用过很好的钻机，是从德国进的吧？你到这个机构去，还可以进口国外的先进钻机，为中国开采石油，好好地做一番事业。一个国家没有石油，怎么立足于世界？怎么抗日？"

孙越崎刚从欧美回来，深知石油对于一个国家的经济建设和国防建设有着何等的分量，"到陕北去找石油"对他产生了很强的吸引力。他终于答应了翁文灏，下决心到南京去。

翁文灏对孙越崎说的那个机构就是国防设计委员会。

国防设计委员会是怎样产生的呢？1931年"九·一八"事变爆发，第二年又发生了"一·二八"事变，日本侵华野心日亟，国民政府成立了"军事委员会"，蒋介石兼任军事委员会参谋本部参谋长。当时提出："本部职掌国防，值兹国难当前，国防机务，万端待理，为集中人才，缜密设计起见，特设'国防设计委员会'，以期确定计划，从事建设。"因此网罗专家，群策群力，研究设计开发资源，以配合国防的需要，达成"经济备战"之目标。其职权为：一、拟制全国国防之具体方案；二、计划以国防为中心之建设事业；三、筹拟关于国防之临时处置。以上是国民政府见诸文件的官方说法。

蒋介石成文"国防设计委员会"是黄郛出的主意。日本大举侵华以后，蒋介石为了缓和全国对"不抵抗"政策的愤懑情绪，就想团结一批非国民党的高层知识分子，一方面扩大自己的力量，另一方面也可以减少这批名流学者对他的批评议论。这些高层知识分子以胡适、丁文江、翁文灏等人为代表，在青年学生之中很有影响。具体做这件事的是钱昌照。钱昌照与黄郛是"连襟"，当时担任教育部次长。

黄郛了解蒋介石急于拉拢名人，扩大势力，便出了个主意——成立"国防设计委员会"，并让钱昌照将此意上书蒋介石。

那时候，胡适、丁文江、翁文灏都在北方各大学教书，他们同时得到了蒋介石的电报，要他们到南京商量国家大计。翁文灏一开始拒绝，后来钱昌照去翁家拜访，终于使他与钱昌照一同到牯岭见了蒋介石。

一见面，蒋介石就以一种礼贤下士的神气向翁文灏请教国是应该如何办法，他愿意改变方针。翁文灏说："我一向是做地质工作的人，不懂得政治，但是我知道，无论什么国家都应该保全自己的领土，不能一味讲妥协。如果老是要大家忍耐，全国人心不安，国家局面将不可收拾。希望政府当局能够明白表示态度。至于具体主意，我提不出，如果要调查矿产，我可以效力。"接着他就向蒋介石滔滔不绝地讲起全国自然资源的分布概况。蒋介石听了连声说好，并对翁文灏说：

"我准备成立一个国防设计委员会，在军事以外研究救国大计。我自己担任委员长，请你做秘书长。还请你替我到各处物色人才，共襄大事。"翁文灏不肯放弃地质调查所的事情，表示不能应允。

蒋介石没有作罢，又第二次召见翁文灏。翁文灏说："我是穷机关出身的人，对这样一个重要机构担当不起，而且我自己做官，让地质调查所其他的人受苦，也对不起人。"蒋介石马上接口说："那很容易，我立刻批给地质调查所五万元，不够还可以增加。"翁文灏回答说："一次帮助不能解决问题，将来经费还是有困难。"这一次蒋介石与翁文灏还是没有谈成。

后来翁文灏又见了一次蒋介石，他对蒋介石说："现在有个现成的秘书长，钱先生各方面情况熟悉，请他担任秘书长是再恰当没有了。"蒋介石听了以后说："那好，就这样，你做正的，钱昌照做副的。"翁文灏还是不大愿意，就说："一定要我多负一些责任，那么我可以当个常委，以后多来南京几趟就是了。"

最后，蒋介石仍然要翁文灏做了国防设计委员会的秘书长。

经过几个月的奔走，钱昌照终于使一大批有名望的知识分子与蒋介石见了面。国防设计委员会也在1932年的11月1日正式成立。

那时候，行政院是在汪精卫的控制之下，所以蒋介石不能把他自己操办起来的这个机构设在行政院的下面。因为有"国防"二字，就名正言顺地放在了参谋本部下面。

这个机构从成立之始就带有军事的性质，这不但是因为它设在军事委员会参谋本部下面，而且因为它的工作主要是为军事服务的；同时这个机构又是一个秘密的单位，门口不挂牌子，信封上也不印机关名称，只印南京三元巷二号的地址。另外这里的一切活动也都不能见诸报端。

国防设计委员会成立之初，受到蒋介石的高度重视，所需经费全部由军事委员会委员长的秘密经费里支出。当时，国民政府机关的经费经常是打折扣发放的，而国防设计委员会的经费每月高达10万元，却总是十足发放，从不拖欠。国防设计委员会的委员们，一不要办公，二不要开会，每月奉送200元研究费。

以后在1935年，国防设计委员会易名为资源委员会，隶属于军事委员会，职责也进行了调整：一、关于资源的调查研究；二、关于资源的开发；三、关于资源的动员。撤销了军事、国防关系、教育文化三个部门，从调查研究向重工业建设过渡。

到1937年7月，抗战开始了，资源委员会也受到了影响。次年3月，资源委员会改隶经济部，职责变为：一、创办和管理经营基本工业；二、开发和管理经营主要矿业；三、创办和管理经营电力事业。还带有军事的色彩，但已淡薄。

抗战胜利以后，资源委员会又进行了调整。1946年3月，资源委员会改隶国民政府行政院，于是彻底和军事脱钩，完全成了一个管理全国工矿业的政府行政部门。

2 初次踏上陕北高原

孙越崎在入国防设计委员会后，先在津浦路沿线搞了一阵煤矿调查。每到一矿，必亲自下井，归来后写了一本厚厚的《津浦沿线煤矿调查报告》，经钱昌照送呈，受到宋子文的赞赏。1933年9月，他与张心田等人又踏上了去陕北找油的道路。

这时候，日军又占领了热河，大举侵犯在即。孙越崎找油的心情更急迫了。正像后来在《陕北油田钻探工作纪要》中所说："油渴如我国，复值此大战前夕，铁血油血相需殷切之时，苟其地有一线储油之希望，当应尽搜索试挥之动能"。这时他因愤懑日军入侵，把在美国戒的烟又解禁了。

陕北延长一带的石油早在班固的《汉书》中就有记载，北宋沈括的《梦溪笔谈》中描述得更加具体。到了近代，1903年，德国人汉纳根以旅游为名，到陕北私自勘查石油。查得结果以后，与德商世昌洋行共同商议开办延长油矿。他们的行为引起了陕北民众的反抗。清政府慑于民众的压力，担心引发流血事件，阻止了德国商人的开发。

1904年11月，陕西巡抚曹鸿勋上书清政府，要求创办陕北延长石油矿，获得批准。曹鸿勋拨出屯垦经费81000两白银，任命候补知县洪寅为"总办"，终于在1905年筹办起"延长石油官厂"。那时，中国还没有开采石油方面的专门人才，洪寅从延长取了油样，到汉口经日本化学博士稻田辛吉与他的助手化验，确认延长的石油"胜于东洋，能敌美产"。有了这样的结果，洪寅放了心，就从日本新潟购买了钻机和炼油设备，聘请日本人做技师、技手、工匠，开始了钻探。1907年，日本技师佐藤在延长县城西门外勘定了井位，打出一口油井，日产原油一吨多。接下去又打了一口井，日产原油300余公斤。跟着打的三口井无油。

到了辛亥革命，皇帝下台，天下大乱，日本技师回了国，延长的油井没有人管，停了产。

第二次开发是在袁世凯当大总统的时候。1914年，美国的美孚洋行也看中了延长，准备投资办油矿。袁世凯与美军签订了《中美合办油矿合同》。

美孚与陕西省政府联合，成立了中美合作油矿事务所，袁世凯派他的第一任内阁总理熊希龄兼任"筹办全国煤油矿事宜处"督办。督办公署设在北京，熊希龄从来没有到陕北去过。在三年之中，中美合作油矿事务所的20名美、华技师组成了地质测量队，向美孚洋行购买了四台3600毫升汽动顿钻，在陕西一共打了7口井，其中有两口井出了油，但出油一直不多，美国人由此断言陕北一带的油层没有开采价值。

过了不久，袁世凯称帝。声讨袁世凯，反对帝制的怒火在全国各地燃起。美孚洋行一方面害怕战乱，另一方面也对开发延长一带的石油失去了信心，就于1916年3月，与中国方面解除了《中美合办油矿合同》，在消耗了270万元资金以后，带着全部资料扬长而去。从此陕北的石油，就只有维持原有和民间零星地开采，而没有比较大规模的工业开发。

国防设计委员会成立以后，石油作为重要的战略物资，理所当然地受到关注。翁文灏本来就对石油和铜矿特别关注，他多年从事地质调查，知道这两项矿产在当时都是中国极为缺乏的。早在1932年，他就派地质调查所的地质师王竹泉、潘钟祥到陕北进行过地质调查，发现永坪、延长有储油构造，对那里的三个地层作了重新划分，并在延长、永坪定了20多个井位。

到了1934年，延长只剩一口油井还在出油，每天出150公斤。这一点点油，就连给工人开工资都不够。陕北到底是否存在有工业开采价值的石油？在那里是否能办油矿？翁文灏感到胸中无数，为了中国的石油，他对孙越崎寄予厚望。

这次孙越崎等人重点是解决运输和钻采设备。

孙越崎从资料中得知，早在1905年陕西巡抚曹鸿勋在一份呈文中就曾批过："独是据禀该处石工甚少，开采维艰，其难一；水淹易涨，宜筑堤坝，其难二；运路不通，宜开车道，其难三。"到1908年，陕西巡抚恩寿在给慈禧的一份奏折中说："而着手必当以开通运路为先"。"计从延长经延安至西安，共合435公里。修筑铁路需款5000余万元，若改为3英尺6英寸之狭轨，需款3750万元"（以上引文均见石油工业出版社版《延长油矿史》）。因工程太大而搁置。

陕北地处高原，不解决交通什么也谈不到。

那时候，陇海铁路还只修到潼关。到潼关后，是潼关县的县长兼陕西省政府驻潼关办事处处长张丰胄接待他们的。张丰胄也是复旦毕业的，后来做过邵力子的秘书。20世纪80年代，张丰胄担任复旦大学北京校友会的常务副会长，常为校友会的事与孙越崎来往。

孙越崎到陕北勘探石油时，正好是邵力子在陕西任省长。他与邵先生师生之谊甚厚，邵力子知道他到陕北，马上派车到潼关来接他去西安。在西安师生见面自然十分高兴，几年前孙越崎出国深造之前，邵力子曾经深情嘱咐，现在看到果不食言，心中很是快慰。邵先生又见自己的学生不辞辛苦，来陕北高原为国家找油，更觉兴奋，就派了省建设厅的技正、曾任石油官厂厂长的赵国宾与他们同行。赵国宾当年也是北京大学矿科的毕业生。

从西安北上的时候，孙越崎他们买了三匹马和两头毛驴。他在北京大学时学会的骑马又一次有了用处。一出西安，公路很快就没有了。三个人在陕北高原上调查，每天骑着马在荒山沟壑之中的土道上颠簸，风吹日晒，饱一顿饿一顿。陕北高原上的县城一般都是相隔八九十里远，他们每天的路程也就按照这个距离安排。

就这样，他们在陕北高原上行程800多公里，足足调查了半个多月，一路上看了不少地质情况，发现几乎每个县都有油苗。最后从瓦窑堡到达延长。在延长西边的延水河旁，他们看到延长县城西门外有一宽敞的大院子，院子里有一所窑洞式的房子，一问才知道这就是当年美孚洋行的房子。孙越崎他们便在这里住了下来。

通过一路的旅行，孙越崎已知从西安到延长的路无法运送庞大的设备。他也了解到延长现有的日美留下的设备，由于年深日久，大多已无法使用，必须更新钻具、锅炉等。后来从延川返回的时候，他们没有再走原路，而是沿着黄河南下，经过宜川到韩城。在韩城附近的禹门口，孙越崎听说这里有个煤矿，就又来了兴致，下井去探查了一番。

第二天他们一行到了禹门口。黄河在禹门口这里还是很窄的，一过这一段，河道陡然变宽，河面一下子开阔起来，水面也就浅了许多。黄河在这里曾经多次改道，俗话说"三十年河东，三十年河西。"指的就是这里。孙越崎他们上了船往潼关去。离潼关大约五里地，到了渭河与黄河的交接处时，水面更浅了，走着走着，船终于走不动了。几个人谁也没有带吃的，便向四处大声呼喊，可是当时河面上没有来往的船只，两岸也只有默默流水、寂寂空山，不见人影。他们喊了很久，仍是渺无回音，无可奈何，又饿又急又担心，在船上被困了整整一天。幸亏第二天水涨起来了，船才又勉强开动起来。终于到了潼关，从潼关换汽车回到西安。

孙越崎在西安向邵力子汇报了调查石油的情况，并对邵力子说，明年就要开始往延川运钻机，请邵先生通知延川县的县长，把黄河延水关至延川县100华里的羊肠小道稍稍整修一下，以便明年可以用比较大的车运钻机。邵力子答应一定给延川县打电话。

回到南京，孙越崎向翁文灏汇报了在陕北调查的情况。翁文灏听说陕北县县有油苗，十分高兴，下决心开采那里的石油。

3　艰难的运输

1934年春，国防设计委员会与陕西省商定，成立陕北油矿勘探处，由孙越崎任处长。

匆匆忙忙之中，已经到了1934年4月，在上海新中公司定做的200马力的柴油机和在机械厂定做的两套汽顿钻机、发动机等都已经按时交货了；从美国、德国进口的各种钻头、钻具等也都到了，下一步的艰巨任务就是运输。孙越崎与严爽、张心田、董蔚翘等抓紧时间，从4月18日起组织往陕北运送。他们的路线是：先用火车将这批设备从上海运到石家庄，再到太原，从太原卸下装上汽车经汾阳到宋家川。那真是一路的繁忙与艰辛。

那一年的夏天出奇的热，雨又多，更使运输工作困难重重。车队到了山西孝义地区吕梁山脉的一个山口，公路被洪水冲垮了。孙越崎只好到太原去找山西省长徐永昌交涉。说尽好话，省里才派人帮助在一个星期内修复了公路。在跨越几省的漫长路途中，这种"逢山开路，遇水搭桥"的事不知道做了有多少。

1934年7月,陕北石油探勘处全体职员在山西军渡装运石油设备的木船上(左一为严爽,左五为孙越崎)

正是在最热的7月,车队到了黄河边上的宋家川,他们要在这里顺黄河而下了。

100多吨重的机器,雇了18条大木船。机器都装上了船,可船老大却不让开船,他要孙越崎一行数人和他的船夫一同朝着船跪下;又杀了一只公鸡,拿着鸡围着所有的船走了一圈,把鸡血淋在木船的四周,然后又放了一通鞭炮。孙越崎虽然并不信这种事情,还是服从船老大的意思,跪在那里看着仪式举行完毕。

因为从来没有运过这么重的东西,开船以后,船主一直很紧张,满脸的恐慌,生怕船会沉下去。孙越崎坐在船上一个劲儿地宽慰他们。他们的船在黄河中航行了两天两夜,水深的时候就划,水浅的时候就在岸上拉。两天中一天露宿河滩,终于在汛期到来的前两天安全地运抵延水关。上岸后,许多人趴在地上就睡着了。

1934年7月,陕北石油探勘处全体职员在山西军渡装船时的合影(左五为孙越崎)

孙越崎发现那条坑坑洼洼的羊肠小道还是去年那副模样，根本没有人修理过，什么车也别想从这条路走过去。不过，延川县的县长还算是依照邵力子的指示在延水关等候着他。

机器被迫停在河边。

孙越崎焦急万分，找人修路是无论如何也来不及了。除了汽车、大车，别的运输工具还能有什么呢？用马，用骡，用驴？那些笨重的机器它们根本无法驮。孙越崎急得绕着机器转。忽然想到，这些机器都是由一些较小的部件组装起来的，把它们拆开不就可以用牲口驮了吗？

渡过黄河后，陕北石油探勘处雇佣当地的农民搬运石油设备到延长

一有了主意，孙越崎马上组织大家行动，他先让县长派人去各村找民夫。县长派的人回来说："老百姓让拉官差拉怕了，一听说当官的要运东西，都躲起来了。"那人又接着说："现在这一带土匪很多，又都知道你们是来开采石油的，肯定有钱。你们目标太大，在这里也不安全，出了事我们可负不起责任。我看你们最好还是回去吧。"

孙越崎听了这些明显是为难他们的话，心里很生气，本想质问那位县长是怎么当的，但又担心争吵起来于事无补甚至更要误事，便说："我们有要紧的事，这些机器不运到地方，我是不会回去的。我也不是拉差，运机器是付现钱的。"

时间很紧，孙越崎没有别的办法可想，就写了很多"告示"，派人张贴到各地。说明陕北石油处要运输大批器材，需民伕、牲畜若干，前来应雇的，先领取工钱，后干活儿。这个告示一贴出去，农民都感到很新奇。过去拉官差根本不付钱，这次是先拿钱后干活儿，能有这样的事儿？有几个胆子

大的来到黄河边，说可以为石油处运东西。孙越崎马上让人付给他们工钱。农民一见真的是先拿钱后干活儿，消息马上不胫而走，立即从各处涌来不少人。他们一共雇了民伕266名，动用骡轿102乘，驮骡298头。大家动手把这些庞大的机器拆成零件，尽量拆成最小的单位。为了防止零件丢失，全部编上号码，共编了1702号。拆完以后又分了类。有的一人背，有的两人抬，有的四人抬，重些的还有的16人抬。就像城里抬大轿一样，喊着号子，一步一步地往前走。

从7月9日到9月4日，孙越崎一行历时57天，行程200多里，平均每天4里，运送机器。山高水低，日晒雨淋，浩浩荡荡的运输大军行进在黄土高原崎岖不平的山路上，白天是头顶烈日，晚上因为一路所经之处均是小村庄，人家很少，只能风餐露宿。如此长途跋涉，艰苦万状，终于把100多吨设备安全地运到了延长和永坪。

关于这次艰难的历程，《资源委员会月刊》第一卷第二期曾有记载："五座钻机计重一百公吨，约合十七万斤，若用多人扛抬，因狭路难以行走，若先修路，则羊肠千里，经费、时间皆所不许，此实为此次探油工作中最感困难之点。"这个"最感困难之点"，全凭孙越崎身先士卒，依靠众人，同心同德，才得以克服。

后来那些为油矿运输器材的民伕有的就自愿留在了矿上，加上从天津招聘来的一部分职工，组成了100多人的钻井队伍，这是我国第一支油矿钻井队。

4 中国人第一次打出了石油

延长县城的西门外和烟雾沟一带，是过去日本人和美国人钻探的重点地区，在县城的西门外，赵国宾和日本技师、美国技师先后打出过13眼井，其中有三眼井出了油，有一口井就在姓曹的一家人的院子里，还不到150米就出油了，可是压力不大，只能从井下往上抽。

孙越崎到了延长以后，即去实地观察那些油井。他发现，出过油的井几乎都是在一条直线上。他找来严爽等人一同研究，从过去那些井的位置特点分析，这里很可能有一条狭长的储油层带。他们又对比着查看了从地质调查所要来的材料上的井位图，最后决定，沿着那条储油带向前延伸，再定三个井位。这三眼井分别被称为101、103、105。这三眼井主要是为了探明那条储油带的长度。与此同时，孙越崎在烟雾沟的槐树河也定了三个井位。这一带过去美国技师曾经打出过油。这三眼井分别被称为102、104、106。为此，他把现有人员分成两个队，由严爽担任第一队的队长，由侯宝政担任第二队的队长。

1934年，孙越崎在陕北延长油矿（左四为孙越崎）

101井开钻了，孙越崎在美国休斯敦学习的油矿技术在这里有了用处。只是他在这里既要当技师，又要当工人，还要指挥。和孙越崎一同工作的人多数和他风格相近。严爽也是这样，办事认真，刻苦钻研，勤勤恳恳，埋头苦干，一直是孙越崎手下的一员得力助手。

泥里水里，刮风下雨，随着人们的汗水，钻头一米一米往地下钻。到了52米多一点的时候，从井里出来的水浮满了油花。孙越崎一见，高兴得不知如何是好。钻头继续旋转着，孙越崎听着阵阵轰鸣声，像是在听一首欢快的乐曲。这时井深已经到 59 米多，忽然一声巨响，井下喷出了油气。孙越崎判定，气尽油就会出来。过了几天，气是没有了，可是油还是不见出来。孙越崎对自己的判断很有信心，让工人继续往下打。钻到 100 米的时候，油果然出来了，孙越崎乐开了花，让再往下打。到了 101 米，油量开始增加。到了 112 米，油出得更多了。这时孙越崎决定停钻，安装油管采油，试采数天以后，获得可观的工业油流，日产 1.5 吨。看到自己终于成功地开采出了原油，孙越崎高兴之极，站在木制的井架边照了一张相片以资留念。

孙越崎（右）与张心田（左）在陕北油矿井场工作

与 101 井同时开钻的 102 井钻探也很顺利，没过多久也出了油。随后开钻的 103 井、104 井完钻以后均有一定的油流。

由此可见，原来美国技术人员在这里做调查很不细致，他们在延安桥儿沟钻井时，只钻到 380 米左右和 560 米左右，遇到一点油迹，按地质层对比，他们打到的应该是永坪的油层，可是他们误以为是延长的油层，因为看到没有油，就完钻了。其实，当时他们只要再往下打 250 米，即可打到延长油层了。但他们对中国这些复杂的低压油层没有耐心，就轻率地断言陕北的石油没有开采价值。

经过这样的实践，孙越崎对在陕北找油，已有了一个客观的看法，他当时写道："石油蕴藏地内，除偶有流出者外，绝鲜露头，故凭地质原理及石油特征，以资推断，尤为重要"，"就已经钻探之延长四钻、永平三钻而言，所储油量只能供给小范围用油之需要，除非再经地质考查，另择地点再度钻探，觅得新辟油源，一时自难即言具有若何国营油矿之价值"（《陕北油田钻探工作纪要》）。

出了原油，还需炼油。因设备所限，只能用很原始的办法炼。孙越崎指挥着架起了卧式锅炉，采用蒸馏的原理，加热以后，先出汽油，后出重质油。炼出了柴油以后，孙越崎就用自己炼出的油，发动柴油机，向北京的翁文灏发去了报捷的电报。翁文灏一接到电报，高兴地说："我派的地质师还没有到，他们就打出油来了，真不简单！"

5 奔赴新的事业

1934年9月18日，孙越崎在井架边接到一封电报，展开后看到这样一行字："速到新乡会面，商谈中原某大矿事宜。翁文灏。"

孙越崎看了电报，反复琢磨翁文灏的意思，中原某大矿应该是焦作的中福公司。那里的事情和我有什么关系呢？

孙越崎知道翁文灏发电报来，就肯定是有相当紧急的事情，但由于当时油井生产正紧，故一直拖到10月初101井出了油，才动身前往新乡。

延长县县长听说孙越崎要到新乡去，特地前来询问："孙处长准备走哪条路？"孙越崎回答说从马渡关到山西。那位县长摇摇头，孙越崎忙问为什么，县长说："马渡关那一带是刘志丹的部队控制的地盘，还是改道为好。"孙越崎为了赶时间，执意要从马渡关走。县长没有办法，只好派了一个连的士兵护送他。

前往马渡关途中第一个晚上，孙越崎借住在农民家里，夜里就睡在农家的门板上，屋外是那些轮流为他站岗的士兵，连长还亲自查岗。他看到孙越崎虽然一点儿官架子也没有，可他知道他是一位国防设计委员会同少将衔的处长，是一个大官。一旦出了事，自己可担当不起。

到了马渡关，过了黄河就是阎锡山的地盘了。当时陕北红军一天天壮大，阎锡山害怕红军渡过黄河进入山西，所以，凡是陕晋交界处的渡口都派兵把守，还毁掉了一批船只，余下的少量船也都严加看管起来，陕晋两岸几乎隔绝。孙越崎他们来到渡口，无法过河，看到对面军队把守处有船，就让士兵朝着对岸大声呼喊："我们是从南京来这里办矿的，请你们把船划过来！"风急水宽，对岸根本听不到他们的声音。喊了一阵，没有人划船过来，麻烦的是对岸因为看到了护送孙越崎的部队，有了误会，士兵们架起了枪。孙越崎一看这局面很着急，一怕出现伤亡，二怕误了时间，没有别的办法，他对护送他的连长说："感谢你们的护送，你们已经完成了任务，现在可以回去了。"那位连长不放心："我们得把你送上船。"孙越崎说："那你现在马上带着部队往后撤一段距离，使对方消除误会。"连长说："这样是可以的，不过你到底怎么过河呢？"

孙越崎想了个办法，他写好了一个字条，用油纸包严，绑在一根木棍上，然后观察了一下水流的速度，在岸边选好一个位置，把木棍放进水里，让它顺水势漂到对岸的守卫处。

对岸的士兵也看清了孙越崎的举动，一位士兵到水边捞起了木棍。他们看过孙越崎的字条以后，立即就把船划过来了。山西那边看到这边有一连人护送，知道来人地位不低，也派了一位军官和两位士兵来接他。孙越崎上了船，回过身来向护送他的连长和士兵挥手告别。

从此，孙越崎就离开了延长。

国防设计委员会陕北石油勘探处所办的延长、永坪等油矿，规模都不大，孙越崎在那里主持工作的时间也不长，但这是国防设计委员会兴建的第一个油矿，当时也是第一个大型企业，累计投资几十万元，这对国防设计委员会的工作、翁文灏的领导都是个检验。对于孙越崎来说，为以后开发玉门油矿积累了经验、储备了人才。他在那里感觉最困难的是石油储量不足。

国防设计委员会陕北石油勘探处的工作对延长油矿的发展具有重要的意义。第二年4月，陕北红军占领了延长一带，油矿也归共产党的苏区所管辖。油矿没有受到损害，严爽被安排到瓦窑堡参加学习后，又被任命为油矿矿长，继续进行钻探工作，也继续用蒸馏式的土办法炼着汽油、煤油、擦枪油。

在这样的基础上，经过几十年的努力，20世纪90年代延长油矿已经由1949年年产原油820吨，发展成为有着7个油田、生产原油50万吨的油矿，对于陕北经济的发展起着重要的作用。

第六章　整理焦作中福煤矿

比利时工程师道格在孙越崎到矿半年后说："你们中国有这么好的工程师，我在这里已经没有用了，我可以走了。"

1　中福煤矿的困境

孙越崎匆匆赶到新乡之后，翁文灏已经离去了，他又追踪到北平。当时翁文灏虽然担任国防设计委员会的秘书长，仍然兼任地质调查所所长，大部分时间在北平。到翁文灏的家里，他才知道那封电报的意思。

他一路猜测的中原大矿果然是指焦作中福煤矿。这是中国储量丰富、煤质优良的大型煤矿，当时的规模在关内名列第三，仅次于开滦和中兴（枣庄）。翁文灏告诉他，蒋介石要他到焦作担任中福公司整理专员。

蒋介石为什么任命翁文灏为中福公司的整理专员？有必要了解中福公司的历史和当时所处的困境，这已经是一段不被人注意的往事。

19世纪末的中日甲午战争以后，英国势力渐渐进入中国腹地的河南、山西等省。1897年，英国福公司来到中国，在北京设立了办事处。第二年，在河南设立了豫丰公司。1902年（清光绪二十八年）五月，英国驻上海总领事、福公司总董哲美森在焦作下白作村建立了"哲美森厂"（译名为"泽盛煤厂"）。以此为基地，从事对焦作煤炭的开发，当年开工兴建一、二、三号井。为了便于煤炭销售，于翌年开始修筑道清铁路（浚县道口镇至河内县清化镇）。1904年至1914年的10年间，福公司相继在焦作中部开凿了七个竖井，陆续投产出煤。福公司的煤炭产量，由1906年的12万余吨，至1912年提高到54.98万吨。1907年至1909年的3年中，共获净利138128（金）英镑。

福公司大肆掠取焦作煤炭资源，损害了民族资产阶级的利益。1906年以靳法蕙等为代表的民族资本家，开办凭心煤矿公司。1912年购置蒸汽动力机器，重新组办中州煤矿公司，与福公司抗衡。1914年9月中州公司与本省豫秦、明德两公司合并组成中原煤矿股份有限公司，吸收河南省政府公股，成为当时河南规模最大的官商合办的近代煤矿企业，煤炭产量与福公司相差无几。中原公司的成立，打破了福公司在焦作垄断煤业的格局，在销售方面，与福公司展开激烈竞争。以后双方为了缓和矛盾，不致两败俱伤，经过反复协商，于1915年5月7日在北京签订了《议结英商福公司矿务交涉正合同》和《福中总公司组织章程》，并于1915年6月1日在焦作成立了福中总公司。工作上各司其政，经营上分产合销。由于销售矛盾的缓和，福中两公司煤炭生产均有较大的发展。福公司于1916年、1919年，先后在焦作西部，开凿了李封、王封两对大井，并于1919年、1923年相继投产。中原公司于1922—1924年，先后在焦作东部李河，开凿了4个竖井和20多个小煤窑，一、二号井于1923年投产。福中两公司煤炭产量激增，1923年福公司原煤产量高达69.4万吨。1924年中原公司产量达94.9万吨。1924年两公司共产煤162万余吨，是新中国成立前焦作煤炭产量最高的一年。

1925年上海爆发了声势浩大的"五卅"运动，矿务大学（焦作工学院）的学生们宣传反帝反英，煤矿工人起而响应。从7月6日开始，举行了反帝

河南焦作中福公司李封矿　　　　　　河南焦作中福公司王封矿

爱国大罢工,历时八个多月,取得了重大胜利。毛泽东在《中国社会各阶级的分析》一文中,曾赞誉焦作煤矿工人"特别能战斗"。这次罢工,不但在政治上给英国以沉重的打击,而且在经济上也使之受到巨大损失,当年福公司原煤产量只有33.88万吨,仅为1924年产量的50.5%。从此福公司经营的焦作煤矿生产慢慢瘫痪。

七年以后的1932年,福公司仍然在停产中。这时候,蒋介石派刘峙为河南省政府主席。刘峙派自己的亲信、省财政厅长李文浩任中原公司监督。李文浩对于矿务完全外行,只是以中原公司为河南省的财政来源。他以"参议""咨议""顾问"等各式各样的名义向国民政府实业部和河南省政府的官员,还有地方有权势的士绅们,支送大笔干薪,以资拉拢;再加上煤矿管理不善,工程技术上不去,道清铁路卖给清政府作为国有铁路后,运销发生矛盾,煤炭运不出去,以致中原公司入不敷出,不得不向福公司商借巨款。福公司乘机提出以恢复生产为借款条件。中原公司迫不得已,只得答应。这样才从福公司借到现洋300万元。经过这样一番来往,福公司在停产七年后又"复活"了。

福公司恢复生产以后,李文浩提出两矿合作,把"分产合销"的"福中总公司",改为"合产合销"的"中福两公司联合办事处"。"福中"变为"中福",按当时的有关规定,盈利后中方占51%,英方占49%。报经国民党中央政治会议批准以后,成立了"中福公司",中方代表为总经理,福公司代表为总代表,共负产销业务上的实际责任。中福公司设董事会,由双方各推选三人为董事,中原公司推选的为董事长。李文浩以中原公司董事长兼任了中福公司的第一任总经理。

李文浩任中福公司总经理前后,矿上工潮迭起,1931年7月,1932年3月,1934年5月,工人举行了三次规模浩大的罢工,矿上管理一片混乱,工资、铁路运费、窑木价款都连连拖欠,向福公司借的300万元巨款用完以后,仍不能缓解窘状,亏损日增,人心浮动,李文浩实在无法支持,被迫辞职。

李文浩辞职以后,河南省政府又派了李汉珍、陈泮岭继任中福公司的总经理。此二人均为河南本地人,一个是国民党中央委员,一个是河南省党部主任委员。到任以后，束手无策，不到几个月，就狼狈而去。到这个时候，中福公司已经处于山穷水尽、濒临破产的困境。不用说，英国福公司的利益也受到严重的威胁。

1934年7月，英国福公司新任董事长吴德罗夫（Woodruff）将军专程从伦敦来到中国。他很清楚，中福公司地处中国腹地，与他们在沿海的企业有所不同。这里的事只能依靠中国人办，而且要求助最高当局。所以就在英国驻华大使的陪同之下，上庐山去见了蒋介石。

英国大使向蒋介石表示，非常不满意河南省政府对中福公司的领导，要求中福公司直接接受国民党中央政府的管辖。并且请蒋介石马上派出"干练人员"，对中福公司进行彻底的整理。英国福公司为了表示诚意，甚至提出"自愿放弃特权，对整理矿务不加干涉。"

蒋介石这时正想借助英、美的力量来牵制日本，英国大使的这一番请求，恰好给了他一个向英国表示友好的机会，就满口答应了。下令中福公司改归军事委员会领导，由国防设计委员会煤业部主抓。

改归国民党中央领导很快就做到了，可是这"干练人员"不大好找，蒋介石首先想到了翁文灏，然而翁文灏最初却没有答应。

2 翁文灏受命整理中福

翁文灏始而拒绝，终于接受，是有原因的。还是在这一年的年初，为地质调查所的事，他坐着汽车从南京到杭州。快到湖州的时候，他听说这里有个煤矿，井口开在湖州，煤层却延伸到了安徽的北部。为此，两省有些纠纷，想顺便去看看。就在经过武康县一座桥的时候，汽车撞到桥边的水泥墩子上，掉下桥去。司机当时被撞死，翁文灏头上受了重伤，昏迷不醒。

其时，陈布雷正担任浙江省教育厅厅长，听说以后，马上派人把翁文灏接到杭州。很快，蒋介石也知道了，下令一定要救活翁先生。蒋介石又派宋子文到杭州专门组织抢救翁文灏，还从北平、上海各请来三名专家会诊。专家会诊后认为，翁文灏是严重的脑震荡，不能挪动，也不需吃药，只要静养就会好。

宋子文还把翁文灏的家人也接到了杭州。翁文灏整整昏迷了一个月，没有吃东西，也没有吃药。有一天，忽然醒过来。医生和他的家人都非常高兴，医生担心他有后遗症，问他："一加二等于几？"他很快就回答出："等于三。"大家都放了心。

翁文灏又在医院里休养了一个月，在这期间，孙越崎从陕北赶来杭州看过他。出院后，翁文灏在家人陪同下返回北平。

翁文灏知道蒋介石曾给医院下命令抢救自己，还专门派来了宋子文组织抢救，心里非常感激，觉得蒋介石对自己有救命之恩。他有很浓厚的"知恩图报"的传统观念，就是这一情感因素，使他后来在好多事情上不愿违背蒋介石的旨意，只好"违背"自己的意愿了。

翁文灏回到北平，在家养伤数月。到了那一年的夏天，身体仍然虚弱。7月的一天，忽然接到蒋介石的电报，要他立即到牯岭见面。他没敢耽搁，不顾体弱，马上赶到庐山去见蒋介石。

这时蒋介石正请了全国的社会名流、学者，到庐山为他讲学。翁文灏也是其中之一。翁文灏讲的是地质学和中国矿业史。

蒋介石见了翁文灏，询问他的身体以后，即言归正传："焦作中福公司的情况你清楚不清楚？"翁文灏回答说没有去过，只知道些粗略的历史。蒋介石没有多说别的，要翁文灏到中福公司去作整理专员，前去整理矿务。翁文灏当时没敢接受。

此次谈话以后，翁文灏才知道，因为英国福公司的董事长受股东们（英、法、比利时）委托，来华向蒋介石请求支持，请派得力人员前去主持矿务，以求彻底改变其严重亏损的局面。蒋介石在与翁文灏谈话之前，已经答应了英国大使的请求。

翁文灏没有同意到中福公司去，在英国大使与蒋介石交涉的时候，河南省政府建设厅厅长张静愚正好在场，他向蒋介石介绍了刘峙把持大权，贪污浪费，欠薪欠债，难以为继的局面，他还建议说，刘峙是省政府主席，必须有不怕刘峙的人去才能把中福公司整理好。这样张静愚就作为代理，先到中福公司去整理矿务了。

翁文灏没有答应担任整理专员一职，是因为他感到自己是学地质的，对办矿、经营、销售这些事都没有接触过，当时身体又虚弱，实在是力不从心。

回到北平以后，翁文灏才知道，蒋介石并没有改变对他的任命。

河南省政府主席刘峙对张静愚到中福公司代理整理矿务大为震怒，加上蒋介石下令通缉李文浩，刘峙更是对蒋介石派来的人作梗，张静愚在中福公司很难立足。又隔了一段时间，蒋介石电召翁文灏到南京，再次要他速到焦作上任，翁文灏终因不久前的救命之恩，同意了担任中福公司的整理专员。不过他事先声明：如果失败，便当自请辞职，务请即为照准。

9月，蒋介石给刘峙发了电报："特派翁文灏为中福公司整理专员。"

3 委以重任

翁文灏虽然同意担任中福公司的整理专员，但心中实在没底，这时他自然而然地想到了孙越崎。翁文灏是蒋介石心目中的"干练人员"，而孙越崎则是翁文灏心目中的"干练人员"。这就是前面所说的翁文灏约孙越崎在新乡见面的原委。

翁文灏正在为中福公司的事情着急，见到了孙越崎自然是非常高兴，忙着设家宴招待。

孙越崎先向翁文灏汇报了陕北找油的情况。翁文灏说："今天找你来不是为石油的事情，而是为了焦作的中福公司。"翁文灏讲了蒋介石的任命，接着说："现在是河南省建设厅厅长张静愚在作代理，已经有了10条整理办法。你看看。"

孙越崎接过那10条整理办法看起来：

一、整理时间定为两年。在整理期间，中福公司由河南省政府改归军事委员会领导。二、解散中福两公司联合办事处董事会，停止总经理、协理和中原公司董、监各员的职权及待遇。三、派兵驻矿，负责保护。四、解散职工联合会，停止工会活动。五、修武、博爱两县地方官民对于整理均应竭力赞助，不得扰乱破坏，或鼓动风潮。如敢违抗，分别捕拿，严加惩办。

六、中福联合办事处欠外债款，暂缓付还。七、中福联合办事处支付之教育经费，概行停付。焦作工学院归省接办，中小学归县接办。八、实业部驻矿监察员之经费，立即停付。九、取消收入特别账内之装车费，一切收支按照正规会计手续办理。十、缩小组织，裁汰冗员，减低薪额，剔除浮费。

另外还规定两年整理期满以后，交还中福两公司联合办事处董事会和经理部自行办理。

待孙越崎看过这10条后，翁文灏说："你先到焦作煤矿去看看那里的情况到底如何，然后再决定是否去那里就职。"

10月初，孙越崎到了焦作中福煤矿。

孙越崎的运气很好，一到那里就遇见了两位老熟人——汤子珍和张莘夫，都是在穆棱煤矿共过事的同事。现在，汤子珍是李河矿的矿长，张莘夫是这里的工程师。他们对煤矿的现状都非常清楚。汤子珍和张莘夫向孙越崎详细地介绍了焦作中福煤矿各方面的情况。

心里有了总体的把握之后，孙越崎又到煤矿的井上井下，里里外外，每一处都认真地考察了一遍。一个星期过去了，孙越崎已经胸有成竹。

10月下旬，孙越崎回到北平。翁文灏正急于知道焦作的情况，一见孙越崎回来，顾不上谈别的话，马上就问焦作的现状究竟如何，有无整理出成效的可能。

孙越崎把已经写好的一份有关中福煤矿现状的调查报告递给翁文灏，并把内容简单地讲了一遍。

他说，从生产上看，中福煤矿正有两个"黄金时代"：一是井上有大量存煤，数量有100多万吨，目前冬季即将来临，正是无烟煤销售的旺季，只要能把存煤运出去，矿上的经济就活了。二是井下开拓工程进行过度，已经开拓掘进的煤量，足够三年回采，在两年整理期内，不用再多花钱进行井下开拓即可。中福的问题，主要是要有一个有威信有能力的领导，和各方搞好关系，同时按照上面那几条办法去做。

翁文灏心里有了底，马上给蒋介石发了电报，告之即去焦作赴任，并请派孙越崎为中福煤矿总工程师，在他不在矿上的时候，由孙越崎代理整理专

员。蒋介石很快复电：同意。

过了几天，翁文灏带着孙越崎到南京去见蒋介石。这是孙越崎第一次见到蒋介石，翁文灏为他作了介绍。当然，蒋介石这时还不会记住孙越崎这个小小的处长，在他眼里，翁文灏领来的不过是一个据说很能干的工程师。

4 "四个一百万"

1934年11月，翁文灏和孙越崎带了八个人前往焦作。途中，他们两人先到开封见了省政府主席刘峙。见面以后，翁文灏开诚布公地说："遵照委员长的要求，我前往焦作整理矿务，对省政府我可以随时报告，但盼你依我所为。如果失败，我当自去"。

刘峙当即表示欢迎翁文灏的到来，对翁文灏的要求一定尊重。

离开开封他们一行人到了焦作煤矿。与他们同时到的还有从上海赶来的福公司董事长吴德罗夫，福公司总代表贝尔（Bell）原来就在这里。

翁文灏一来到煤矿，就在中原公司的礼堂召开高、中级职员会议，宣布了第一批人事安排：孙越崎为总工程师，一同来的张兹闿为会计科长，王菊如为主任秘书，刘季辰、姚景周、董询谋、褚保熙、赵英达五人为秘书、财务、营业、运输等科科员。其他李河（东矿）、王封（西矿）两矿矿长以及总公司各科科长等工作人员一律不动，完全照旧工作。在整理专员离矿时，由孙越崎代理。同时解散中福公司董事部，停止总经理、协理和中原公司董、监各员的职权和待遇。

还明确宣布，精简机构和淘汰冗员，对李文浩聘请的那些"参议""咨议""顾问"等一律予以裁汰，停付干薪，以节省开支。翁文灏的这番话刚一落地，在座的中、高级职员全都被震住了，他们由此明白，这一次"整理"是真刀真枪地干了。敢于向李文浩拉拢的这一批人开刀，没有大魄力和硬本事是不敢的。到会的职员们本来对地方权贵就没有好感，听了翁文灏的宣布肃然起敬并心生快意，对下一步的整理工作有了信心。后来一共裁减了1500多人，月省开支15万元。

翁文灏最后明确了中方和外方在公司里的关系：中福公司由中方主持全

公司的业务。英国职员在公司中有正副代表、会计科长、会计员、材料室主任、办事员和打字员共七人，材料室和会计室也有中方主任和科长各一人，王封和李河东西两矿自矿长以下全是中国人，虽然中国人本来就是占多数，但翁文灏这样正式宣布仍很重要，这显示了中央政府派来的整理专员在中福公司的主导地位。

整理工作顺利地进行。为了稳定大多数职工的心，翁文灏携孙越崎以公司财产作抵押，向金城银行借了30万元大洋，给工人和职员发放拖欠已久的工资，归还铁路欠款和窑木债务。

翁文灏在矿上只待了一个月，没到元旦就离开焦作回了北平，矿上许多具体的经营管理工作和工程技术问题，都交给了孙越崎去做。翌年过了春节，翁文灏又到矿上来了一次，住了十几天。看到孙越崎的工作做得很好，就又放心地回了北平。

这年年底，在整理刚刚见到成效的时候，孙越崎向全矿提出，1935年完成产、运、销、盈"四个一百万"的目标。

"四个一百万"谈何容易，要知道就在1934年，中福公司还严重亏损呢！但是孙越崎就是这样，敢于做别人不敢做的事。为了实现这个目标，孙越崎费尽了心力。

5 数管齐下

孙越崎初到煤矿的时候，矿上有一位比利时工程师，名叫道格（Docguier）。这位道格早年在开滦煤矿做矿长。当时矿上没有技术人员，完全依赖外籍工程师，所以道格那时大权在握，盛极一时。他在中国一干就是二十多年，后来在开滦退休，年纪已经比较大了。中福公司遇到困境，张静愚又请了他来做顾问。道格来的时候，带来了一位曾在开滦煤矿任工程师的比利时留学生，担任中福的总工程师。孙越崎来到中福，取代了那位比利时留学生，道格颇为不快。但因他在中国多年，对中国的矿业十分熟悉，翁文灏仍聘他为顾问。

鉴于开发过度，孙越崎上任以后，马上下令把下山的工程全部停了，缩

短巷道维护，把水泵、绞车、钢轨等设备器材全部撤回，以节省开支，集中开采。道格一看，非常生气，一点也不留情面地与孙越崎大吵起来，言辞很尖锐。

回到办公室，孙越崎动手画了一张井下回采图，在图上分别标明：预定整理第一年产煤100万吨，第二年产煤120万吨，第三年产煤150万吨的回采面积。分年分月用不同的符号绘制成平面图，从这张图上可以清楚看出过度开发的浪费。

画好这张图以后，孙越崎主动拿给道格去看。道格虽然还在生气，但仍然接过图仔细看起来。数字和各种符号都标得清清楚楚，不用翻译，道格也能看得懂。过了一会儿，道格来找孙越崎，很诚恳地说："你这张图画得好，我明白你的意思了，过度开发确实是浪费，我同意你的安排，下山的工程是应该停下来。"

道格的这番话使孙越崎大为钦佩：道格那么大年纪了，在中国的煤矿又工作了那么多年，经验是很丰富的。他一方面对于中福很有责任心，能不顾情面地反对他认为不对的事情；另一方面，对于一个比他年轻许多，又是刚到这个煤矿来的工程师，却能这样虚怀若谷，听取意见，诚心承认错误，确实不容易。

孙越崎来到焦作差不多半年以后，道格已经完全看清，这位新来的总工是非常称职的。当翁文灏又一次来到矿上的时候，道格很真诚地对翁文灏说："你们中国有这么好的工程师，我在这里已经没有用了，我可以走了。"翁文灏对道格一直也是很尊重的，劝说他仍留在矿上。过了一段时间，道格还是因为不愿意做挂虚名领高薪的顾问，回比利时去了。

初步打开僵局，全矿人心稳定，复苏之气渐起，孙越崎又大刀阔斧地改进工程和改善经营。原来，王封和李河两矿都是各自发电，生产之中不能互相调剂。孙越崎很快发现这个弊端，要两厂把电网连接起来，以提高利用率，解决井下被淹抽水问题。当时矿井下奥陶纪石灰岩离煤层很近，一旦遇到断层，很容易出水。这种情况在1933年就发生过两次。到了第二年的5月，孙越崎终于组织工人和技术人员完成了从王封矿到李河矿的高压线路的架设，使两矿电网连通。两矿电网连接以后，保证了电力的供应和抽水机的使用，有效地防止了井下被淹。同时，有了电力保障，矿井的通风、井下的提升，都由蒸汽动力改用电动力，井上的选煤也用上了电力设备。由于有了电力的保障，矿上还有不少设备得到改造，生产力水平有了很大提高。

焦作煤矿的煤层断层较多，为了尽快探明地质状况和煤炭储量，孙越崎又派人购置了钻机，组织了地质钻探队，为开新井做准备。

后来，绘制出了《焦作煤矿矿区平面图及地质位置剖面图》，记载钻孔77个，可采及局部可采煤层3～4层，总厚度为9.5米左右。

适销对路是扩大销售、占领市场的重要条件。在整理工作的初期，矿上还投资改进了筛选设备，增加了两个煤的品种，调整了块煤分类的煤价。孙越崎很清楚销售的重要性，他抓紧旺季时机，专门组织工程技术人员为用户改进烧煤炉，然后到几个主要销煤地区去作实地实验，向用户作示范宣传，用这种办法推销焦作的煤。

过去中福的煤价定得很死，各地的销价都是矿区的销价加上铁路的运输费用。这样，路程越远的地区，其煤价自然越贵，销售也就越难。孙越崎进行整理工作以后，觉得这个定价办法对销售很不利，就采用了新的定价办法：凡是在有煤矿竞争的地区，就视竞争具体需要适当降价；凡是在没有煤矿竞争的地区，则提高煤价，不再以路途的远近决定。比如，平汉铁路上的密县、禹县、鹤壁、六河沟、怡立等和陇海铁路西段的义马等地区，当地都有煤矿，在这些地区，焦作的煤就要削价出售，以此与当地煤矿争夺市场。而在道口以下和南运河流域等没有小煤窑的地区，就要提高煤价，以增加利润。

孙越崎头脑灵活，他想到不光是地区不同煤价应该不同，而且季节不同煤价也应该有所不同，后来焦作的煤价果然是随淡旺季而上下浮动。冬春两季是焦作无烟煤的销售旺季，这时提高煤价；夏秋两季是淡季，煤价随行就市降低。作了这样的调价以后，中福在各地的煤价虽然各有亏盈，但平均起来，每吨仍有一元以上的盈利。中福这些符合市场规律的办法一经采纳，果真局面大为改观，焦作无烟煤很快占领了一大片市场，把一些小煤窑都打垮

了。在孙越崎的大力进逼之下，焦作的无烟煤后来不仅占领了附近一带的煤炭市场，而且立足上海的市场，把越南进来的鸿基无烟煤挤走了不少。

据统计，1935年至1937年，中福公司的销煤量占上海、南京、镇江全部无烟煤销量的36%。其中1935年至1936年，占南京市场上全部无烟煤销量的83%。

6 复杂的路矿关系

要搞好整顿、完成"四个一百万"，当时最使孙越崎为难的就是铁路运输。

矛盾的焦点在于道清铁路于1933年废除了对附近小煤窑的限运，小煤窑大量涌入，冲击了中福公司对道清铁路的垄断局面。中福公司派人到道清铁路提出抗议，没有什么结果。整理工作开始以后，煤矿与道清铁路的关系有了一些好转，但在实行路矿合作上仍没有完全取得一致。

为了协调路矿关系，保证铁路有足够的运力将中福生产的煤及时运出，福公司总代表贝尔、福公司董事长吴德罗夫多次向道清铁路局局长范予遂提出拒运小煤窑的问题，都被拒绝，贝尔、吴德罗夫拿出"蒋介石"威胁，范予遂不买账，说："请向铁道部交涉，部方有指示，铁路局当然照办。"

孙越崎不得不想出更好的办法来保证他提出的"四个一百万"的实现。他组织了一些人，把所有道清、平汉、陇海、津浦、沪宁铁路大小车站，道清铁路终点站道口镇，和南运河流域沿岸各地中福煤炭的运量、销量和煤价，都详细地按月列成表格，在过春节请道清铁路局局长和处长等高级职员吃饭时，把这些表格挂在餐厅里，让他们仔细观看。这些人未必都懂得煤炭的运输业务，但是看到孙越崎这么认真，都很佩服。孙越崎就是要达到这一目的，要他们明白，他在中福公司的整理工作是经过通盘筹划、有统一的整体的计划的。那些局长、处长们一边看表格，一边说："不错，不错。"孙越崎抓住这个时机先提出，为了简化手续，是否可以将现款现运的办法改为按月结算？局长表示同意。孙越崎又进一步提出，请他们不要再运小煤窑的煤，以免破坏煤炭资源，扰乱市场。只有中福煤炭业发展了，铁路营业收入才能得到可靠的保证。道清铁路的营运主要靠中福公司，应该结为利益共同体。局长听了也作了保证完成中福全年运输一百万吨的表示。

道清铁路局虽然对孙越崎制作的1935年中福公司全年产运销通盘计划表示满意，却以中福公司全年的运量不能满足道清铁路的运力为理由，仍然为小煤窑运煤。事后经人指点，孙越崎才明白，蒋介石派翁文灏到中福来做整理专员，涉及的不仅仅是经济问题，而是牵扯到复杂的派系问题。当时铁道部部长顾孟余，道清铁路局局长范予遂等，都属汪精卫的改组派，而翁文灏是蒋介石派来的。汪蒋不合，自然顾孟余、范予遂不予配合。道清铁路的终点站道口镇在卫河边，通南运河可达德州，是中福公司销煤最多，也是售价最高的地段，所以，这段路对于中福公司来说是很关键的，关系到整理工作的成败。

孙越崎在春节以后虽然请范局长等吃了饭，可是在运输方面却只解决了简化付款手续的问题，拒运小煤窑的矛盾因为经济和政治因素搅在一起，没有从根本上理顺。为此，路矿关系长时期中仍然很紧张。

大约在1935年的三四月间，道清铁路局接到军事委员会南京行营发来的一份密电。电文大意是：政府锐意整顿中福，有关国际信誉，道清铁路局务须在运输上大力支持中福。道清铁路局奉命电复："对于中福运煤，保证大力支持，随产随运，绝不积压。"对小煤窑的问题故意一字不提。时隔不久，武汉"四省剿匪总部"也给道清铁路局发来一份密电，内容与南京行营的电报差不多，道清铁路局又照上次的办法应付了过去。

到这一年的6月，铁道部又发给道清铁路局一份机密电报。电文云："奉'委座'电，'道清路运输小煤窑，影响中福，仰转饬该局务须全力供应中福'等因。合妥拟办法……"这份电报的意思十分含混，"委座"要迫使道清铁路局对小煤窑予以拒运或限运，铁道部既不愿意执行，又不能明令道清铁路局不执行，因此采取了滑头的做法，一面电复"遵办"，一面转令道清铁路局"妥拟办法"，自己便全无责任了。

翁文灏为此愤愤不平，就在北平7月出版的《独立评论》杂志上，发表了一篇没有指名的批评文章。文章的标题是《整顿内政的途径》。文中说：

"……要有切实严正的管理，我新近有一个经验，有某上级长官令行某机关转令其所属某局长办理某事，某机关当即电复谓已电令遵办。但令某局长文内则说仰即妥拟办法。如此做法，在公事上实为明显的一种犯罪。"当时一般读者不知翁文灏所指何人。

道清铁路局在接到铁道部的机密电文以后，也觉得事态有些严重，不得不尽快有所行动，便拟出了五条办法作为建议，直接回答了军事委员会，并且报送了铁道部。8月，军事委员会根据道清铁路局的建议，规定了解决小煤窑的办法：一、小煤窑产品由中福公司会同小煤窑协商，定出公平合理的煤价，交由中福公司收购。二、双方签订合同以后，道清铁路就不得再运小煤窑的产品。

当地的小煤窑都是农民开采，农闲时开，没有任何现代技术和现代设备，完全是土法，乱挖乱采；到了农忙就停工散伙，也没有一个固定的组织。孙越崎对这种破坏资源的现象很痛心，却也束手无策。军事委员会要他们与小煤窑的开采人协商一套收购合销的办法（中福整理办法中原有收购小煤窑合销的规定），苦于找不到能代表众多小煤窑的交涉对象，无法可想。

凡此种种，终于导致1935年年底，道清铁路没有给中福公司运足一百万吨煤的运量。但那一年中福的销量仍然超过了一百万吨，原因是，中福的煤价低于小煤窑的煤价，在矿区百里以内的煤商和用户，很多都自派车辆到矿上来购煤，再加上铁路局机车用煤，销量仍然超过了一百万吨，达到105万吨。

7 抢救李河东矿

1935年的"四个一百万"对孙越崎的压力是很大的，翁文灏对此也心存疑虑。

同年5月，公司在银行的存款已经不多了，翁文灏有些着急，问孙越崎："今年要实现'四个一百万'，现在时间已经近半，我们的现款这么少，百万利润靠得住吗？我们来矿时向金城银行借的30万元，讲好一年，届时必须还清，这是信誉问题。"

孙越崎向翁文灏解释："我们买了窑木、机器设备等等，就是把现款变成了实物，这一样是盈利。"翁文灏作了多年地质调查所的所长，没有从事过经营，平时只是每月向实业部领取经费作所里的开支，认为有钱没钱就看银行里有无存款，所以对于孙越崎的话不大相信。孙越崎见翁文灏坚持要银行里有存款，就亲自带了业务科科长都樾周出去跑销售，以增加公司在银行的存款。

夏日的中原大地，骄阳似火，正是销售煤炭的淡季。孙越崎顾不了那么多，带着都樾周先到汉口，又沿江而下到了芜湖、南京、上海等地。这些城市没有一个不是"大火炉"。他们两人汗流满面地调查煤炭市场，了解煤价、算账。统筹核算以后，孙越崎发现，即使每吨煤削价四元，仍然可以达到年底盈利一百万元的目标，便决定削价。这样一来，很多煤商自动找上门来与他们签订销售合同，中福公司无烟煤的销路立即拓宽了。

从1935年5月到7月，整整三个月过去了，孙越崎带着都樾周在外四处奔走，中福煤的销路大开，销售额逐月增长，捷报不断传回煤矿，可是，他们两人却累得筋疲力尽。8月初，在上海忙销售差不多了，他们准备顺路到南京去休息两三天，找个地方，痛痛快快地睡个够。

没有想到，在他们到达南京的当天就接到了翁文灏发来的急电。翁文灏说，李河东矿大水成灾，他有要紧事回北平，要孙越崎立即回焦作处理。

孙越崎很清楚大水对于矿井的威胁，没有顾得上休息，立即买了车票，带着都樾周急匆匆地连夜往回赶。

李河车站在焦作的前边，孙越崎顾不上到焦作下车先回家看看，第二天傍晚，当火车到达李河车站的时候，就直接下了车，焦急万分地赶到矿井后马上下井察看。

来到井下，孙越崎第一眼就看到东矿的矿长汤子珍。只见他浑身泥水，满脸煤灰，两眼布满了血丝。孙越崎从他那充满嘶哑的声音里听出了他已疲惫不堪。的确，汤子珍作为东矿的矿长，一直坚守岗位，两天两夜没有合眼，拼了全力在组织工人排水救矿。看着汤子珍那副几乎让人无法辨认的模样，孙越崎又是心疼，又是佩服。后来在1946年，汤子珍当了中福煤矿总

经理。

汤子珍哑着嗓子向孙越崎汇报了发水和抢救的情况。原来是在3号井东大巷建筑的小闸门，将要完工时突然出水，24小时内由每分出水9立方米，增至每分出水16.5立方米。主要是上部岩层裂缝渗水闸门不起作用。矿上现有的水泵抽水来不及，大水已经淹没了大巷和水泵的基础，形势相当严重。孙越崎听完汤子珍的汇报，马上命令他回去休息。

孙越崎到井下现场各处迅速地检查了一遍，然后派人去请来机械工程师王逸凡和几位技工，一同商量对策。大水还在不断地涌出，孙越崎组织人力按照商量好的办法，先用沙袋将水泵的基础加固，再用扬程低出水大的"牛头泵"把大巷的水抽到用沙袋围成的水池里。这项应急措施还算有效，但仍没有解决根本问题，水势还是十分汹涌。后来，"牛头泵"也顶不住了，孙越崎下令，派人到王封矿把抽水设备全部调来，集中人员，连夜抢装。同时又调来王封矿的电力支援李河，几台水泵同时开足马力猛抽，排水量骤增。这样一直干到第二天的下午，水势才逐渐地被控制住。

坐了夜车后没有休息，又组织抢救矿井一天一夜没睡，孙越崎虽然累得浑身困乏难支，心里却大松了一口气。心想：如果李河矿保不住，全部"整理工作"就前功尽弃了，作为总工程师，那是无法推卸责任的。更何况既然答应了翁先生来这里主持"整理工作"，还向翁先生打保票说一定可以把中福办好，如果现在中途失败，又何以面对翁先生？

李河东矿保住了，孙越崎看到局势已经稳定，就向翁文灏发去一份电报，告之灾情过去，请翁先生放心。发过电报，他才拖着疲乏已极的身子，坐车回到焦作的家中。

转眼到了这一年的11月，蒋介石出任国民政府行政院的院长，请翁文灏去南京担任行政院秘书长。翁文灏在中福公司的整理专员一职，由孙越崎继任。

在这一段时间里，孙越崎还兼任陕北石油勘探处处长，陕北油矿那边有什么事情，也还来向孙越崎汇报，一直到陕北红军占领了延长等地以后才停止。

1935年年底，中福公司的整理收到明显成效，"四个一百万"目标完成，全矿上下兴高采烈。这之前的10月，翁文灏、孙越崎到南京按时向金城银行还清了那30万元的借款，周作民伸出了大拇指："真守信用！"

翁文灏在这年5月时还有些担心，到了年底一看借款还清，煤矿盈利，虽然这时他已经不是中福的整理专员，却也大为高兴。孙越崎一年前的准确判断，这一年来的领导才能和吃苦耐劳的精神，都再一次地使翁文灏万分赞赏。随着两人相知的加深，他们之间的友谊也与日俱增，在各自的生活道路上，相互都产生过重大影响，成为不可缺少的支持者。

8 蒸蒸日上的中福

1936年是中福公司大发展的一年。

继1935年年产量过百万吨以后，1936年中福煤矿年产量达到了130.9万吨。由于认真降低生产成本，年盈利的增幅更大，达到208万元。原来最使孙越崎头疼的运输问题，在机构调整、道清铁路划归平汉铁路局以后，也大有改变。

中福公司经营状况大为改观，并不能使孙越崎稍有懈怠，为了求得进一步的发展，他从多方面加强对企业的管理和建设。

孙越崎做出规定不许公司员工炒股票，一经发现严加惩处。这是出于他的周密考虑：中原公司的小股东有几百家，当时这些小股东并不都知道中福公司已经有较大盈利。因为多年没有分过红利，在他们眼里，中原公司的股票形同废纸。而中福公司的职员都很清楚公司盈利的现状，会非常容易地从那些小股东手里用很低的价钱把股票收购到自己的手中。这样就有损于原股东的利益，是一种不道德的行为。必须在让股东们了解了当前中福的真实情况之后，再来进行股票交易，那才是合情合理的。而在此之前禁止本公司职员买本公司的股票，是预防中福公司职员投机谋利进而贪污腐化的一项措施。

在财务的管理方面，孙越崎制定了一系列的规章制度，以防止贪污腐败现象的滋生和蔓延。除了用制度加以约束之外，还定期组织人员清查账目，

约1936年，孙越崎在河南焦作骑自行车

一旦发现问题，决不姑息。他反复对职员讲，贪污是一个人品行败坏、道德沦丧的表现，贪污无异于偷盗，贪污者就是蛀虫。一个企业如果不能防止贪污，就会被蛀虫吃空；一个国家如果不能防止贪污，也会被蛀虫吃垮。这样大力反对贪污腐败，在当时是很少有的。

这些举措不但在国内引起注意，在国外也产生了影响。英国伦敦《泰晤士报》发表文章，详细地报道了中福公司整理成功的情况，介绍了翁文灏和孙越崎如何治矿有方，尤其是赞扬他们在防治贪污上做出的成绩，使中福煤矿的管理水平达到了以往从未达到过的高度。这篇文章一发，福公司的股票在伦敦股票市场上大涨，为数十年所未有。

翁文灏和孙越崎都是受过高等教育的留学生，对于开办学校，培养人才都有真切的感受和认识。河南省建设厅厅长张静愚代理整理专员时，曾准备将焦作工学院和煤矿的中小学交省和县接办，企业停止教育经费支出。翁文灏和孙越崎并没有这么做。他们担心，这几所学校地方接办以后可能出现经费没有保障的状况。

河南焦作工学院大门　　　　　　　　河南焦作工学院科学馆

孙越崎在担任中福公司总经理以后，主动兼任了焦作工学院的常务副董事长（明文规定董事长由河南省主席兼任）。那时，孙越崎常到学院去检查工作，常给学生讲话。他的口才好，又有丰富的实际经验，讲起话来很有趣味，给学生们留下了难忘的印象。他的一位得意门生吴京回忆那时的情景说："1935年我考上焦作工学院，有一天，孙越崎董事长来讲话，中心内容是向我们宣传实业救国的思想。其中有一句话：'钢铁是机械之母，煤炭为动力之源。'给了我极深的印象。我后来能坚持在煤炭行业工作50多年，多因这句话的巨大影响。"

焦作工学院为我国培养了很多矿业专家，吴京即为这批优秀的专家之一。他于1938年大学毕业后即被资源委员会录用，因为才能学识出众，被选送到美国深造。抗日战争结束以后，资源委员会两次电报召他回国参加经济建设，回国不久即担任了煤业总局的副局长，之后又担任了经济部矿业司司长。

1936年年底，中福公司分了1935年和1936年两年的股息和红利。中原公司的股东和福公司的股东多年没有拿到过盈利了，这次得到股息和红利，人人都喜形于色，高兴得一个劲地称赞翁文灏和孙越崎。

1936年冬天，按照原来的规定，中福公司的两年"整理"期限已满，整理专员应该还政于中福两公司的董事会和股东。

还政以前，必须先选举董事会。如何选呢？孙越崎与中原公司原来的董事胡石青、周树声等商量想出了一个办法：用通讯的办法进行差额选举。

这样，孙越崎派人找出了过去中原公司董事会的记录，按照记录上的名单，向原有股东逐个发信，提出候选人名单。又印好一定格式的信纸、信封，寄给各位股东，请他们一一填写回复。回信寄到一个专设信箱，由中原公司和中福公司共同派人贴上封条。到了指定的日期，就近邀请比较大的股东来监督开箱检票，公布结果。这样就选出了中原公司的董事会，中原公司的董事会再与福公司协商，成立了中福公司新的董事会。

新董事会的第一次会议是在南京召开的。会上，中英双方都坚持要翁文灏担任董事长，实际翁文灏并没有中福公司的股票，只能是名誉董事长。在这次董事会的会议上，孙越崎被聘为中福公司的总经理，任期三年。

从1937年1月开始，中福公司的"整理"即告结束，孙越崎作为公司的总经理正式上任。他以总经理这一新的身份向董事会报告了以后办矿的大政方针，董事会讨论以后决定实施。平时，孙越崎全权处理生产业务等事宜。虽有战争干扰，那一年的年底，中福仍然盈利，除了给股东们分了股息和红利以外，还捐赠修武、博爱两县各10万元，作为两县兴修水利之用。

1937年抗日战争全面爆发以后，孙越崎又亲自主持安排焦作工学院的内迁，并在迁到西安后和北平大学工学院、北洋大学工学院、东北大学工学院合并，成立了西北工学院。焦作工学院迁去的教学设备、仪器、书籍等，为西北工学院能马上开学立下了大功。西北工学院后来为我国工矿事业培养了一批又一批的优秀人才。

在孙越崎的主持下，中福整理取得成效的同时，还大力改善员工福利，修建职工宿舍，扩建职工医院，完善社会服务点等。据《焦作煤矿志》记载：当时中福医院，设有X光、化验室等，总院有床位200张，分院有床位50张，能做胸腔、腹部手术。其床位之多为1949年以前之最。

9 顾矿不顾家

孙越崎受命于危难之时，将濒临倒闭的中福公司"整理"得生机勃勃、蒸蒸日上，付出了极其艰苦的努力，而他的家庭却为此付出了很大的牺牲。

1934年11月，孙越崎随翁文灏前往焦作中福整理矿务，他的家仍留在南京。在他离家后不到两个月，他的第三个女儿来到世上，小名叫毛毛。第二年的夏天，王仪孟带着两个女儿搬家来到了焦作。这时，孙竹生在哈尔滨上大学，孙蔚我在武汉上中学。

这一年正是孙越崎为中福提出当年实现产、销、运、盈"四个一百万"大忙特忙的时候，搬家的事情一点也顾不上。好在一家人生活用具一贯简单，王仪孟在矿上其他人的帮助之下，很快就安顿好了。自从嫁给孙越崎，她已经数次搬家，对于这种总是搬来搬去的生活也习惯了。

7月，酷暑盛夏时节，孙越崎带人到各大城市开拓煤炭市场，竹生放暑假回到家里。

一天，王仪孟忽然发起高烧，让带孩子的保姆窦妈去请来煤矿医院的薛院长。薛院长看了之后说是白喉，要马上住医院，还嘱咐让家里的几个孩子去医院注射白喉的预防针。

王仪孟想，自己如果坐了车先去医院，孩子们再坐那辆车，一定会传染他们，就让窦妈带了几个孩子坐车先去医院打针。

不一会车子回来了，只见六岁的博爱从外面往回跑，上气不接下气地说："毛毛打针给打坏了，哭得好厉害，鞋子都掉了。"王仪孟听了也顾不上自己发着烧，赶快迎上去看窦妈怀里的毛毛，掀开丝巾一看，顿时吓了一跳：又白又胖的女儿已经一点生气也没有了。身边没有一个能商量的人，她只是一个劲儿地哭，边哭边给矿上的人打电话，请他们帮助找个医生来。可是还没有等找来医生，毛毛在吃了一碗菜稀饭以后就死了。

王仪孟住进了医院，哭得茶饭不思，药水不进，孙竹生已经很懂事，到医院里去劝她不要太伤心，还劝她不要和爹多说这件事情的经过，以免与医院发生不愉快。

虽然一出事就托矿上给孙越崎发了电报，可是孙越崎还是在女儿死了一个星期之后才回到家里。这个女儿长得特别像他，他对这个最小的女儿也就十分钟爱，收到电报以后心里的焦虑是可想而知的。但是为了自己提出的"四个一百万"的目标，想到开拓市场的工作正在要紧之处，他实在是抽不出身来；又想到事情已经发生了，即使马上回去也于事无补了，于是把这万分的焦虑强压在心底，坚持把手里的急事处理完才赶回焦作。家里人告诉他，女儿是因为打预防针过量而死的。他没有再多问，后来在薛院长向他作解释的时候，他对这位下属说："你以后不要再看病了，专搞行政工作是了。"而没有给他任何处分。

那一年是个多事的夏天。孙竹生喜欢游泳，暑假中常去河边游泳。有一天晚上已经睡下了，突然发起高烧，躺在床上大声地喊头疼，病象很凶险。这时王仪孟自己的病也刚好不久，见到竹生这个样子吓坏了，赶快给医院打电话请医生。医生给竹生看过以后也说不出是什么病。王仪孟又跑到公事房去找人。孙越崎当时正在常州，王仪孟给孙越崎打通了电话，告诉竹生病得厉害。孙越崎听了回答说还不能马上回去，如果需要什么药就立即买了给寄回去。最好送竹生去北平的协和医院。

王仪孟只得自己全力承受重担。矿上的一位同事看了孙竹生的症状后告诉王仪孟说，竹生得的这病大约是中耳炎，他的一位亲戚得中耳炎就是这样的头疼，这个病万不能拖过24个小时，过了时间就救不过来了。送到北平肯定是来不及的。焦作附近有一个基督教会办的医院，能治中耳炎，还是送竹生去那个医院更好。王仪孟当时急得不得了，心想：死了我自己的孩子还不太要紧，要是竹生出了事，我可怎么对得起越崎。她叫了矿上为孙越崎备的车，在夜里1点钟，陪着竹生到了那家教会医院。

总算及时，到了医院以后，一个外籍医生当即为竹生做了手术，竹生安然脱险。

对当年发生的这几件事，王仪孟一直记得清清楚楚。家里妻子病、小女儿夭折、大儿子病，一连三件事，孙越崎都没有在家，接到电报后也都没有回家。王仪孟却没有埋怨过，她非常了解她的丈夫，她只想尽自己的力去为丈夫分担些生活中的难处。提起那些使她怅惘的陈年往事，她说："越崎这样不顾家，就是放在今天，是不是也够评上个模范了。"

孙越崎身上具有一种精神——能够为所从事的事业做出常人难以做出的牺牲，这是古今中外成就大事业的人所具有的共同品性。

第七章　抗战内迁

中原公司董事胡石青说："中福是我国在抗战期间唯一迁到四川后方的煤矿，它像母鸡下蛋，在四川合办起了四个煤矿，大力支持了抗日战争。现在才认识到，孙总经理真是一位有远见有魄力的爱国者。"

1　军训职工

日军在1931年"九·一八"事变侵占我国东北以后，又于1933年元月侵占山海关，向长城以南大肆进犯，气焰日益嚣张。南京政府采取不抵抗政策，长城各口相继陷落，华北、晋绥危在旦夕。战争的乌云，浓重地笼罩着中国的北方。到1936年夏天，华北大片国土已经十分危急。孙越崎对局势的严重忧心忡忡。他十分清楚，战争是不可避免的了。

为了准备抵抗日军的南下，孙越崎想到，对中福公司的每一个职员和工人都应该进行军事训练。这也是作为一名中国企业领导人应该负起的责任。

那时，中福公司的员工居住地十分分散，不大容易集中起来。孙越崎考虑，既不能影响生产，又要方便下属的生活，军训就采取了分别进行的办法。他把全体员工分成三个大单位：焦作总公司、李河东矿、王封西矿。三个单位各自组织军事训练。

日本人南侵的地盘不断扩大，大家心里都对未来的战争存着警戒，军事训练进行得很认真。根据孙越崎的意见，这次训练是按正规军队的要求安排的：发了真枪，发了军装。军装的左前胸佩有一小块布符，写着各自的职务、姓名和编号。教官由矿警队的队长或分队长担任，除了星期天以外，每天都有正规的操练。

每天早上，所有的人都要穿好军装，戴好军帽，绑好裹腿，然后到矿警队去取枪。六时整，荷枪进入操场，风雨无阻。集合以后，鼓乐齐奏，升国旗，唱国歌，激发和培养员工的爱国主义精神。

矿上有10名年过60岁的老员工，他们也很有积极性，每天早上都到操场来参加升旗仪式。孙越崎嘱咐他们不要参加其他的操练。

训练的内容最初是列队、看齐、齐步走，后来有瞄准、射击、拼刺刀等各种战术动作。每天早上军事训练一个小时，升旗仪式之后，全体人员依次到西矿来回走一次，7点钟训练完毕，员工回家吃饭，8点钟上班。

孙越崎参加的是总公司的军训。他每天早上在6点钟以前到达操场督操，点名查人。点名之后，他也作为普通职员接受军训。

军事训练期间，全矿到处是绿色军装。有一次省主席刘峙来到矿上，见到这样的景象，就和孙越崎开了句玩笑："你们成了假军队了。"

孙越崎没有笑，很严肃地回答："日本人万一再南侵占领了新乡，断了我们的退路，那时怎么办？我是为那时上太行山打游击在做准备。"

经过几个月的训练，全矿员工的组织性和应战能力都大大增强。到这一年的10月10日，利用休假，举行了一次军事演习，有驻防军队、焦作市警察、中福公司矿警队和中福公司军训的员工参加。演习的前一天，打电报请洛阳航空队届时派一架飞机到焦作上空做空袭演习。要求凡中福公司员工、焦作工学院师生、各机关职员和市民一律到郊外指定地点躲藏，并派出警车巡视是否有掉以轻心或拒不执行者。

中福公司操场的一角搭起了一个小木房子，用来作中弹着火以后的灭火演习。中福公司医院的轻伤号都用担架抬到树林中，由穿白衣服的医务人员作演习救护。

第二天上午11点整，洛阳航空队的飞机准时来到焦作上空，警报声四起，飞机投下了长方形的小包代替炸弹。操场上，焦作工学院的学生10人一簇，头部聚在中央，从上往下看，伪装得很像一个个坟头。

听到警报以后，孙越崎带着王仪孟和两个孩子，也和大家一起往郊外指定的地点去隐蔽。路很远，又是坑坑洼洼的，王仪孟领着孩子走得十分艰难，不免埋怨："这真叫庸人自扰。"孙越崎劝说："不要怨，将来会有人死在日本人的炸弹之下的。"

飞机离开后，警报解除，大家回到家中，各路巡视的警车回来报告说，各处人员的秩序都很好，大家的态度也都很认真，演习非常成功。

中福公司军事训练从1936年7月起至1937年秋，一共持续了一年多。军事训练之前，孙越崎还有些担心，不知道这样做会不会妨碍生产。一年的实践证明，军事训练提高了全体员工的军事素质，这对生产反倒起了促进作用。这个始料不及的成果使孙越崎做事的信心更强了。

2 力排众议

1937年7月，卢沟桥事变发生，中日战争全面爆发。焦作地处中原，日军占领华北之后，中原地区面临着日本飞机轰炸的危险，而且日本军队不可一世，还将大举南侵。

孙越崎想，光是军训怕已经不行了，上太行山打游击不可行，中原怕也守不住，怎么办呢？有一天读报纸，看到政府号召沿海工厂拆迁到内地的消息。他想：中福为什么不可以也这么做呢？

为了支持长期抗战，孙越崎下决心把中福公司在焦作的设备全部拆迁到大后方去。

孙越崎办事一向很有魄力，决心一下就动手去做，工人在他的指挥之下开始拆卸矿山的机器。拆运的第一个目的地暂时定为湖南。

正在孙越崎组织矿上的员工开始拆卸各种机器设备的时候，中福公司的一些董事坐不住了。有一天，中原公司的四位董事刘燧昌、胡石青、杜扶东、周树声一同来到孙越崎的办公室，非常严肃地对孙越崎说："我们听说您在拆迁机器去湖南，这可是我们河南的财产，您不能把它们拆走。"

由于孙越崎整理中福煤矿成绩卓著，所以他和董事们的关系通常都是彼此敬重坦诚相待的。听了董事们直截了当的话，孙越崎也没有再绕弯子，开诚布公地说："咱们的煤矿地处中原，而中原一向是四战之地。以前这里打仗多是内战，如前几年的蒋桂冯阎大战。不管谁胜利，派谁来当主席，矿山都在我们中国人手里。可是这次不同，是日本帝国主义侵略我们，非内战可比。我想过很久，分析了我们的处境，认为敌人打来了，有这样三条路：第一条是不拆不迁，那么矿上的设备敌人可以用，我们不能用；第二条是把矿上的设备完全破坏掉，这样是敌人不能用，我们也不能用；第三条是把井上井下的机器设备全部拆走，这样做的结果是敌人不能用而我们能用。"

见几个人有些活动，孙越崎又说："拆走的机器设备产权仍然是你们的，拆迁到后方以后，找矿、安装、重新生产这些事全部由我来负责，新开矿以后所得的利润全部分给你们。"

四位董事听了孙越崎这样的条分缕析以后，心里对拆迁设备虽然有些舍不得，也很不放心，但相比之下，毕竟三条路中的确只有第三条最可行，也就勉强同意了。

可是福公司方面不同意，福公司的总代表贝尔对孙越崎说："英国与日本是友邦，日本人来了，不会损害我们英国人的利益，所以我们不同意把机器设备运到湖南去。"

孙越崎态度很坚决，一点儿也不客气地对贝尔说："日本人是你们的友邦，却是我们中国的敌人。我们是一定要拆迁的，决不能把这些东西留给我们的敌人！我们怎么能让日本人用我们的设备，生产出煤炭帮助他们的军队打中国人呢？"贝尔听了无话可说。过了几天，他对孙越崎说："我又请示了伦敦董事会，他们同意我们和你们一起走，机器设备都由你们处理。"

事情并未完结。

河南省国民党党部与焦作市国民党党部过去曾向中福煤矿要钱，遭到孙越崎的拒绝，便与孙越崎有了矛盾。他们见到中福公司要拆迁，一下子像抓到了什么把柄，串通一气，向冯玉祥将军设在新乡的第六战区司令长官署军法处控告孙越崎，说他拆迁中福公司设备器材，准备疏散家属，动摇军心，实有汉奸之嫌，请予逮捕法办。

新乡的这个军法处马上通知了设在新乡的中福公司办事处处长陈祥俊，命令他转告中福公司，限孙越崎次日自己去新乡投案自首。否则就派人到焦作去逮捕他。

孙越崎接到通知后，找来会计科科长张兹闿和业务科科长都橶周商谈，决定第二天亲自去军法处说明情况。张、都二人为他捏一把汗。孙越崎理解他们的好意，说："如果我被扣押回不来了，矿上的事就拜托二位。"

三人彻夜未眠，一条一条地写出万一孙越崎回不来矿上应该办的各种事情和处理办法，并且决定，张兹闿留守矿区，都橶周跟孙越崎去新乡，以便把情况随时向家里报告。

孙越崎虽然知道此行大有回不来的危险，却没有回家去与家人告别。这时，他的小儿子刚刚出生不久，他知道王仪孟胆子小，不愿意让她在月子里为自己担惊受怕。

第二天一大早，孙越崎和都橶周到了新乡。两人来到军法处门口，孙越崎嘱咐都橶周："我先一个人进去，如果时间很久还不见人出来，你就马上回矿上去想办法。"

孙越崎一个人进了军法处，坐在客房里等了很长时间，军法处处长才出来相见。孙越崎没等他发话，就先把自己的名片递了过去。那位处长将名片轻蔑地扫了一眼，本想扔到一边，但似乎发现了什么，原来上面印着"军事委员会同少将专员"的官职。他立即态度大变，趋步上前，满脸笑容，十分客气地说："原来我们是一家人，误会，误会。"一边说，一边也掏出自己的名片递过来。孙越崎接过名片一看，上面印的也是"军事委员会同少将专员冉××"。看过以后孙越崎说："昨天接到电话，今天特来投案，不知道发生了什么问题，请冉处长明示。"冉处长很和气地说："请等一等，我去把案卷拿来给您看看，您就明白了。"

过了一会儿，冉处长果然拿来一份卷宗，翻开给孙越崎看，上面写的是河南省党部和焦作市党部控告孙越崎动摇人心，有汉奸之嫌。

孙越崎把党部平时向煤矿要钱未能如愿，所以对自己不满的经过和原因如实地告诉了冉处长，同时也把自己前不久对中福中外公司董事说过的那一番话又对冉处长说了一遍。说明煤矿拆迁是破釜沉舟、抗日到底的大事，把中福公司的机器设备拆走不但不是汉奸行为，反而是抗日的壮举，况且异地生产、支援抗战正是国民政府提倡的。

冉处长听了孙越崎的这番话大为赞赏，连声说："这样做是对的，你们拆机器没有错，我支持你们。"

孙越崎看到冉处长的这种态度，乘机把矿上要做的事情全部讲出来，请冉处长支持。他说："我们下一步还有几件事要做，一、很快要把家属疏散到汉口等地；二、煤矿生产不久就要停工，每一名员工拟发三个月的工资作为遣散费，工人每人最少可以得到100多元；三、机器设备照常拆运；四、在新乡被日本人占领之前，职员技工不离矿区。你看我们想到的这几条如何？还有什么考虑不周之处？"

冉处长点头完全同意，并且建议孙越崎把停产计划先给军法处一份，以便大家都主动。

与冉处长谈话以后孙越崎很自然地离开了军法处，当天晚上就和都樾周一同返回焦作，他还不知道他去新乡以后焦作发生的事情。

那天一早孙越崎和都樾周离开焦作以后，焦作市党部以为他们告状告准了，就派人到处散布谣言，说孙越崎拆迁煤矿的机器，想当汉奸，已经被冯玉祥抓到新乡枪毙了。那时是战时，很乱，不少人就相信了。

那一天正好是孙越崎的小儿子孙大武满月，矿上有些人去孙越崎的家里看望。王仪孟并不知道外面的那些谣言，她看到一些朋友的脸色有些不对，还听到有人看着她的小儿子很惋惜地说："多可怜呀，才一个月就成了没有爹爹的孩子！"可她不明白他们的话是什么意思，也没有多想，当时她连丈夫到新乡去都不知道，还以为为矿上事忙呢。

孙越崎从新乡回到焦作才听到这些谣言，为了安定人心，使拆迁工作能顺利地进行，第二天一早，他就到焦作市里大摇大摆地走了一圈。让人们看看，他是不是被枪毙了。孙越崎这样一走，市党部的谣言不攻自破了。

3 万吨设备万里行

1937年的下半年，日军大举南侵，国民党军队节节败退，到处一片混乱，逃难的人群洪水般地向后方涌动，国民政府还动员了沿海许多企业西迁。在这样的情形下，中福公司的机器设备拆迁的困难是可想而知的。

在孙越崎开始往汉口运输中福公司的设备的时候，保定、石家庄、邢台等地已经先后失守，经过新乡车站南下的火车上都是逃难的人，连车顶上也坐满了人。在新乡根本无法上车，秩序之混乱，人群之恐慌，真是难以言表。孙越崎实在无法，只得打电话给郑州车务段段长，请求派一辆客车直达焦作，来把煤矿的家属先接走，直接送到汉口。王仪孟带着孩子也坐那辆火车离开焦作去了汉口。

孙越崎留在煤矿指挥拆运机器。当日军打到卫辉、淇县、汲县一带的时候，他才赶到车站，从火车的车窗里爬进车，离开焦作到了郑州。过了两天，在郑州看到日本军队并没有再往前开进，就大着胆子又回到焦作。

他惦记着矿上的事，一到焦作马上去了王封矿，一些还没有撤离的工人见到总经理来了都围过来，孙越崎看到工人们心里很不是滋味。他来到中福公司快三年了，三年来他与工人们朝夕相处同甘苦共患难，对矿山的一草一木、一砖一瓦都有深厚情感，这些都是自己和工人们日夜辛劳建起来的，如今却要用自己的手把它们拆掉。真是百感交集！

孙越崎指着尚未完工的工人宿舍，对工人们说："这些房子，本来再有几个月就可以分给你们一家一家地住进去了。现在停工了，这是什么原因呢？"

工人们说："日本鬼子打来了嘛！"

孙越崎接着说："是的，就是日本鬼子不让我们安居乐业。请你们放心，我们中国人一定会把日本鬼子打败的，我们是不会亡国的，胜利以后，大家一定会住上更好的房子。"工人们听了总经理的话大受鼓舞，都鼓起掌来，原来低落的情绪也高涨了许多。

孙越崎一面给工人们鼓劲儿，一面禁不住思绪万千：要离开这片矿山，离开自己苦心经营、日见昌盛的这样一个大矿，他的心情确实很沉重。在这

个多年不能复苏的烂摊子上,他和员工们一起创造了一片繁荣,现在却被拆成一片废墟,战争是多么可恨!对于孙越崎这样一位一心想着国家经济建设、投身工矿业的人,多么希望能有一个和平的环境,供他一展才干,得现宏图。

1938年刚过春节,他把已经拆运第一批机器到汉口的以张莘夫为首的拆迁队又调回焦作,来拆运第二批机器。他自己和都樾周一同到郑州,在那里与车务段联系,只要焦作拆下的机器够装满一列车了,郑州车务段即派车前去装运。

郑州车务段的陈段长和孙越崎是朋友。当时日本飞机天天飞临郑州轰炸,设在郑州的中福公司办事处就在火车站附近,十分危险。每天飞机飞过的时候,大家都提心吊胆的。有一天早上,陈段长给孙越崎打来电话,说今天的飞机特别多,恐怕要出事。你赶快出去躲躲。孙越崎放下电话就从办事处跑出去。到了一片野地,穿着皮袄,戴着棉帽子,坐在一个土坑里。刚坐下就听见日本飞机往市里扔炸弹,爆炸声就在火车站一带。事后孙越崎回到市里,见火车站被炸得面目全非,车厢被炸穿,人员死伤惨重。他连忙去找都樾周。都樾周从一个圆形的木棚子下钻出来,第一句话就是:"我这才知道什么叫'空气紧张',炸弹爆炸掀起的气浪可真厉害!"两人总算幸免于难。

因为有孙越崎和都樾周在郑州联系列车,使设备的运输有了保障,所以张莘夫带领的拆运队在焦作的拆运进度很快,第二批拆迁的设备比第一批还要多。不久,中福公司的设备就全部拆装完毕。非常巧,日军南下新乡时,中福公司拆运机器的最后一列车刚刚通过新乡。日本人占领焦作中福煤矿以后,得到的是一座空矿。

中福公司这最后一批设备抢运出来真是不容易。当时,为了阻止日本军队乘火车南侵,中国当局决定炸毁郑州的黄河大铁桥。奉命前往炸桥的部队已经开上了大桥,正准备动手,而这时中福公司从焦作拆运出来的最后一列车设备还没有到达郑州,如果这时大桥被炸断,那一车设备就不可能再运出来了。孙越崎听说即将炸桥的消息,急得不得了,赶忙去找炸桥部队协商。他力陈己见,向部队说明,这批矿山设备运到后方以后,要再建新矿,生产煤炭，对于支援抗战有着十分重要的意义。炸桥部队终于被说服，同意了"缓炸"。后来装运中福公司的设备的列车通过大桥之后，黄河铁桥立即被炸毁。孙越崎看着被炸断的大铁桥，又想起了被自己亲手拆成废墟的煤矿，心里充满了悲愤。

抗日战争期间，从沿海往内地拆迁的工厂有452家、机器设备12万吨，中福公司为煤矿中唯一的一家，共拆迁设备7457吨，对发展大后方的工业、支援抗战起了重要的作用。

4 孙卢相会

1938年春天，往内地迁移的各厂，在敌机轰炸、交通混乱的情况下，历经千辛万苦，陆陆续续到达了中转站武汉，由全国各地迁到武汉的厂矿占了当时内迁厂矿的三分之一以上，面临着何去何从的问题。政府从南京撤退以后，武汉成为全国军事政治中心，后方水陆交通枢纽，铁路与长江的运输十分紧张，物资土地需求浩繁，地价物价猛涨，战时成立的工矿调整处曾经选择了武昌、洪山一带作为工厂复建基地，遭到当地地主的刁难，煽动农民抗拒，迟迟不能成交。

正在汉口养病的四川省政府主席刘湘看到了这种情况，便争取滞留在武汉处于两难之中的厂矿迁入四川，并表示在运输、厂址、电力、劳工、原材料、销路、金融、捐税等方面给予方便和优惠。

四川的这一态度在武汉引起了强烈反响，滞留武汉的各厂、矿纷纷报名迁往四川。工矿调整处当即派人到重庆及四川各地，为企业迁川作安排。在那一年10月武汉陷落之前，内迁的重心已经转移到了四川。

在大批厂矿迁川之前，孙越崎带着焦作煤矿第一批拆迁出来的机器设备到了湖南的湘潭煤矿。在那里很快开始生产，由汤子珍任矿长、张莘夫管运输。

在湘潭过了大约半年，遇到了很多扎手困难，矿上的很多人都跑了，煤矿没法办下去。孙越崎便决定，用船将煤矿的设备从湘江运到汉口，这时的武汉已经是拥挤不堪了。不久，他们从焦作抢运出来的第二批机器设备也到

卢作孚（1893—1952年），孙越崎挚友，20世纪20年代至40年代中国杰出实业家、抗日战争功臣

了汉口。全部机器设备都存在丹水池煤场。

到汉口不久的一天，孙越崎在翁文灏的家里遇见了卢作孚。

卢作孚生于1893年4月，与孙越崎同年。1925年，卢作孚创办民生公司，以一只70吨的小轮船开创了航运事业。经过几年的惨淡经营，终至船舶增加，航线延伸。民生公司崛起于长江，争雄于列强，打破了外国垄断长江航运的局面。20世纪50年代中期，毛泽东谈到中国工交事业的发展时曾经说过：有四个人不能忘记，讲重工业不能忘记张之洞，讲轻工业不能忘记张謇，讲化学工业不能忘记范旭东，讲交通运输不能忘记卢作孚。

抗战爆发那一年，卢作孚正任四川省建设厅厅长，接到国民政府的通知，要他到南京帮助草拟抗日战争总动员计划，后来又组织了南京政府向武汉的大撤退。南京危在旦夕时，卢作孚不顾个人安危，直到最后一批人员和物资运离以后，他才前往武汉。到武汉不久，国民政府任命卢作孚为交通部次长。

上海、南京沦陷以后，长江下游的轮船大多开到了武汉，民生公司的重心也移到了武汉，开始了极其紧张的抢运工作。在武汉抢运撤退物资和人员的同时，民生公司还全力帮助那些无力搬迁的工厂迁到四川去重建。

在翁文灏家里，孙越崎与卢作孚交谈起来。两人都是注重实干、不尚空谈，因此甚感意气相投。国难当头，话题很自然地谈到战区各类工厂的内迁、内迁工厂和川江轮船运输缺乏煤炭等问题。孙越崎提到："我们从焦作迁来的煤矿设备堆放在汉口丹水池煤场，大约有七八千吨，没有力量迁川。我现在正无计可施。"卢作孚一听，马上有了想法，他对孙越崎说："我负责尽快把你们的设备运到重庆，我们合办天府煤矿如何？"

孙越崎一听连声说好："中福公司的技术人员现在也都在武汉等着迁川，

办新矿一定没有问题,很快就能解决民生公司的燃料问题。"卢作孚闻之大喜,当场就拍板做了决定:中福与天府合作,由民生公司负责运输中福公司的人员机器设备等到重庆北碚,改建、扩建天府煤矿,以提高产量满足战时后方对燃料的急需。孙越崎说:"你当董事长,我作总经理。"

合作办矿这么重大的问题,两人只商谈了五分钟,也没来得及和双方董事会商量,就一言为定。从这里可以看到孙、卢两人性格的共同点:果断、真诚。初次见面,因有"倾盖如故"之感,便能竭诚合作,共赴国难。

在武汉期间,孙越崎还遇到了在复旦公学和北洋大学两次同学的曾养甫。曾养甫这时已经是国民党中央委员。那时国民党中央有一个规定,为了抗战,每个中央委员必须介绍一位有名望的人士加入国民党。曾养甫见了孙越崎,马上劝说这位老同学参加国民党。孙越崎一向对党派没有兴趣,前一阵,在焦作又刚刚被国民党市党部诬陷过,所以对国民党有些反感。但是这次曾养甫以抗日为由,他也就同意了。他在武汉加入国民党,后来却没有把关系转到重庆,很多年里,既没有参加过党的活动,也没有交过党费,直到1945年,国民党第六次代表大会上,被选为工矿特别党部代表,才补交了7年的党费。在那次大会上,翁文灏被选为中央委员,孙越崎和钱昌照被选为候补中央委员。1949年,孙越崎因为率领资源委员会留在大陆,被蒋介石下令通缉并开除了党籍。

战时的运输任务急如星火,一旦物资运不出去,就有资敌的危险。汉口沦陷以后,在宜昌这座不大的城市里,拥挤着从下游撤退来的三万多厂矿人员和难民。在沿江两岸的码头上,乱七八糟地堆满了九万吨以上的物资,中福人员和设备也在其中。几乎全中国的兵工业、航空工业、重工业和轻工业的家底,都集中在这里了,一旦遭到损失,后果不堪设想。日军正在推进,形势十分危急。然而川江天险,滩多浪急,加上宜昌以上只能行驶小轮船,运输量很小,枯水季节又要来临,大家都争相抢运,码头上十分混乱。卢作孚先生知难而进,坐镇宜昌,亲自调度督运。那时,敌机每天都在宜昌上空盘旋骚扰,严重影响运输的时效,孙越崎除了几次去催卢作孚想办法之外,自己也只能是困坐危城、束手无策。

幸好卢作孚想出了一个办法：撤退物资由直运重庆改为分段运输，先将物资运进三峡各地，借地利以为屏障，即使日军侵占了宜昌，也不会有大的损失，以后再把物资疏运出去。

就这样，大约40天后，战时运输最紧张的"宜昌大撤退"宣告结束。宜昌在沦陷时，已是空城一座。

5 披荆斩棘改造"天府"

1938年的重庆已经发生了很大的变化，这时候，国民政府的机关都迁来了，重庆成为战时中国的"陪都"，也自然成为战时中国的政治、经济、军事、文化中心。从全国沦陷区各地迁来的一些兵工厂和民用工厂云集山城，城里人口骤增，新开了许多学校、商店，过去寂静的山城显得热闹了许多。重庆附近的郊区农村也被带动了起来。随之而来的就是对燃料需求的骤增，煤炭业的发展急不可待。当时国民政府的经济部和资源委员会都十分重视解决陪都的燃料问题。山城百里之外的北碚原有悠久的采煤历史，小煤矿众多，那里遂成为大后方的煤炭基地。

在武汉与卢作孚商定合作扩建天府煤矿之后不久，孙越崎就一个人前往重庆，只身来到北碚附近的后峰岩。这里即是卢作孚任董事长的天府煤矿。天府煤矿公司的协理黄云龙陪着孙越崎在全矿作了一次详细的调查。天府煤矿当时有三个比较大的平洞，孙越崎到每一个平洞都察看了采煤的情况。他看到，上山的煤已经采完，全靠采下山的煤。这里的生产水平相当落后，采掘全用手工，工人做工的条件非常艰苦，煤都是工人从下山背出来的。孙越崎在井边见到，工人背着装满了煤的十分沉重的竹篓子，两手抓住成"其"字形的梯子，一步一步地往上爬，满身满脸都是煤灰和汗痕，浑身上下只有两只眼睛的眼白是白色的。矿井抽水也是用人工。工人用一根长约一丈的竹竿，把竹节打通，一丈远有一个水池子，一丈远站一名工人，拿着竹竿连续地抽水。劳动强度非常大，加上平洞里面通风很差，温度相当高，工人都是裸体。工人把煤背到井口之后，一身大汗，一经洞口的凉风吹，很容易生病。矿上安全设备又差，所以工人死亡率相当高。

孙越崎看过很多煤矿，条件如此差的，还是第一次见到。望着工人几乎是在做着非人的劳作，他不禁一阵心酸。随后，他又察看了这座煤矿的地质状况。天府煤矿的三个大平洞都是弯曲不直的，改造的难度很大。但同时他又发现这座老矿也有它的三个优势：一、这里有一条17公里长的20磅钢轨轻便铁路，可以行走5吨重的煤车，煤可以从矿区直达嘉陵江边；二、后峰岩的煤层较厚，可供开采的煤有两层，一层厚两至三米，另一层厚一米多，储藏量很丰富；三、从这里到嘉陵江运到重庆，不足100公里，运输十分便利。

对于天府煤矿的优势和劣势都了解清楚之后，孙越崎作了一番比较，结果发现优势大于劣势，如用中福的设备和技术来改造天府，还是可以把这个矿办好的。这样，他就更有决心与天府合办煤矿了。

在民生公司的大力支持下，中福公司的七八千吨煤矿设备终于安全地运到了重庆。设备一到，孙越崎就开始了从根本上改造天府煤矿的种种努力。他先组织人员作出一份初步的规划，把总办事处、电厂、机修厂都设在后峰岩，这样工作起来比较方便。派中福公司李河煤矿的矿长张莘夫为天府煤矿的矿长，同时组织合办天府煤业公司，由卢作孚担任合办公司的董事长、孙越崎担任总经理。他们商定合办资金为150万元，老天府煤矿公司以矿权和铁路为股本，中福公司以器材和现款为股本，双方各半。原川方股东一律转为新公司的股东，民生轮船公司因为是用煤大户，所以参加天府煤矿入股。

1938年翁文灏担任了经济部部长，成立了"工矿调整处"，管理和协助内迁企业的重建。翁文灏兼资源委员会委员长和实权很大的"工矿调整处处长"；1944年，又兼任了战时生产局局长，工矿调整处并入战时生产局，由该局统管全国军民工业生产。

那年的3月，翁文灏以工矿调整处处长的身份出面促成四川天府煤矿与河南中福煤矿公司合并，两个月后正式成立了"天府矿业股份有限公司"。

新公司成立以后，孙越崎很快着手改造老矿。后峰岩大平洞要截弯取直，又要扩大开高，改建成为能够运行双轨煤车的大巷，改造的工程长达

重庆天府煤矿峰厂平洞

350米。在原来的平洞里，有些地方的洞帮要做充填，有些地方的洞帮要进一步开凿。施工的时候，还要为采煤运输让出通道，很是艰难。另一项工程与此同时动工，即开凿下山运煤的斜井，按照设计，每一巷道的间距是50米，施工的土方量也是很大。

工人们背煤的身影给孙越崎留下了心酸的记忆，所以在改造老平洞的工程时，不论投资多大，孙越崎也要把现有的工作环境加以改善。平洞通风设备是首当其冲要改变的。孙越崎作出的方案是，在平洞的水沟上，用竹篾、木板和泥土，做好一个小洞，往里打风，再由平洞回风。后来，风洞凿通，又装上了风扇，才使平洞由出风改为进风，洞内空气流动起来，不再那么闷得人透不过气来，工人的劳动条件得到了较大的改善。

这一年的10月，天府煤矿建成了第一个发电厂，为采用动力机械，提高生产效率和矿山扩建创造了有利条件。后来又建造了第二个发电厂。

这几项较大的工程几乎都要从头做起，费时费力也占资金。这样一来，在合办一年以后，天府煤矿的产量并没有增加，人们看到从井下出来的净是石头，就连民生公司的燃煤也不能按时供应。面对这种局面，一些股东就有些不满意了，有人开始抱怨说："天府在开石头矿，不是在开煤矿。"

卢作孚听到这些话，并没有盲目从众。但他也感到不大托底，觉得有必要到天府煤矿去看看实际情况到底如何，于是便独自一人来到煤矿考察。对于开矿，他虽然不是内行，但一看就明白了，孙越崎这些举措并非急功近利，而是在做"披荆斩棘"的开拓。经过这样从根本上的改造，煤矿才会有大发展的基础，将来才会有好的前途。更何况，当时孙越崎所上马的这几项工程，使用的现款都是中福公司的资金，并没有使用天府煤矿的一分钱。

回到重庆以后，卢作孚力排众议，对心存疑虑的川方股东们说："孙总经理并不是在开石头矿，而是在准备开大煤矿。目前虽然出的是石头，但不久就要大量出煤了。孙总经理的做法是百年大计，请大家不要听信流言蜚语，妨碍工作。"卢作孚以自己考察的结果，统一了股东们的认识，使天府煤矿的改造工程进行得很顺利。由此，孙越崎也看出卢作孚遇事有主见，敢负责，能识人，也能办事，因此对这位新结交的朋友更多了几分尊敬。经过这一次，他们两人合作得更为融洽了，这也是天府煤矿后来取得成功的重要原因之一。

经过大规模的改造，天府煤矿成了一个新型大矿，生产水平迅速提高，年产量达到 50 万吨。这个数量相当于重庆附近几百个小煤窑的年产量，占了重庆地区全年供煤量的一半左右，不但民生公司航运用煤不再成问题，而且还满足了全市工业、交通和市民的用煤，有力地支援了抗战。

到了 1943 年，抗日战争前方军火消耗猛增，大后方的一些工厂开足马力拼命生产，钢铁厂、兵工厂都是用煤大户，煤炭生产压力很大。首当其冲的天府煤矿这时经过艰苦努力，第二期改造工程相继完成，新筑铁路 7.8 公里，新造煤车 48 辆。这一年还实行了"增产增运工程计划"。同年 10 月，中国第一部自制的火车头在天府机修厂诞生，投入北川铁路运行。当时经济部部长翁文灏盛赞其为："开创中国机械制造之先驱"。这是天府在战时对中国发展动力机械设备的重大贡献。

在孙越崎的指挥下，河南、湖南来的员工与四川本地员工八千多人团结一致，发挥潜力，使煤产量大增，那一年天府产煤供应市场的覆盖率从 50% 一下提高到 60% 以上。由于天府煤矿奋力增产，对抗日大业成绩卓著，因而获得了国民政府经济部、最高国防委员会的奖状，也被全国工作竞赛委员会评选为先进单位。

1945 年抗战胜利的时候，天府煤矿已经有了很大的规模，当时有了发电厂、机修厂、造船厂、炼焦厂、水泥厂等，拥有煤船 283 艘、矿山铁路 16.5 公里、火车头 8 辆、煤车 116 辆。重庆及川内大型企业的用煤，几乎被天府独占，成为中国西南最大的煤矿。

时至今日，天府煤矿已改名为重庆天府矿业有限责任公司，仍是四川重庆最重要的能源生产基地之一，年产能力约215万吨。

在抗战期间，北碚因煤炭业的发展而名声大振，爱国将领、政府要员、外国使节、民众团体、海外华侨等都常到天府参观，很多新闻机构如中华电影制片厂、新华日报、大众日报、商务日报、国民公报等也都派人采访，向全国、全世界宣传这里的煤矿在抗战中的业绩和爱国精神。

20世纪40年代，孙越崎在重庆天府煤矿与同仁、家人合影（前排左起为矿长程宗阳、张兹闿、孙叔涵、孙蔚我、王仪孟、孙越崎）

6　一矿变四矿

天府煤矿是中福公司在四川与当地合办的第一个煤矿。在天府煤矿的改造基本完成以后，孙越崎又着手合办了第二个煤矿，即犍为县的嘉阳煤矿。那里原来是资源委员会的矿区，但因实力有限，一直没有开发。矿区经过探查，是侏罗纪煤，只有一层煤，大约半米厚，资源不算丰富。旁边原有一个民营小矿，往外运煤只有一条出路，再要开嘉阳煤矿就得另想办法。这样就由中福煤矿公司、民生公司和当地的一位绅士——重庆银行家宁芷村三方合作，开发嘉阳煤矿，合资120万元。自修了一条小铁路，先把煤运到马边河，再用船运到犍为县，然后沿岷江销到嘉定、成都、宜宾、泸州等地，年产20万吨左右。

孙越崎入川后进军的第三个煤矿是威远煤矿。这个矿在威远县的黄荆沟，是四川盐务局的矿区，矿长叫郭象豫。孙越崎到那里的时候，这个矿还没有正式开发。孙越崎代表中福公司与盐务局、资源委员会协商，决定由三方合办。这里的矿也是侏罗纪煤，煤层不厚，年产也只有10万吨左右，专供自流井、贡井煮盐、资中糖厂和酒厂的用煤。

中福公司在四川合办的第四个煤矿是隆昌的石燕煤矿。这个矿是与四川省建设厅合办的，矿长是俞物恒。这是一个老矿，和前几个矿一样，也是侏罗纪煤，产煤多销往内江、隆昌一带。石燕煤矿是中福公司在四川合办四个煤矿中产煤最少的一个，年产9万吨。

四矿总计产量90万吨，约占政府管辖区600万吨的15%。

天府、嘉阳、威远、石燕四个煤矿都由孙越崎担任总经理。这四个合办的煤矿办成以后，中福公司从焦作拆迁入川的器材、现款和技术人员就都分配完毕，没有力量再合办其他的煤矿了。另外，从焦作带来的电工、风钻工、机修工等技术工人也都不够用了。孙越崎派人悄悄返回焦作，冒着危险，瞒过日本人，偷偷招聘了数十人到四川，补充这四个煤矿之需。

为了满足四个煤矿对人员的需要，孙越崎大力训练培养四川籍工人，技术人员则从重庆大学、西北工学院、西昌矿业专科学校的毕业生中招聘。经过几年的锻炼，这批人都成长起来，抗战胜利以后，有不少人转入资源委员会，成为煤业方面的专家。新中国成立以后，他们为全国各地煤炭事业的发展做出了一定的贡献。

天府、嘉阳、威远、石燕四个煤矿的总公司同中福公司，都在重庆的一个院子里联合办公。每个公司设会计主任一名，各自管各自的账目、账务。其他如秘书、总务、材料、勤务员等共用一套人马，费用由四矿分摊。这样既可以使机构精简，又可以节省开支，工作的效率很高。孙越崎担任四矿的总经理，但他只在中福煤矿公司一处领取工资，从不在四矿再额外取酬。

孙越崎不是坐办公室的人，他常到四个矿去巡视检查生产情况，哪里出

了问题，他就在哪里就地解决，从不拖延。1939年6月，他还写了《四川之煤矿业》的文章，发表在《中国矿冶工程学会专刊》上。

四矿联合总公司虽然在财务、账目上各自分管，但有时某矿资金紧张，可以向其他资金比较充裕的矿暂时借用，照规定付息。各矿都是有借有还，互通有无，关系融洽，这个办法对各矿周转资金的利用很有好处。

平时，这四个煤矿的矿务、生产、经营、人员调度、内部管理等都由各自的矿长全权处理。当时，这四个矿的矿长都是在国外学过煤矿的留学生，有专业知识，也有丰富的实际经验，工作能力都比较强，孙越崎对他们很放心，所以他在平时并不过于操持具体事务，尤其是到了1941年以后，孙越崎又被资源委员会任命为甘肃油矿局总经理，负责开发距离重庆2500公里之遥的玉门油矿，每年4月到10月期间常驻玉门老君庙，督促领导生产建设，只有冬季回到重庆编制预算，购买器材，四川四矿的事情只有冬季可以料理，而其他时间就多靠电讯指挥联络了。

四个煤矿盈利以后，当年坚决反对中福公司拆迁的董事们，尤其是反对拆迁最激烈的中原公司的创办人胡石青，终于看清楚了：孙总经理的所作所为完全是为了抵抗日本的侵略，同时也完全是为了维护中福公司的利益。由此，他们的思想有了很大转变。这时，孙越崎在重庆请了一次客，客人都是中福公司的董事和他们的工作人员。借这个机会，孙越崎向他们较为详细地汇报了中福公司的器材、技工迁川以后与当地合办四矿的经过和已经盈利的情况。中福公司的董事们听了孙越崎的介绍，更加清楚地认识到抗日战争的长期性，也认识到中福公司拆迁的正确性。席间，胡石青站起来，很诚恳地说："中福是我国在抗战期间唯一迁到四川后方的煤矿，它像母鸡下蛋，在四川合办起了四个煤矿，大力支援了抗日战争。现在才认识到，孙总经理真是一位有远见有魄力的爱国者。"

当年也是坚决反对拆迁的英国福公司总代表贝尔也被事实征服了，对孙越崎说："当年我们如果不跟你们到重庆，今天恐怕就要被关进日本人给我们这些外国人办的山东潍县集中营了。"

孙越崎听了他们的话站起来谦虚地说："衷心地感谢诸位当年能够同意

并支持中福公司的拆迁,感谢全体员工的同心同德和艰苦奋斗,功劳应该属于大家。"他丝毫没有谈及自己的种种辛苦。他当然很清楚中福迁川对支援抗战的重大意义,但他更深知,中福在四川合办这四个煤矿能获得成功,是与卢作孚先生的大力协助分不开的。如果不是民生公司把中福煤矿的机器设备和人员尽快运进四川,并真诚合作,这四个矿绝不会有这样大和这样快的发展。

孙越崎对卢作孚先生的敬佩和感激多年来一直存在心底,后来,终于有了一个表达这种感情的机会:当天府煤矿后峰岩建造的办公大楼落成的时候,孙越崎亲笔为这座楼题名"作孚楼",以向国人昭示卢作孚先生对抗日战争做出的贡献。

抗日战争时期的重庆,虽然是大后方,却也逃不开战争对正常生活秩序的破坏。1938年年初,重庆第一次遭到日本飞机的空袭。此后从1939年到1940年那一段时间,日本飞机经常飞临市区狂轰滥炸。在这种威胁之下,人们很难安心做事。

天府煤矿办公楼——作孚楼

为了人员的安全和工作能够得到保障,孙越崎把四矿总公司员工及其家属都疏散到金刚碑。金刚碑在北碚附近,距离重庆市区大约有80多公里。四矿总公司在金刚碑买了一块山坡地,建起了数十座房子,而孙越崎自己则坚持留在重庆。当时,只有一名蒙古族的勤务员自愿留在他身边工作。他们在市区的宿舍是座两层楼房,日本飞机有好多次在他们的宿舍附近轰炸,那座楼虽然没有被炸中,但是楼顶的瓦片还是有很多被弹片炸碎了,一到天阴下雨就漏得一塌糊涂。孙越崎和那位勤务员总是整夜不能安睡,一次又一次地爬起来,又是搬动床铺,又要找盆接雨水。孙越崎却从不在意这种辛苦,他对那位勤务员说:"我必须以身作则,才能团结全体职工,同心同德,努力工作,使我们的事业蒸蒸日上。"过了一段时间,美国援助的飞机进驻了重庆,日本飞机空袭的次数减少了,重庆市区的秩序恢复了安定,才将四矿总公司迁回重庆,而员工家属们仍留在金刚碑,那里建有小学、医务室、小卖部、防空洞等设施,每到周末,由重庆发班车回金刚碑。

第八章 迎难而上的玉门油矿总经理

台湾前甘肃油矿局老油人联名为孙越崎庆贺百岁寿辰的银质台屏题词："吾公受命于抗日战争艰难之际，开发石油于祁连戈壁之间，排众疑，闯万难，卒成事功，为我国石油工业开创新猷。其丰功，其伟业，实足以当之。"

1 500万美元经费

1940年8月，孙越崎和资源委员会副委员长钱昌照等，从重庆坐飞机来到嘉峪关，转乘汽车去玉门，了解甘肃油矿筹备处的工作，研究玉门油矿今后的发展。

几个人先听取了油矿筹备处主任严爽的汇报，然后来到井场。

孙越崎和井场上的人打了招呼，便走到1井跟前对地质师孙健初说："咱们这里也装上采油树了？"孙健初回答："是今年5月装上的。"孙越崎一边摸着设备，一边说："这东西我还是前些年在美国见

1939年，甘肃玉门老君庙1井

过，在咱们这里也算是新式武器了。"说完孙越崎又对身边的工程师翁文波说："使用怎么样？"翁文波说："一切正常。"

孙越崎又问了一些话，这时站在旁边的钱昌照说："咱们再去看看炼油厂。"一边说，一边裹了裹衣服。孙越崎见了笑了笑说："钱先生受不了啦？现在刚8月，还暖和着呢，10月以后才冷呢！你没听说'胡天八月即飞雪'。阴历八月也就是10月。"说完几个人又去看了炼油厂。

孙越崎用几天时间把玉门油矿认真地察看了一番，白天转现场，晚上找人说话或看资料。一天，钱昌照问他："孙先生，你是行家，觉得这里的前景如何？"

孙越崎回答："我看这里有发展。一是有油。去年产了400多吨，今年估计产1300吨左右，实际比这还多。由于设备落后，许多油都流失了。不仅如此，据地质资料分析，玉门油矿不仅有现在的K层，还可能有更大的油层，真正的高产井我们可能还没打到。搞油就怕没油，有油一切都好办。"钱昌照插话："你看这里的环境这么差，一切简直处在原始状态，吃喝都是问题。"孙越崎说："我昨天查看了水源，又到油矿附近的赤金、酒泉看了看，水和吃的问题不大，不过运输的确困难。"停了停孙越崎又说："只要决心大，也不怕解决不了。"他继续往下说："二是有一批懂石油不怕艰苦的人。严爽你知道，原是陕北油矿勘探处代处长，后来又去美国学过；还有孙健初，是地质家，对玉门的地质情况最清楚；靳锡庚，是测量技术员，他们三人是最早从酒泉骑骆驼来这里的。翁文波，地球物理工程师，大学教授，翁先生的堂弟；董蔚翘，在延长就跟着我。三是有你和翁先生的支持。"钱昌照说："主要是翁先生。"孙越崎继续说："有此三条，再有一个好的领导，有钱，知难而进，力排万难，玉门油田开发一定大有希望！"

钱昌照高兴地说："那就这么定了，你去搞一个初步的发展计划。"孙越崎就与严爽、孙健初、翁文波、董蔚翘等几人一同商量，考虑到油矿当时的实际情况和将来的发展，草拟了一份比较积极的计划。钱昌照看了表示满意。孙越崎对钱昌照说："照我们这份计划，需要一亿二千万国（法）币（约合500万美元），恐怕政府很难批准。"

钱昌照很有信心地说："此事由我来负责。"

他们一行回到重庆，钱昌照把这份计划交给了经济部部长翁文灏。翁文灏看后也很支持，于是就上报了行政院。

果然，孙越崎的担心是有道理的，这份计划和预算一拿到行政院会议上，就遭到孔祥熙、陈果夫、朱家骅等人的极力反对。在会上，孔祥熙叫蒋廷黻（当时的行政院秘书长）提出由招商局承办，并且通过了决议。后来，经过多方协商，在一次国防最高委员会国防工业会议上，钱昌照再一次提出开发玉门石油的问题。当时他很气愤地说："中国如果是一个上轨道的国家，在抗战以前，这样的矿早就该开发了。时至今日，再不开发，太不像话了。请大家好好审议，立即决定。"

钱昌照一说完，教育部部长朱家骅首先起来反对。他说："我兼管文化工作，前不久曾经去敦煌视察过，回程时路过玉门，顺便到油矿看了一下。在那块草木不生的荒野戈壁上，要开油矿，生产汽油，在抗战期间肯定是用不上的。现在外汇这样紧缺，有限的美元应该用来购买兵工器材，不应该用在开发石油上。"会上多数人认为朱家骅留学德国，又是学地质的，一定讲得有道理。继朱家骅之后，陈果夫也表示反对开发玉门油矿。随后，财政部的次长徐堪起来附和。

行政院副院长兼财政部部长孔祥熙没有出席那个会。当时翁文灏见到会上的意见一边倒，再说什么也没有用，一言不发。

散会以后，翁文灏找了孙越崎，讲了会上的意见。孙越崎听了有些失望。翁文灏说："会上解决不了的事情，就要靠会下去想办法。我同你去见孔祥熙，向他说明这份计划是你做的，你多向他说几句好话，大约还可以成功。"

两人商量好了就一起到了孔府，孔祥熙在客厅里接待了他们。翁文灏坐在孔祥熙的对面，孙越崎坐在孔祥熙的旁边。翁文灏先向孔祥熙介绍说："开发玉门的计划和预算是孙先生做的，请孙先生向院长报告一下经过情况。"

孙越崎把开发玉门油矿的计划简单地说了一遍，然后说："这是功在千秋的事情，院长批准了，历史会记下您一笔。"最后说："现在主要的难题是要

解决 500 万美元的经费，如果院长批准，我们决不浪费一分钱。可以请翁部长监督。"

许是"历史会记下您一笔"的话打动了他，孔祥熙笑着说："那好，就请翁部长监督。"接着说："我看翁部长要你去开发玉门石油，很合适，我也很同意。"这是因为孔祥熙曾视察过天府煤矿，并留下很好的印象。孙越崎起身说："谢谢院长。"说完就与翁文灏一起告辞出了孔府。

在回去的路上，孙越崎对翁文灏说："向孔祥熙说好话，心里真难受。"翁文灏说："我们是为公又不是为私。大事成功了，还有什么难受？还是赶快派人去买机器吧！"

发展玉门油矿的这份计划被通过以后，玉门油矿进入了大规模的开发建设阶段，筹备处的工作也宣告结束。

2 初期的开发

玉门油田的开发早在 1938 年就开始了。抗战开始后，国土大片沦丧，沿海各口岸相继陷落，一向依赖"洋油"过日子的国民政府基本断了油源。那时，抗日后方的运输几乎全靠汽车，很快发生了严重的"油荒"，汽车全用木炭开动。在这种情况之下，以翁文灏为首的一些爱国人士提出了尽快开发玉门石油的设想。

玉门油田位于祁连山北麓的一片平缓的坡地上，再往下走是一眼望不到边的茫茫戈壁。玉门油矿西距玉门县城（现在的玉门镇）80 多公里，东距万里长城西部终点嘉峪关也是 80 多公里。往东走 100 多公里是酒泉。再东行 2400 公里，才能到达重庆。油矿海拔 2500 米，自然条件非常恶劣。

对于玉门的石油，我们祖先很早就有记载。玉门石油的勘探是近代的事情。19 世纪末期，俄国地质、地理学家理奥勃鲁契夫来到中国，专门调查了酒泉玉门的地质情况。1905 年，比利时人林辅臣从玉门取去油样到上海化验，结果是"油质甚佳"。于是向甘肃当局提出开发。

1920 年底，中国的西北地区发生了 8.5 级的强烈地震，作为地质学家的翁文灏到甘肃一带作地质调查。第二年他和谢家荣一起调查了玉门的石油。

调查之后，谢家荣写了《甘肃玉门石油报告》，刊于《湖南实业杂志》第54号。与此同时，还有地质学家张人鉴等先后到玉门作地质调查。玉门有石油，这已经是当时地质学界的共识，这一共识那时也已经被政府所接受。

但是，玉门实在是距离中国经济文化中心太遥远，气候条件太恶劣，自然环境太艰苦，社会开发程度太低，加上中国经济落后，中央政府没有力量，地方政府更没有力量来开发建设一个现代化的油矿。

1935年7月，顾维钧、周作民、钱永铭等五人向国民政府实业部呈请特许专探专采甘肃、新疆、青海三省石油，并提出特许条款12条。实业部部长陈公博将此呈及条款上报。8月7日，蒋介石电复陈公博："原则同意。"要求："油矿开采必须全用华资"，"皆须遵照中央政府颁布之法令，各种运输方法皆须先得政府核准"，等等。

陈公博于8月中旬向行政院写了提案，行政院8月28日第226次会议作出决议："交内政、外交、军政、财政、实业五部，并函请全国经济委员会暨军事委员会会同审查。"同时，实业部拟具了特许权状16条，并通知了甘肃省政府。于是，顾维钧等根据特许状，于1936年在上海成立了中国煤油探矿公司筹备处，聘请中外技术人员对青海、玉门一带进行地质调查。进一步证实玉门"石油河背斜地层为一储油构造，可望获得极佳产量"。但一直没有进行钻探。

这时正是抗日战争刚爆发，发生了严重油荒，国民政府不得不设法在国内解决油源。当时，四个地方有原油流出地面：甘肃玉门、新疆独山子、青海柴达木和陕北延长，其中希望最大的就是玉门。于是，资源委员会于1938年夏季以未照契约如期开发为由，收回了开采权。接着，于1938年6月12日，由翁文灏主持，在汉口成立了甘肃油矿筹备处，负责玉门油矿的勘探开发事宜。

筹备处成立后，为了开展钻探，首先要解决设备问题。四川油矿有从德国引进的旋转钻机，但因那里也正在加紧勘探，不能动用。向国外购买？一无资金，二无渠道，远水也解不了近渴。于是，便想起了陕北延长的钻机。为此，翁文灏去找共产党驻汉口代表周恩来，说明开发玉门油矿对于抗日的

重要意义，希望能得到共产党的支持，把延长油矿的两部钻机调运到玉门。

周恩来听了翁文灏的话，非常爽快地回答："这是关系支援抗战的大事，开发大后方石油，我们一定全力支持。翁先生尽管放心，可以尽快派人去调运。"周恩来并且主动提出办油矿需要工程技术人才，延长油矿也可以派人去。早一天出油，早一天对抗战作出贡献。

周恩来当即派钱之光负责接洽、具体办理这件事情，还给西安八路军办事处和延安中共中央发了电报，请有关人员协助资源委员会调运钻机。鉴于严爽出国学习未归，翁文灏立即派筹备处代主任张心田去陕北延长油矿调运钻机和接受工程技术人员。

张心田即赴陕西，到西安八路军办事处，又转赴延安陕甘宁边区政府接洽。在延安，高岗、萧劲光等接见了他。边区政府第三局的王局长和八路军后勤部军工局李强副局长同他进行了协商，给予了工作和生活上的方便与照顾，还派了熟练技工共同拆装机器设备。

1938年8月下旬，负责拆运钻机的工程师一行15人到达陕北。在拆运过程中，边区政府帮助解决了很多具体困难，从钻机到动力，从钻头到钻具，一一加以配齐，使之一到玉门就可以安装开钻。延长的两台钻机准备好以后，国民政府派不出车来运输，八路军总部派出13辆汽车，把两台钻机及配件运到咸阳。在装运过程中，由于钻机不在公路旁，边区政府又动员了很多群众，把钻机搬到公路边，才装到汽车上。后来，政府又由于没有及时派出车辆到咸阳接运，耽误了时间，两台钻机运到玉门已经是五个多月以后的事情了。

延长的这两台钻机运到玉门以后，油矿筹备处用它们一连试打了六口井，都出了油，证明玉门油田具有工业开采价值。

1939年2月，资源委员会又向玉门加派了工程技术人员和工人，一个月以后，从延长拆运的第一部钻机运到玉门，从延长调的工人也同时到达，各项工作随之展开。

3月12日，根据地质家孙健初确定的井位正式开始钻探1井。1井位于石油河东岸，仅距老君庙15米。那时，员工们住在帐篷里，周围是野狼夜嚓，风沙裂肤，生存和工作都非常艰难。由于技术落后，又缺乏经验，1井在钻探过程中曾先后发生三次事故，井壁不断坍塌，边钻边塌，钻进十分困难。3月27日，钻到23米的时候出现了原油。当时许多员工看到自己亲手打出了石油，都高兴得情不自禁地流出了眼泪。到8月11日，钻到115米处大量出油。该储油层被命名为K层，该井日产原油10吨左右。

K油层的发现，为大规模地开发玉门油矿提供了依据。筹备处加紧从各地调集器材、招聘人才，矿区以勘探为中心的钻井、采油、机电、土木、生活等各项工作也逐步全面展开。

在同年7月至11月，老君庙的2井、3井、4井、5井都先后开钻，并在石油河畔开始修建第一座简陋炼油厂。当年生产原油428吨，加工原油71吨。1940年，玉门油矿共产原油1346吨，加工原油1505吨。

3 迎难而上

1941年12月，太平洋战争刚刚爆发，孙越崎以甘肃油矿局（简称油矿局）总经理身份，率领郭可诠、潘诰甲、邹明等从重庆第二次来到玉门。

这一年3月16日，甘肃油矿局在重庆成立，隶属于资源委员会，局址设在重庆牛角沱26号，孙越崎被任命为总经理。局内设置了四处一室：秘书处、业务处、运输处、财务处和会计室。孙越崎亲自挑选了各部门的负责人，其中业务处由工矿调整处副组长、法国留学生郭可诠担任，专司设备器材的组织供应和油品的销售业务；运输处由原甘肃油矿筹备处副主任张心田担任，负责全局物资的运输供应。玉门老君庙矿区起初设矿场、炼厂两部分。矿场由严爽任矿长，炼厂由金开英任厂长。金开英以前是中央地质调查所燃料研究室主任，抗战开始后任资源委员会重庆动力油料厂厂长，系清华留美毕业生。这四个人身负重任，呕心沥血，为玉门油矿的建设做出了很大贡献，深得孙越崎的信赖。后来到1943年，又任命武汉大学工学院院长邵逸周为协理。

油矿局成立后，在重庆的主要任务是筹措资金、采购设备，通过长途运输，源源不断地运到矿区。经过几个月的组织安排、运筹帷幄，各项工作大体就绪。在矿上，向 K 层以下深层钻进的 4 井和 8 井，于当年 4 月和 10 月先后钻遇玉门油矿的主力油层 L 油层，发生强烈井喷。4 井日喷几百吨原油，8 井日喷最多时达 2500 多吨。

油矿局成立仅半年时间，就取得如此重大收获，大家极为兴奋。1940 年第四季度争取到 500 万美元的拨款后，曾立即派张心田和重庆动力油料厂主任工程师萧之谦前往美国，订购了 12 套能钻 1000 米的旋转钻机、2 台顿钻、40 部抽油机、5 部发电机，还有储油、输油等设备。萧之谦等则通过美国炼制工程设计公司专门设计和订购了一套日炼原油 1500 桶的裂炼装置。大家正在欢庆之时，突然太平洋战争爆发，这些设备原定运到越南海防，但很快海防被日军占领。一部分机器只好运到缅甸仰光，不料仰光仓库又被炸，损失很大。

1941 年 4 月、10 月，玉门油矿 4 井、8 井先后井喷，油田规模由此确认

这样，原定一切计划都将成为泡影，所以孙越崎等人匆匆赶来油矿。

进口的路走不通了，要想继续发展，只有立足国内。实际上，孙越崎在从重庆到玉门的路上，已经下定决心，要依靠自己的力量，迎难而上，决不后退，而且要干得更好！这就是他特有的毅力和魄力。

一到玉门，孙越崎不顾旅途疲劳，就冒着严寒，领着大家，花了一整天时间，详细察看了矿区各个生产现场。他们先到不久前发生强烈井喷的 8 井井场。他边看边问，知道这口井潜力很大。见到井旁一大片盛满原油的土油池，心里又喜又愁，自言自语道："真不得了，这么多油！可日晒雨打，轻质油不就都跑了？"他回头对值班人员说："要千万小心，不要着火，否则不可收拾。"说完又去看正在钻井的10号井。随即坐车直奔山下第一炼厂。那里只有一座釜式蒸馏炉开工，容量很小，还是间歇式的，平均每天只能生产汽油700加仑（2吨）。在回来的路上，他又下车详细查看了由8井到山下炼厂的输油土沟，然后又去机修厂了解修配能力和查看器材库的库存物资……

第二天一早，孙越崎便约严爽、金开英等矿上负责人到他住处开会，商讨加速开发油矿的计划和措施。孙越崎说："看8井的情况，明年原油供应大概不成问题，但炼油设备问题就大了，美国订购的那套炼油装置已依靠不上，只能走自力更生的道路，在国内自己设计制造。"经过反复讨论，因国内钢材质量差，又没有耐温耐压的无缝钢管，只能制造釜式炼油炉。于是决定：在重庆赶制4组阶梯式连续甄炼炉，争取在明年夏季前运到矿上安装；同时加紧抢运从美国购买而未损失的钻、采、炼设备器材。此外，还确定了加速寻找泥浆材料，配制重泥浆；尽快向国外购买防喷器、采油树；聘请外国技术人员来矿工作，训练职工，提高技术水平等等。

孙越崎看到大家讨论热烈，情绪高涨，便宣布："1942年要生产汽油180万加仑（约合5000多吨），比1941年提高9倍。"他说："重庆许多人都盯着油矿局，我们只能知难而上，用事实回答他们的非议！"他问严爽、金开英有把握没有？金开英说："那要看你们能不能及时将炼油设备运到矿上。"孙越崎加上一句："还要充分发动群众。"

从玉门回到重庆，孙越崎立即召开局务会议，通报了在矿上的一切决定，正式提出180万加仑的目标。要求各部门层层负责，通力合作，为完成180万加仑努力奋斗。他要财务处处长童受民全力筹措资金，保证购料款随要随拨。要郭可诠将业务处的采购、材料两课人员和邹明负责的炼厂办公室技术人员合在一起，负责全部国内外器材的采购供应。要张心田组织安排好汽车运输，按照矿上需要的先后次序装车发运。其他各部门也要全力以赴配合。会后业务处和炼厂办公室人员遵照孙越崎的指示，立即组织在一起，一边搞炼油釜、分馏塔等的设计，一边选厂安排制造。当时只有上海迁川工厂还能制造一些低压设备、油泵、阀门管件以及一些通用机械，如普通机床、水泵等。不多久，100多个这类工厂都与油矿局签了订货合同，其中包括6组炼油设备（24座炼油釜和分馏塔等）。但大部分厂子都缺少钢材，油矿局一方面四处搜购钢材管材，包括从自来水公司拆卸下来的，一方面派人到衡阳拆运外商设在衡阳等地的储油罐，打捞长江里的沉船。市场可以采购的就派人在重庆、昆明、西安等十多个城市搜购，还派专人常驻印度加尔各答、昆明接运国外购买的设备器材等。订货合同签订以后，还派专人到厂里交待技术要求、监制验收、催交催运。运输处按照轻重缓急，日夜装车发运。矿上炼厂事前准备好场地，设备一到，立即安装。经过这样紧张奋战，1942年炼油厂在河东、河西先后建起4组阶梯式连续甑炼炉，大大地提高了炼厂的加工能力。

矿上急需的重晶石，不久也在涪陵找到了，矿上装上球磨机磨成细粉，解决了配重泥浆压井的问题。

4 运输线就是生命线

玉门油矿远离城市，地处戈壁，生产设备一般要从重庆、昆明转运，生活给养也要从酒泉、张掖一带运入，运输路线之长，运输任务之重，运输条件之艰苦，都是在内地和正常情况下，难以想象的。

当时中国的交通事业还很不发达，不可能承担油矿所需物资和产品的运输。为此，油矿建立了自己的运输队伍。1939年3月油矿买了第一辆汽车，主要是运输职工的生活用品。到了这一年的8月，为了保证生产物资的运输，先后购买了载重卡车50辆，组建了第一个汽车运输队。甘肃油矿局成立时，为了加强运输工作，成立了运输处，设在重庆歌乐山。这是油矿局人最多的处，处长是张心田。几十年以后，孙越崎还念念不忘当年张心田的功绩："张心田这个人真能干！"

在玉门油矿建矿一周年之际，孙越崎在总结中突出表扬了运输工作。他说：没有运输工作，就没有油矿的今天。

运输线路南起云南昆明,北达新疆乌苏,跨越西南、西北公路,干线5000公里,其中以重庆到玉门的2500公里为器材北运、油品南运的主要干线。在这些线路上,油田先后设立多处运输站,共修建了282间房屋,供过往的司机们住宿,组成了一个完整的运输体系。

关于运输的艰难,玉门老油人杨玉璠(后去了台湾)在其所著《油人云烟》中曾有过描写。其中记叙了从重庆到玉门运输之苦,重点写了抛锚、过江、翻车等。关于过江,作者说:几只船横在江上,搭上木板,汽车摇摇晃晃开上去。船不长,水很急,稍有不慎,即有翻下水里之虞。我当时坐在车上,为司机捏把汗,也为自己捏把汗。迨终于过去时,我的衣服已经湿透了。后来司机告诉我,这样的路见多了,没什么。杨玉璠那次从重庆到玉门,一共走了约四个月,每天平均仅走20余公里。

因为运输的地位特殊,孙越崎对运输线,尤其是重庆至玉门的2500公里"大动脉"极为重视,经常到各运输站去检查。当时在重庆的歌乐山、四川的广元、甘肃的兰州和酒泉设立了四个大的转运站,沿途还设有几十个小站。孙越崎每次到这些站去检查工作时,都极为认真,连站上的工人上厕所是不是方便,门窗是不是结实这一类的细小事情都要过问查看,所以当时在工人中流传这样一句玩笑:"总经理来了,当心门户。"

出了嘉峪关30公里处有个村子,村旁的路面很陡,矿上的重车每次开到这里都很费力。孙越崎为疏通运输中的这段"梗阻",想出了一个办法。他找到当地驻军司令马步青,请驻军帮助修路,讲好士兵的饭费由油矿全包,不再出工钱,对油矿和驻军都有利。孙越崎对马步青说:"你的号名不是叫青云吗?那么这条路修好以后我们就给它命名为'青云路',你看好不好?"马步青当然乐得同意。就这样,驻军大批士兵一齐出动,路很快就修好了。此后,这一段路不但路面不陡了,而且距离也缩短了。油矿没花什么钱就解决了大问题。

甘肃油矿局共有540辆汽车,是一支相当庞大的运输力量,但是当时汽车配件奇缺,停修待料的车常有一半,加上军队常常征扣车辆,油矿运输力量仍感不足。为了运油品南下,孙越崎带领员工另想办法。自1942年11月起，他们采用羊皮筏子运输。羊皮筏子由360只羊皮胎用木杆竹棍编组而成，每个筏子上可装168桶汽油，合24吨。一般用四个人驾驶。先用汽车把油品运到广元，上船经涪江、嘉陵江到重庆。每年至少可以运八次。这种运输方式又安全又经济，大大解决了运输困难的问题。

5 "为了180万加仑"

为了完成180万加仑汽油的目标，孙越崎把当年留学回国途中从苏联学到的"广为宣传"的方式再次应用上了——第一次是在焦作，为了实现"四个一百万"。

每天一清早，孙越崎只要一走进办公室，就向勤务员赵家宽发问："我们今年的生产目标是什么？"赵家宽每一次听到这句问话都大声回答："报告总经理，今年的生产目标是180万。"

有一天，孙越崎在路上见到几名小学生，便停下来问他们："你们知道我们油矿今年的生产目标吗？"小学生们马上很响亮地回答："是180万！"

平时在路上，他每遇到一位工人或职员，都要这样发问，听到的回答都是很响亮的"180万"。员工们发动到这种程度，孙越崎很高兴。

"180万"深入人心，妇孺皆知，人人都在为这个目标做好自己的工作。有个小小的故事普遍流传：矿场矿长严爽和炼厂厂长金开英为了什么事情争吵得不可开交，后来金开英一甩手，说了句："为了180万，我不和你争了！"

那一年，主管勘探的矿厂为了这个目标的实现全力保证钻井的成功。主管炼油的炼厂更是不甘落后，全厂员工在冰雪中奋斗，在艰难中跋涉。在重庆工作的有关人员，则加倍努力。工程师梁翕章在衡阳弄完油罐钢板后，因急于回重庆，卡车翻到山沟里，受了重伤。孙越崎更是将全身心都投入到"180万"中去。离开家的时候他曾经对夫人王仪孟说过："我一出这个家门，就忘了自己是个有家的人。"有一天因劳累过度，他昏倒在办公室里。

1942年的11月中旬，天气晴朗，在孙越崎和全矿员工的苦干下，180万加仑汽油的生产目标提前实现了。

那一天气候寒冷，可全矿员工情绪高涨，热气腾腾，在老君庙召开了庆祝大会。大会开始时，象征着胜利的汽笛声自豪地冲天而起，随着汽笛声而起的是会场上员工们巨大的欢呼声。汽笛和欢呼声响交织成一曲嘹亮的凯歌，响彻山谷，响遍石油河两岸。心情激动的员工们拥到孙越崎身边，把他高高地抬起来，伴着欢呼声，一次又一次地把他们的总经理扔到空中。

孙越崎被同事们"抬举"已经是第二次了，他身不由己地在员工们的手上"飞腾"，心情十分激动。10多年前的往事一下子再现于眼前：离开穆棱煤矿的那天，卜鲁希年科他们几个俄国同事，也是这样把他"抬举"起来，那天的气氛当然与今天不同，俄国同事们对他满怀惜别之情。而今天，矿区内到处都是庆祝胜利的景象。这第二次"抬举"，使作为总经理的孙越崎感受到员工们对自己一年来工作的高度评价，心里充满了一种欣慰之情。

6 蒋介石视察玉门

还是在1942年8月，大家正在为180万加仑奋战，传来一个消息，蒋介石要到玉门来视察。

8月24日那天，因为连日下雨，山上的洪水冲进了8号井的土油池，油池水满油溢，油水流到工棚，遇到明火，引起大火，蔓延了两三公里。油矿员工忙于救火，一片混乱。25日大家正清理火场，忽然接到正式消息，蒋介石将于第二天到玉门来视察。

孙越崎马上召集紧急会议商量接待问题。油矿条件十分简陋，只能用总经理办公室作为蒋介石的临时行辕，用财务科的办公室作为蒋介石的卧室，其他各办公室分别作为接待室、侍卫室、餐厅和其他随行人员的休息室。

孙越崎到嘉峪关去迎接。

蒋介石此次西行，并不是专程到玉门来视察，而是为了解决新疆问题。

8月26日一早，蒋介石与宋美龄乘同一架飞机到达嘉峪关。在嘉峪关机场两人"各奔东西"：宋美龄飞往新疆迪化（乌鲁木齐），去见盛世才，商议新疆回归的问题。蒋介石留在嘉峪关等候宋美龄，利用这段时间去玉门看看。

蒋介石那次到玉门油矿视察，陪同的有胡宗南、顾祝同、马步芳等，还有甘肃省主席谷正伦。孙越崎陪蒋介石坐在第一辆车子里，同车坐的还有宁夏省政府主席马鸿逵的弟弟马鸿宾。

矿区初建，一片荒凉，七八辆小汽车组成的车队开动起来是长长的一串，所到之处烟尘滚滚，十分触目。一路之上可以看到驶过的汽车都是满载石油而行。孙越崎指着这些汽车报告蒋介石："这些油都是我们自己生产出来的。"蒋介石听了不禁频频点头，面露赞赏之意。

蒋介石到达油矿以后，没有休息，就直接到8号井视察。当他看到盛得满满的储油池和仍在有规则地喷油的井口时，高兴得连声说好，并对员工们在这荒野中的奋斗精神表示嘉慰。

离开8号井，蒋介石一行又到了石油河东岸的悬崖上，俯瞰石油河西的西河炼油厂。在高高的山崖上，可以遥见祁连山壁上窑洞罗列。蒋介石询问后得知那是矿上工人住所，立即表示矜悯，嘱咐给工人发两万元赏金，以慰辛劳。一行人在山上又盘桓良久才下山。下了山又去看了几处油井、发电厂、机械厂。

孙越崎一面领着这一群人参观，一面不停地为蒋介石作解说，详细地介绍当地的地理情况，油矿开办之初争取政府拨款之不易，开矿设备运输之艰难等。同时，孙越崎还为蒋介石讲解了采油的常识："这里开采的油层，我们给它们命名为K层和L层。K层很浅，L层比较深，但一般油井也不过450公尺到600公尺，这样的深度都属于浅层井。蒋介石现在看到的这台钻机，是从内地煤矿调来的，只能打浅井。幸亏玉门这里的油层浅，否则也打不出油来。"

孙越崎本来就会讲话，而且从无惧上的心理，讲起油矿来更是绘声绘色，滔滔不绝，蒋介石听得很有兴趣。也许是因为他从来就没有见到过石油是怎样从地底下采出来的，总之，在油矿的所见所闻无一不觉得新鲜。他到处都看得很仔细，一边看，一边连连点头："不容易，不容易，两年时间建成这个样子，实在是不简单！"很显然，孙越崎的才干和实干精神已经给蒋介石留下了极为深刻的印象。

上午参观之后,蒋介石一行留在矿上用午餐,四菜一汤,没有一个人陪同。午饭后,照习惯蒋介石午睡了一个小时。这时矿上的几位负责人都到齐了,蒋介石同他们在会议室里会面。孙越崎比较全面地汇报了油矿的建设、开发、生产等情况,另外几位负责人作了补充。

蒋介石听过汇报以后,对他们均予以嘉勉。

会见过油矿负责人之后,蒋介石又召见了驻矿部队训话,也是勉励他们忠于岗位,为国效忠等。会见之后已经到了下午三四点钟,蒋介石一行返回嘉峪关。仍是孙越崎、马鸿宾与蒋介石同车。

临上车的时候,蒋介石对一直不离他左右的胡宗南说:"孙总经理他们在这里办矿,看来困难不少,生活也很艰苦,你要尽力支持他们。"这话是当着孙越崎的面向胡宗南讲的。孙越崎听了,感激之情油然而生。

在同车返回嘉峪关的路上,蒋介石对孙越崎说:"孙先生,你们在这样荒凉偏僻的戈壁上搞建设,确实是很困难的,以后你有什么问题,可以随时告诉我,我一定支持你。"

当时,蒋介石对于盛世才的"内向祖国"十分得意,又知道孙越崎是学矿的,前一个月曾经和翁文灏一同去过新疆,所以接着又对孙越崎说:"在抗战期间,新疆的回归是个很重要的问题。孙先生是学矿的,可能了解,新疆有金矿,对国家建设很有用处。"

孙越崎听到蒋介石对金矿有兴趣,就联想到抗日之事,于是借题发挥了一番:"蒋委员长,你对矿产资源有兴趣,我可以讲讲东北的情况。我在1924年到1929年,曾经在东北的穆棱煤矿工作过将近6年,又到过抚顺、本溪的煤矿,还去过沈阳、长春、哈尔滨、大连等城市,对东北的经济情况知道得是比较清楚的。东北的地上地下资源都很丰富。地下的矿产资源有煤、铁,已经开发的煤矿有抚顺、本溪、穆棱、鹤岗,钢铁有鞍山、本溪。东北也有很多金矿,一点也不比新疆差。另外,东北的交通也很发达,有南满、中东等铁路,还有大连、旅顺、营口等港口。对于整个中国的经济建设,东北和新疆所起的作用,有着天壤之别。中国的地下资源,总的分布是铁在东北,

煤在华北，油在西北（当时只有延长、玉门、独山子三个油矿），所以中国的北方是很重要的。"

在这一大段话中，孙越崎虽然未提收复东北、华北的事，但是这一层意思已在"不言之中"了。马鸿宾在一旁察言观色，品出蒋介石对孙越崎的赏识之意，就迎合地说："今天听了孙先生一席话，胜读十年书啊！"蒋介石听了点头称是。

第二天，宋美龄从迪化回到嘉峪关，蒋介石夫妇一同与孙越崎合影留念之后，离开酒泉。

7 "利用"委员长

回到老君庙以后的第三天，孙越崎收到了蒋介石发来的密码电报。孙越崎就交给随他一起来矿的邹明翻译。蒋介石的电报大意是：感谢孙越崎总经理在玉门油矿对我的盛情招待，请你草拟一份战后经济建设计划，并向我保举建设人才。蒋介石的电报中还说，给孙越崎寄来了一份专用密电码，要孙越崎随时与他通讯联系。对此事，翁文灏颇为不满，说："蒋先生一向喜欢这样做。"

过了些天，孙越崎果然收到了蒋介石专用的电报密码本，他就用这种密码立即向蒋介石发了回电，大意是：关于战后经济计划，我一个人是无法做出的，在玉门油矿又无资料可查，等我 11 月回重庆再予考虑。关于保举人才，也等回到重庆才能办。

1942 年 11 月，孙越崎回到重庆，一方面为油矿筹办各种器材设备，另一方面处理重庆四个煤矿的一些事务。没有想到，就在他刚刚回到重庆的第三天，蒋介石的侍从室就给他打来了电话，要他马上去面见蒋介石。

到了蒋介石的官邸，一见面，蒋介石就先问战后经济计划做得如何了。

孙越崎说："我到重庆才刚刚三天，已经去见过翁文灏先生，向翁先生谈了委员长交给的制订战后经济建设计划的任务。翁先生说，委员长曾经请他和陈立夫共同拟订这个计划。他们已经在一起研究过这件事情，还找了经济部、交通部、兵工署等单位的一批人，组成了一个临时机构，定名为'国父实业计划研究会'。翁先生要我参加这个研究会，我就在他们那里提供我的意见，委员长看是否可以？"

蒋介石点点头，表示同意。然后又问："那么，我让你保举的人才呢？"

孙越崎回答说："才回到重庆，还来不及很好地考虑，过几天我一定给委员长写信来，将保举的名单列出来。"

蒋介石说："那好，过几天你写信给我。"

过了一段时间，孙越崎给蒋介石写了一封信，一共保举了10个人，列成一个表，写明了每个人的姓名、籍贯、年龄、经历、现任职务等，有学经济的，也有学工程技术的。

蒋介石收到孙越崎的这封信以后，又把他叫了去，说："你的信我收到了，你保举的人我都看过了，这些人现在都在重要工作岗位上。我请你保举的是现在没有在重要工作岗位，但在经济建设方面有真才实学，可以到我的侍从室来。这样的人你有没有了解？"

听了蒋介石这样的解释，孙越崎说："原来是这样，以前我不了解委员长的这个意图。你想找的这种人很难得，待我再仔细考虑考虑。"

蒋介石没有太着急，对他说："那好，你回去再想想。"

孙越崎回去以后一琢磨：这不是有点儿像过去皇帝搞的"举逸才""贤良方正"那一套吗？这样的人让我到哪里去找？后来他一直没有再给蒋介石回信保举什么人才，蒋介石也没有再催问过这件事情。保举人才这件事也就不了了之了。

孙越崎在政治上迟钝，在工作上却是会"利用"委员长的。那次蒋介石离开玉门的时候曾经对他说过，以后有什么困难可以去找他帮助解决，后来还真请蒋介石帮了忙：原油源源不断地流进集油池，从集油池运到炼油厂，再从炼油厂生产出汽油、柴油、煤油、渣油等。由于生产和运销不可能完全平衡，油矿必须有大容量的油罐以供周转之用。油矿以前从长沙拆过来两个油罐，仍然远远不能满足需要。当时做储油罐用的薄钢板国内还不能生产。孙越崎为了解决这个问题，曾经要求资源委员会在重庆帮助收集容量为53加仑的油桶，以代替油罐。但资源委员会也收集不到。这样一来，储油就成了

一个大问题，生产受到很大的威胁。

万般无奈之中，孙越崎想到了蒋介石对自己说过的那句话，他决心向最高领导求助。孙越崎用蒋介石给他的密码向蒋介石报告，要求拨给6万个53加仑的空油桶。

蒋介石接电以后，即令饬总司令部后勤部拨运了3万个空油桶。这些空油桶虽然多数破旧，但检修以后大都可以使用。这样一下子就解决了玉门油矿的大问题。

蒋介石视察玉门油矿之后的第二年，他让两个儿子蒋经国和蒋纬国到玉门油矿参观。到了玉门下车时，蒋经国说："我们从南到北，一路看桃花。"意思是往西走，越走天气越凉，所以老是能看见桃花正在开放。那次是熊向晖陪着两位蒋公子到玉门参观的。当时孙越崎并不知道熊向晖是中共派到胡宗南部队里做地下工作的，自然更不知道熊向晖为保卫中共中央所做的贡献。新中国成立后，熊向晖和孙越崎还有过很多来往。

第九章　戈壁滩上的石油城

台湾前甘肃油矿局老油人联名为孙越崎庆贺百岁寿辰的银质台屏上题词："吾公以无比之毅力，于物资奇缺之万难中，扩充采炼设备，增加油料产量，且复尽力储备人才，兼顾万千员工之生活，建宿舍，辟农场，设学校，立医院，无一不备，乃蔚然而为河西荒域中之工业奇葩。"

1　人是第一位的

有着多年办矿经验的孙越崎深深懂得，要使玉门油矿进一步得到发展，人是最重要的。要培养一批懂得石油工业各种技术的人才，还要设法让他们留在这荒僻的戈壁滩上，在这里安居乐业，为石油工业发展贡献力量。当时油矿员工很少，不论是管理者、技术人员，还是一般工人，都极为缺乏。

1940年甘肃油矿筹备处曾向资源委员会报告："工人为数甚少，不敷其用。"为此，资源委员会与军政部协商，由军政部做出规定，要酒泉、高台两县各抽150名壮丁给油矿，仍不足的，由油矿附近其他县送来。以此免了这些地方的征兵任务。此后的三年之中，这些县送到矿上的壮丁每年有1200人之多。这些壮丁在油矿做工，既不必远离家乡，又不用去打仗，情绪都比较稳定。他们多数被分配到矿场、炼厂和基建工地。还有些人来自社会的各行各业，其中有学校教员、会计、文书、铁工、木工、泥瓦工、裁缝、理发师、酿造师等。油矿远离城市，正需要各行各业的人，有了这批人来到油矿

做工，更使玉门油矿发展成了一个小社会。后来这批人中很多都成为油矿的正式员工和技工。其中的王进喜，在20世纪60年代初调到大庆油田参加石油会战，以拼死苦干的精神获得"王铁人"的美誉，树立了中国石油工人高大形象，成为全国人民学习的榜样。

玉门油矿的管理人员和技术人员除一部分是从延长油矿、四川油矿、动力油料厂等调来之外，主要靠招聘和招收各校大专毕业生。因为石油行业在中国是新生的行业，所以办矿过程中聘用了不少其他行业的在职人员，也有是翁文灏指派的。如著名的石油地质学家孙健初到油矿之前是中央地质调查所的技正，著名的地球物理学家翁文波到玉门之前是中央大学的教授。另外，油矿还聘用了一些外国籍的钻井、采油和炼油技术人员，如美国的钻井技师和司钻等。他们在玉门工作了两年多，对传授近代钻井技术做了很多工作。美国技师蒲舒在许多油田工作过，经验很丰富，他把玉门油矿原先用人工挖方井的工作改成用钻头钻进，两天就做完过去一个月才能做完的工作。他把钻进的速度从每分钟40转提高到200转，钻头压力也从每平方英寸150公斤提高到600公斤。这样，钻进的速度就从每月100~150米，提高到300~400米。蒲舒还教工人学会使用五倍子粉和烧碱调制泥浆以避免井喷事故，又使工人们知道了如何正确使用水泥固井。这位美国技师合同期满回国时评价说："矿上的中国钻井员工训练两年，已有足够经验。"可见进步之大。

1942年底，孙越崎还派了一批技术人员到新疆中苏合办的独山子油矿，学习苏联的钻井技术。矿上除了少数高层管理人员在国外学习过石油的钻、采、输、炼工艺以外，青年技术人员不少是大专院校毕业到矿上实习后留下的，对石油工业都很陌生。1939—1945年，从大专院校来的学生有200多人。

为了培养高级技术人才，玉门油矿先后派出几批人员出国学习，分别去往美国、伊朗等地学习一到两年。1943年1月派董蔚翘、孙健初、熊尚元、翁心源到美国去学习，两年后回矿工作。1944年，派助理工程师杨玉璠、张芳骞到伊朗学习钻井和炼油，一年以后回国。1945年和1946年先后派出了

20多人到美国实习。这些人员回国以后，对玉门油矿引进外国先进技术和管理经验，促进石油生产管理现代化起了积极的作用。

另外，玉门油矿一直很重视对员工的培训，经常举办各种训练班、讲习会、技术报告会和讲座，员工的技术素质有了较大的提高。

2 让员工安居乐业

玉门油矿孤悬于塞外荒漠之中，纵然是一粒米，一叶菜，也要从外面千里迢迢地运进来。最初的食品都是靠牛车、骆驼运，后来有了汽车。孙越崎回忆起当年玉门油矿的"吃喝"，总是感叹其艰难困苦，来之不易。为此，1942年玉门矿区增设了一个总务处，专管职工的一切生活用品和木料的采购供应，处长靳范禹。但这份工作实在难搞，半年后，他就辞职了。所以到1942年冬季由金开英兼管。

1942年，玉门油矿的勘探和炼油生产已经有了一定的发展，从全国四面八方来的员工

老君庙拓荒时期的运输驼队

及其家属，为数接近万人。每月需要面粉18万斤、大米4万斤。因此，油矿领导非常关注粮食的购买和运输。甘肃西部一带，地瘠民贫，出产粮食极为有限，而且抗战时期为供军需，地方粮食均实行管制，纵使有钱，有时也无法买到。孙越崎曾为粮食的问题绞尽脑汁，后来以国防生产事业为名申请，向甘肃省政府交涉，不知道费了多少周折。1942年8月，蒋介石视察玉门油

矿，随行人员中有甘肃省政府主席谷正伦。当时，孙越崎当着蒋介石的面呈请，方得谷正伦的批准，每年按玉门油矿实际需要数量，由张掖、武威、酒泉等县就近补给。

有了省政府的批准，还得打通地方政府的关系，否则仍是阻碍重重。孙越崎等多年办矿，和地方政府相处已经有了经验。当时，油矿为了与地方政府搞好"关系"，就在兰州、武威、张掖、安西、玉门、酒泉、敦煌等地设立了办事处，各地的办事处不但要负责采购粮食，还要代购布匹、蔬菜水果等其他一切生活日用品。

张掖是河西走廊产粮较丰的地方。有一次油矿从张掖购买了一批大米，却不得出境，只好派人到那里交涉。除请客以外，还要以油矿所产的煤油做馈赠，县长及有关人员皆有份。煤油在今天已经不值钱，在抗战期间却是一滴油一滴血，是很贵重的物品。经过这样的活动以后，才把大米运回矿上。可见当时办矿之艰。

粮食除了购买不易之外，还有运输一大难题。距离老君庙最近的城市是酒泉，路程近百公里，其他远的都在好几百公里以上。西北沙漠，公路简陋，颠簸万状，一次运输都要费时数天数十天，新鲜菜果根本无法运到，员工们吃不到一点蔬菜水果。

玉门油矿领导为了保证油矿员工的身体健康，同时抵制赌博等不良风气，一方面依靠几个城市的办事处，另一方面又在附近有水源的地方开办了农场。如在酒泉、赤金、嘉峪关和矿上都有农场，并且明确表示，要建游览园

玉门油矿农场

林。在本来寸草不生的戈壁滩上办农场，实在是非常艰巨的事。孙越崎等以人定胜天之心，组织员工奋力苦干，还聘请了农业技术专家研究规划，改良土壤，很快农场就有了生产的成果。虽然产量并不多，但从此员工不但可以吃到新鲜的蔬菜，而且还能吃到自己喂养的牛、羊肉、鸡蛋和牛奶了。此外在节日、假日还有了调剂身心的游玩场地。正像当年一位在农场工作过的人写过的一首诗说的那样："石油河水不寻常，或作泉涌或潜藏。洗却白碱成沃土，赢得满矿菜根香。"

玉门油矿员工的主要粮食是小麦和稻米。最初因为加工粗糙，米面中常有沙石，员工吃了患盲肠炎的很多。为此，孙越崎决定建面粉厂，从西安购来比较先进的磨面机。从那以后，员工们不再吃带沙子的面粉，得病的也少多了。

在孙越崎等主持下，玉门油矿办起了福利社，专门为员工办生活福利方面的事务。到后来，老君庙简直如同一个小都市，生活日用、米面菜蔬都有专门的经营。另外还开办了鞋店、布店、豆腐房、酱房、油房、点心房、食堂、理发店、缝衣店和中西药房等。凡日用所需无不应有尽有。

老君庙矿区原来没有正式的房屋，只有一些用泥土和芨芨草搭起的矮矮的土屋，职工食于此，居于此，是油矿最原始的职工宿舍。早期，这些房子十分简陋，密密地排在东岗脚下，有数十排之多。

老君庙地处祁连山北麓，不但纬度高，而且海拔也高，一年中有半年冰雪封冻。最初员工取暖做饭用的燃料，是从西边几十公里外的小煤窑运来的煤。后来孙越崎等鼓励员工使用废油和油渣，弄得矿区黑烟弥漫，地势又低，浓烟散不出去，空气十分污浊，员工们的生活之苦可想而知了。随着生产的发展，员工不断增加，宿舍和办公处所的建设迫在眉睫。但是戈壁滩上的沙质土，根本不能烧砖瓦。孙越崎等派人到30里外挖土，运回矿区再烧成砖瓦。后来包给一家建筑公司，保证了生产建设的需要。木料在当地更是没有。除在酒泉附近向军队采购外，主要去高台山上砍伐。砍伐下来的木料要员工们自己从山上拖到公路上，再用汽车运回矿区。就这样以极其艰苦的努力，终于在戈壁上盖起了正规房屋，改善了员工的住宿条件。

后来条件改善后，矿上为员工建了浴室，每天开放。由于矿区寒冷，工人多长期穿老羊皮袄，白天当衣，晚上做被，长了很多虱子。矿上特设一种浴室，浴室墙后再建一墙，两墙中间装有高温热气管。员工们进去后就把衣服挂在上面，洗完澡出来时，衣服上的虱子就都被高温杀死了。当时很受员工们欢迎。

3 总经理作"月下老人"

玉门油矿大部分青年技术人员都是从各大学招聘的毕业生，其中陕南城固的西北工学院和昆明的国立西南联合大学毕业生较多。这些青年二十多岁，初出校门，凭着抗日救国的一腔热血，来到偏僻的荒漠。他们工作努力，也很能吃苦，但是不少人也常常为婚姻问题而苦恼。在那人烟罕见的地方，青年们到哪里去成双成对？所以，有的人到矿区不久，就要离开。这是油矿人事管理上的大问题。

孙越崎虽然常年和煤、油打交道，可长期搞管理也很懂得婚姻乃人生大事的道理。为了留住这些青年人，他除了尽力改善矿区的物质文化生活之外，还亲自当起了"月下老人"。

他到重庆去找了他的老师邵力子。邵先生的夫人傅学文那时在重庆开办了一所女子学校。孙越崎征得她的同意，亲自到女子学校去为玉门油矿招聘女学生。当时招聘的条件只有两条："一是必须未婚，二是必须到老君庙去。"总经理比给自己挑儿媳还认真，在学校里对应聘的学生一个一个地过目，一个一个地询问家庭条件、本人志愿、专业所长、是否能吃苦耐劳等等，品貌谈吐当然更是经过一番目测。就这样，挑选了几十名女学生带回了油矿。

女学生到达玉门油矿的时候，全矿上下一片欢腾，未婚青年全都打起了精神。矿上对这些女青年十分优待，完全依照她们的自愿分配工作。从此玉门油矿出现了女护士、女会计、女教师。

女学生的出现大大活跃了油矿的气氛。青年们把多年未动过的西装从箱底下翻出来了，多年不肯认真梳洗的头脸也精心修饰起来，福利社的洗衣店、理发店的营业明显地忙碌了。不久，孙越崎又从重庆领回了第二批女学生。

老君庙山上第一宿舍的一号房间,当时是专门为光棍们结婚所用,矿人戏称其为"古战场"。有好事者统计,自孙越崎从重庆领回这几十名女学生以后,没过多长时间,就有 20 多对青年进过这间"古战场"。到抗战胜利之前,从重庆到老君庙的女学生绝大多数都有了归宿。可谓总经理兼任"月下老人",遂使"有情人终成眷属"。

孙越崎等对青年员工在生活和事业上的关心,使他们对玉门油矿、对石油事业发生了感情,这批青年在油矿安家立业,后来大多成长为中国石油工业中的砥柱人才。

直到今天,中国石油工业中包括在台湾的不少专家,当年都是在玉门成的家。

孙越崎回忆起那些往事,常常感叹:"玉门油矿时代是我一生中与员工们相处最愉快的时期。"

4 戈壁滩上热闹的小城

老君庙矿区经过很短的时间,就建成了拥有近万人口的小城。

人们在戈壁滩上工作生活,除了衣食住行而外,还有很多其他的需要。正如后来老君庙石油工作者所言,当年他们追随孙越崎投身边荒,目击矿区日益壮大,而孙越崎等在千方百计增加油料产量的同时,"兼顾万千员工之生活,建宿舍,辟农场,设学校,立医院,无一不备……"

孙越崎于 1941 年到达玉门油矿以后,为加强矿区的医疗,相继聘请了三位医术较高的医生。老君庙医疗所开始设在 8 井的附近,医疗设备很简陋。后来矿区新的办公大楼建成,即将旧的办公室改建为医院。规模扩大,又从兰州医学院聘来一些医生。当时矿区的医疗水平在河西一带首屈一指。

矿区许多员工都是拖儿带女的,不能没有学校。最早建立的是职工子弟学校。校长原是重庆国立师范附小的校长,到老君庙来时带了男女教师六七名。其他的教师则是从兰州师范学院聘来的。油矿的师资力量也是相当可观的。还是在玉门油矿筹备处时代,矿上就办了机厂艺徒补习班,是专门为训

练技术工人而办的，效果非常之好。后来矿场又成立了职业学校，是矿区的"最高学府"。

因为老君庙远离西北地区的城市，所以矿区内文化娱乐方面的精神生活对于矿上的员工不可缺少。

孙越崎回忆起来，那时矿区的员工很喜欢戏曲。因为离别的城市太遥远了，请不到剧团去演出，员工们就自己演出自己看。当时在矿区流行的有京剧、秦腔、话剧。虽然已是事隔半个世纪了，孙越崎还清楚地记得，机械厂的员工爱唱京剧，炼油厂的工人以当地人居多，所以常演出秦腔。矿场每个月都组织京剧和秦腔演出，场场座无虚席。歌咏和话剧的演出也各有千秋。

在体育运动方面，油矿常有足球、篮球比赛。此外，滑冰也是员工们冬天十分喜爱的活动。

孙越崎没有忘记的还有当年老君庙机厂常有的"扯扯会"——每月召开一次茶话会，邀请一两百人，坐在一起天南海北地聊大天，用今天的话就是"侃大山"。会上也有演出，如评剧清唱、相声、魔术、武术，相当热闹。

年轻的员工有时候也组队到白杨河、赤金、酒泉去旅行野餐，调剂生活。

正是因为有了这样丰富的文化娱乐活动，所以老君庙的员工才能身居绝塞，而无寂寞之苦。

经过几年的建设，老君庙的模样已经大变，办公楼、医院、学校、大礼堂……拔地而起。孙越崎等还带着员工从几十公里以外的农村运来黄土，挖去寸草不生的砂石，植树种花，逐渐枝繁叶茂。一座石油城奇迹般地出现在中国大西北的戈壁滩上。

当时，很少诗情画意的孙越崎竟也兴致高涨地写了一首《咏杨柳》诗：

关外荒漠接远天，
出关人道泪不干。
移沙运土植杨柳，
引得春风到油田。

5 崇高的荣誉

1942年8月,孙越崎到兰州参加中国工程师学会第十一届年会。年会对孙越崎抗战以来在大后方开发煤炭、石油取得的成绩给予很高评价,特别是在十分艰难的条件下,开发建设玉门油矿功绩卓著,因此授予金质奖章一枚。这是中国工程师学会成立以来向取得杰出功绩的工程师,颁发的第四枚奖章。

在孙越崎以前获此殊荣的是:创办粤汉铁路的凌鸿勋,发明侯氏制碱法的侯德榜,架起钱塘江大桥的茅以升。后来在我国率先自制柴油机的支秉渊等也获得了金质奖章。

在孙越崎的主持下,玉门油矿员工共同努力,在以后的几年中,矿区的各项设施日臻完善,生产迅速发展。

1942年玉门油矿完成了9倍于前一年的生产指标,为自己的生存和发展开辟了通途。以后在抗战胜利之前的几年之中,在孙越崎总经理的领导下,玉门油矿日益发展壮大。中国近代70年(1878—1948年)共生产天然原油67.71万吨(包括台湾),其中抗战期间玉门6年生产22.5万吨,占总量的三分之一。

1943年1月1日,甘肃油矿局将重庆的国光油行更名为油矿局业务处重庆营业所,同时在兰州又设立了"建国煤油销售处"。

1943年上半年,曹禺、吴作人、罗家伦、美国地质学家贝尔慈、英国科技史家李约瑟等知名人士先后到玉门油矿参观。

这一年日军企图强渡风陵渡入侵陕西省,由于玉门生产出了石油,及时将苏联支援中国的大炮赶运到前线,阻挡了日军的强攻。

这一年钻成油井8口,投入生产的油井9口,生产原油6.1万吨,加工原油6.8万吨。

1944年4月,蒸馏炼厂竣工。7月,老君庙油田的明沟输油全部改为管线输油。两个月以后,从矿场输油总站到炼厂的4公里输油管建成。当年生产原油6.8万吨,加工原油6.9万吨。同年7月,为进一步发展,孙越崎携家人与严爽、金开英和独山子油矿筹备处主任李同照,继1942年7月一进新疆

1937—1944年，孙越崎（左二）奉命赴新疆接办独山子油矿（纳入玉门油矿建制），在新疆霍尔果斯中苏边境，同家人（左三为孙大武，左四为王仪孟）及玉门油矿矿长严爽（左一）、炼厂厂长金开英（右一）合影

后，二进新疆，接办独山子油矿。

1945年3月，孙越崎在重庆电示矿场，要求孙健初、翁文波、董蔚翘等编制油田地质、电测、探矿、钻井、炼油等方面的全面资料。

3月底，经济部部长翁文灏到玉门视察，同行的还有驻华美军代表等。

过了半个月，老君庙油田第一深井钻至658米，首次钻透M层。

又过了月余，美国地质学家石油地质学会会长里奇博士到玉门一带考察，带走大量地质资料。

7月，甘肃油矿局改组，任命严爽、金开英为协理，增设了矿厂管理处，由严爽任主任。

8月，抗战胜利，甘肃油矿局奉调金开英等和动力油料厂的沈觐泰等，组成台湾石油事业接管委员会赴台。调孙越崎、董蔚翘等赴东北接收工矿企业。此后，孙越崎就离开了他经营开创为之呕心沥血的玉门油矿。

抗战胜利以后，金开英等一批老君庙时代的"油人"被派往台湾，当时台湾的石油工业由于被美军轰炸，如同一片废墟，后来能发展到今天的水平，这批老君庙"油人"功不可没。几十年来，他们始终没有忘记抗战期间在玉门的艰苦创业，更没有忘记他们的老领导孙越崎。在1992年孙越崎百岁诞辰之时，以金开英先生为首的老"油人"，特意定制了一幅极其精美的银质台屏，并在其上作文，忆旧并高度评价孙越崎开创玉门油矿的巨大意义：

孙公越崎期颐上寿　暨

德配王夫人九秩鹤算　弧悦联辉大庆

立大事者，不惟有超世之才，亦必有坚忍不拔之志。方其功之未成也，惟能前知其当然，事至不惧，而徐为其所，是以得志于成功。

吾公受命于抗日战争艰难之际，开发石油于祁连戈壁之间，排众议，闯万难，卒成事功，为我国石油工业开创新猷。其丰功，其伟业，实足以当之。

玉门关外老君庙，砂砾无垠，寸草不生，坚冰苦寒，杳无人烟，吾公以坚定之信仰，起草开发计划，罗致人才，筹集款项，于此探索油源。终得于一九四一年三月十六日成立甘肃油矿局，出任总经理。公于受任之初，即以探勘炼制运输供应兼筹并顾，六年之间，卓尔而为我国于抗日战争期间，唯一藉国人一己之力建设而成之新兴工业，并奠定战后可媲美全球，石油及石化工业之不朽基础。

前甘肃油矿局老君庙旧属，追随吾公，投身边荒，目击矿区日益壮大。吾公以无比之毅力，于物资奇缺之万难中，扩充采炼设备，增加油料产量，且复尽力储备人才，兼顾万千员工之生活，建宿舍，辟农场，设学校，立医院，无一不备，乃蔚然而为河西荒域中之工业奇范。

战后我国石油及石化工业蒸蒸日上，两岸成就各有千秋。然溯源追往，今日之各项成就，莫不感受当年老君庙时代之启迪。

吾公之声名，将与我国石油工业永垂不朽。际此吾公期颐嵩寿，夫人九秩鹤龄之庆，前甘肃油矿局老君庙矿厂旧属，谨以芜铭，遥祝华诞。

铭曰：　酒泉延寿　赤全凝脂

克开厥后　千秋树基

一九九二年十月十六日

第十章 "工业梦"的破灭

> 孙越崎长叹一声："什么煤铁大王，煤成了倒霉的霉，铁成了贴本的贴，我真是又倒霉、又贴本的大王。"

1 接收大员的"工业梦"

抗日战争胜利以后，政府各部门纷纷忙于接收沦陷区的敌伪产业。1945年9月，孙越崎被行政院经济部、战时生产局任命为东北区特派员，主持接收东北地区的工业企业和进行各项改造。同时被任命的还有粤桂闽区特派员林继庸、苏浙皖区特派员张兹闿、鲁豫区特派员杨公兆、华北区特派员王翼臣，湘鄂赣区特派员李景潞。

接到东北特派员的任职以后，孙越崎在甘肃油矿局上清寺宿舍的门口挂出东北特派员办事处的牌子，同时在报纸发表通告，在街道上张贴布告，广为招聘到东北去办工业的人才。应聘的人很多，没有过多久就超过了千人。不少人没有地方住，就住在上清寺大庙里，殿里院内铺了地铺，到处挤满了人。战争结束，要搞建设了，人们的热情十分高涨，尤其是一些当年从关外逃到内地的东北人，想到就要回家乡了，心情更是不能平静。孙越崎将这些人按照行业分成了不同的接收组，派天府煤矿经理张莘夫担任总负责人。

然而，东北的局面却十分复杂，四大势力在此碰撞：国民党、共产党、苏联、美国。在这样的大碰撞之中，孙越崎设想的千人出关接收敌伪产业的计划自然无法实现，战后全心全意进行工业建设也只能是梦想。

"千人出关"未能实现，招聘来的人员只好被解散了。1945年10月，钱昌照向行政院院长宋子文介绍了孙越崎的情况。宋子文看到孙越崎一直不能出关，就来找他，要他兼任行政院河北平津敌伪产业处理局（简称处理局）局长，先去处理平津地区的敌伪产业。孙越崎同意了。

抗战胜利以后，"接收大员满天飞"，大量财富落入地方政府和私人手中，而中央政府财力却非常空虚。身为行政院院长的宋子文，看到此状不禁焦急万分，决定在北平、青岛、上海、广州成立四个"敌伪产业处理局"。规定全国无论哪个部门、哪一级地方政府接收的敌伪工矿企业、房产地产、仓库物资，必须由行政院领导的这四个"敌伪产业处理局"去处理。所谓处理，就是分清产权、标售出卖，以回笼货币，收缩通货，充实国库。

宋子文还定了几条原则：一、各地区敌伪产业处理局直属行政院；二、在局内设立审议委员会为局内最高审议决定机构；三、处理局的办事章则和敌伪产业的处理，均须经审议委员会审议通过以后，报行政院批准后才能执行；四、处理局的具体组织根据实际工作需要，由局拟定，报行政院核定；五、处理局行政经费即在处理敌伪产业价款内开支，暂由中央银行垫拨；六、凡属变卖敌伪产业所得价款，均需当天解交当地中央银行，作为中央政府的国库收入。

1945年11月30日，孙越崎和随员乘宋子文的专机从重庆飞往北平。

八年不见故国山川，孙越崎的心情非常激动。飞机沿长江飞往汉口又折向北飞。他靠着舷窗往下凝望，暗念：这是宜昌，这是汉口，这是郑州！他心想：历尽苦难的土地终于又回到了中国人的手里，八年抗战终于过去了，以后就要全力以赴地搞建设，把工业发展上去，结束中华民族受屈辱的历史了。

孙越崎想起胜利后一次宴会上翁文灏的话：现在历史的沉霾已经过去，几十年的理想，即将实现，诸位就要专心致志钻研建设，以展示胸中抱负……想到这里，他不由地点了点头。

孙越崎想：这次去当河北平津敌伪产业处理局局长，一定要干好，把工业家底完整地拿过来，好为今后发展奠定基础。可是将会碰到什么呢？他心里没底，想到了28日宋子文对自己的交代："事不宜迟，你立即赶赴北平，三天到达，完成回收法币1000亿元的任务。"他记得自己当时说"这怎么可能，路这么远，票又不好搞——现在全是出川的；人员又没准备，这……"宋子文不等他说完："这事我来办，你赶快回去安排，坐我的飞机，三天到达北平。有事可直接找我，务必完成任务！"

孙越崎知道这位院长的脾气，也知道他想博个好名誉。但这毕竟于国有利，见交通解决了，就痛快地回答："院长放心，一定如期抵平。"

想到这里，孙越崎感觉到这次决不会一帆风顺，由此又联想到国共不和，美苏插手中国事务，不由得心情有些沉重。

飞机到了北平西郊机场，不管心情如何不快，此时的孙越崎对于建设工业、强大国家的理想还是充满信心的。他带人快步地走下了舷梯。

2　难当的处理局局长

到北平以后，孙越崎把处理局设在东交民巷26号的中国银行。这里过去是俄国驻华大使馆。孙越崎在门口还挂出了"经济部东北特派员办事处"的牌子。同来的30多人都是自带行李，打地铺住在一间大办公室里，人多地窄，十分拥挤。

第二天孙越崎就搬到他的三弟家去住。三弟家住的是他父亲留下的房产，房子在西总布胡同。三弟名孙毓驯，就是他当年到德国考察煤矿时在德国学医行医的那个弟弟。孙毓驯在德国生活十年，回国在德国医院（北京医院原址）担任了院长。

孙越崎的父亲是在他到玉门油矿上任的第二年去世的。当时孙越崎就表示放弃遗产（包括地产和房产），在同康村的家产留给了他的叔叔；在北京和天津的房产则留给了弟弟。当时因为二弟孙英坡在北平开有相当规模的面粉厂，也没有要求继承家产。孙越崎和二弟关系最近，却从来没有在二弟的厂里入过股，当然更没有分过红了。

这时北平正处在接收大员"五子登科"的混乱之中，许多从大后方来的政府官员乘机将敌伪资产攫为己有，大发其财，有的人顷刻变成百万富翁。

孙越崎对这种情况深恶痛绝。他一贯克己奉公，廉洁律己，几十年来，虽担任多种主要职务，但从没有置办过一点家产。他的工资最高的时候是在焦作煤矿，月收入达到2000元（当时政府部长的月薪为1000元左右）。抗日战争中他身兼数职，却坚持兼职不兼薪，只领取中福煤矿的一份薪金。创办玉门油矿，竟然从未在油矿领取过工资。此时他被调任特派员和处理局局长，大权在握，成天与几十亿元、几百亿元的财产打交道，仍然坚守自己一贯的做人信条，奉公守法，不谋私利。

12月3日，孙越崎到达北平的第三天，就在各报刊登布告，宣布"行政院河北平津敌伪产业处理局"成立。公告说："河北平津地区所有中央各部门和地方接收机构，应遵照行政院规定，凡接收的一切敌伪工矿业、房地产业、仓库物资等均应速将接收产业的清册交到处理局，一律不得自行处理。"同样内容的布告也贴满了大街小巷。

那时华北地区的接收机构林立，分属于军事委员会委员长北平行营、第11战区司令部、河北省政府、平津两市的市政府。而中央各部、会派出的接收机构更是数不胜数。国民政府的政令，不但对地方政府没有权威，就是那些直属行政院的部、会派出的接收机构，也不把政府的布告放在眼里。更何况，这次布告要河北平津地区大大小小的接收机构交出清册，等于把已经吃到嘴里的肉再吐出来。这谈何容易！尽管是报上登、街上贴，却没有一个机关理睬这份布告。

那个时候，李宗仁正担任北平军事委员会行营主任，在孙越崎到达北平之前，成立了河北平津敌伪产业清查委员会，由他本人担任主任委员，华北地区的各军政首脑均被任命为这个委员会的委员。李宗仁把他设立的这个机构放在中南海的勤政殿里，包括东边的怀仁堂和西边的居仁堂，平时李宗仁都在那里办公。另外，李宗仁还在天津设立了清查委员会分会。李宗仁的这个清查委员会成立以后，接收了不少敌伪产业，由北平行营批准自行处理。孙越崎的处理局一成立，宗旨刚好与李宗仁的这个机构针锋相对。对此，李宗仁很快以北平行营主任的名义加派孙越崎为他那个清查委员会的委员，每次开会都要请孙越崎参加。这样一来，就把处理局置于他的清查委员会领导

之下了。孙越崎的处境自然也就更加困难，处理敌伪产业的事情简直寸步难行。

处理局与清查委员会的矛盾日益尖锐，孙越崎苦于无法开展工作。

就在这时，蒋介石来到了北平。这是抗战胜利以后，蒋介石第一次来到北平，时间是1945年12月11日。

蒋介石到北平以后，住在北锣鼓巷圆恩寺的一个大院里，摆出一副体恤沦陷区人民疾苦、救苦救难的姿态。于是平津河北的军政首脑和士绅名流，都乘机纷纷向蒋介石递条陈。这些条陈的意思都是说：这许多年来，华北地区的老百姓受尽了日本人的欺压，所有敌伪产业都是民脂民膏。现在这里老百姓的生活苦不堪言，请蒋委员长准许，将所有接收的敌伪产业都交给华北地区的各军政机关自行处理，用于救济贫民。

蒋介石完全没有考虑到宋子文以行政院名义已经派出四大处理局，为中央集中资金。听了这些要员、士绅们的要求，一心只为扰络地方势力，就以"体恤地方人民"为名，对他们的条陈一一批准。更可笑的是，蒋介石居然还把他的这些批示交给孙越崎，要他的处理局去办理。

孙越崎接到这些条陈，感到与宋子文设置处理局的本意大相径庭，就去面见蒋介石，向蒋介石陈述：行政院规定，敌伪产业一律应由处理局统一管理，并对蒋介石详细说明，这是事关中央财政收入的大事。做了这一番解释之后，孙越崎拿出一张纸，这是他事先代蒋介石拟好的一个批示："华北敌伪产业，应按照行政院的规定，由处理局统一处理。"蒋介石听了他的解释，似有所悟，就在孙越崎代他拟的批示上，当面写了"照办"两个字。

由于蒋介石的北平之行既给了华北地方势力处理敌伪产业的权力，又给了孙越崎同样的权力，双方各执"御批"，争斗就更加剧烈了。

乘着蒋介石在北平视察的机会，地方绅士又想出了一个对付孙越崎的办法。有一天，以河北地方元老鹿钟麟为首的一帮人，与华北军政首脑人物相约，一起到圆恩寺去见蒋介石。

见面后，鹿钟鳞说："近来我们登上北平的城墙瞭望，只见所有工厂的烟囱都不冒烟。抗战胜利已经好几个月了，工厂还不生产，百姓生计艰难啊！

我们听说孙越崎先生一向擅长办理工矿业，请蒋委员长责成孙先生负责，使北平的工厂早日复工。"

鹿钟麟这一番话的本意却是将孙越崎从处理局的位置上挪开，把复工重任压在孙越崎的身上，使他无暇顾及处理局的工作。

蒋介石不明这些名流的本意所在，认为工厂早日复工确有必要，而依照他的看法，这样的事情也的确非孙越崎出马不可。

送走了这些元老以后，蒋介石马上召见了孙越崎。一见面就下了命令："我过三天之后离开北平。在我离开北平之前，你要拟定出一份平津地区工厂复工计划给我。华北地区的工厂总不生产，怎么能安定人民生活？"

孙越崎听了蒋介石的这个要求，马上就感觉到，肯定有人在蒋介石面前又出主意了。这明显是要干扰处理局的工作。可是蒋介石的面谕是不能抗拒的，孙越崎只有硬着头皮领命而回。

这时候，处理局成立才半个多月，没有一个接收单位按照要求交出接收清册，因此，孙越崎对华北地区工矿企业的情况一无所知，复工计划从何做起？左思右想，想到一个人——商震。商震在抗日战争之前接替刘峙做过河南省政府主席。当时，孙越崎正任中福公司整理专员，后又任总经理，与他多有来往，早已熟识。抗战胜利以后，商震担任了国民政府参军长，这时也随蒋介石来到北平。孙越崎急匆匆地去找了商震，征得商震同意，马上以国民政府参军长的名义，召集中央各部会的特派员及有关部门负责人，到蒋介石的住地圆恩寺开会。在这个会上，商震下命令，让所有的特派员当天都要把接收的敌伪产业清册交到处理局。

然而这次会的收效仍不大，服从命令交出清册的特派员寥寥无几，蒋介石又逼着要复工计划，一贯做事严谨周密的孙越崎实在无奈，只有采取敷衍的办法了。幸好和孙越崎一同从重庆到北平的副手顾毓琼，认识华北重工业株式会社的几位日本技术人员，常与他们交谈，收集了一些华北地区的工业材料，正好用来应付蒋介石。

孙越崎又从经济部派出的冀察热绥特派员办公处找到一些日本人留下的残缺不全的资料。就靠着这一点东西，孙越崎带了顾毓琼、处理局第二组

组长董询谋和他自己的秘书沈嘉元,在期限的最后一天,四个人一夜没有睡觉,"闭门造车":一边汇集资料,一边起草计划,一边打字油印,装订成册。整整一个通宵,终于完成了"河北、平津工矿复工初步计划"。

第二天一早,孙越崎顾不上休息,拿着这份复工计划,急急忙忙地赶到蒋介石的住处,把复工计划交给蒋介石,同时还写了一张附录一并呈上。附录的内容是:我是处理局局长,是奉行政院之命到北平来处理敌伪产业,不是来负责工厂复工的。请委员长批复,将所有敌伪产业归我处理。

蒋介石急着要去飞机场,没有细看,就在孙越崎写的那份附录上批了"照准"两个字。而那份四个人熬了一夜赶出来的复工计划,蒋介石更是连看也没有看,接过来随手交给了身边的秘书。他向孙越崎点了点头,就匆匆上车去飞机场了。

3 宋子文的办法

蒋介石离开北平以后,孙越崎就采取了行动。他给宋子文发去一封电报,详细地汇报了处理局在北平的处境和蒋介石的北平之行。只过了几个小时,宋子文就回了电报:"即到北平。"

1945年12月27日,宋子文乘飞机从上海飞到北平。宋子文的到来,将中央与地方争夺敌伪产业的斗争推向了高潮。

年底的北平正值严冬,西郊机场更是寒风刺骨,华北各界要人都冒着严寒赶到机场,迎接宋子文。第11战区司令长官、河北省政府主席孙连仲、北平行营主任李宗仁、北平市长熊斌等军政首脑在候机坪站了一大排。孙越崎也赶到了机场,悄悄地站在这些显赫人物的后面。

宋子文一下飞机,就前后左右地将这些军政要人扫视了一遍,还没有等他们上前握手致意,就开口询问:"孙越崎先生呢?处理局的局长孙越崎来了没有?"

孙越崎听到宋子文的问话,马上从后排挤到前面,大声回答:"院长,我来了,来了!"宋子文向军政首脑们点点头,算是打过了招呼。一边点头,一边拉着孙越崎说:"你和我一起走。"

孙越崎上了宋子文的车子，一路上车队浩浩荡荡向城里开去，直奔东城的圆恩寺。

到了圆恩寺以后，宋子文打量着前后大院，李宗仁上前说："前几天蒋主席到北平来就住在这里，院子里有武装保卫，很安全的。"宋子文听了微微皱着眉头，对身边的海关总署署长说："你们海关在东交民巷不是有房子吗？"那位署长点点头说是的。宋子文说："那好，我就到你那里去住。蒋委员长住过的房子，我不想去住。"

于是，车队又浩浩荡荡开向东交民巷。宋子文在海关总署的一座小楼里住下。

安顿好以后，孙连仲、李宗仁等人簇拥着宋子文在客厅里落了座。还没有说几句话，宋子文就转过身来，对孙越崎说："孙先生，你先同我来一下。"说着站起身来，带着孙越崎到了隔壁的一个小房间里。这个小房间全部是西洋装饰，精美的壁炉里火焰在跳动。

进屋后，宋子文没有坐，站在壁炉前取暖，孙越崎也就过去靠着壁炉，站在宋子文的对面。两人一起烤着火交谈起来。

宋子文先问："怎么样？"

孙越崎很默契地回答："蒋委员长在北平时批了条子，让地方上处理敌伪产业。"

宋子文听了十分生气，马上站直了身子，打算往外走，说："那我就回去了，我的专机还在机场停着呢！"

孙越崎却一动也不动，对宋子文笑了笑说："院长，慢慢来，我还没有说完呢！我这里也有委员长批的条子。"

宋子文一喜，也笑着说："那很好，我不走了。你明天早上到我这里吃早饭，把委员长批的条子带来给我看。"

第二天一早，孙越崎应约来到宋子文的住处吃早饭，并把蒋介石的批示交给了宋子文。宋子文看了这个批示，计上心来，马上给蒋介石发去一个电报，大意是：到北平以后，看到委员长给处理局局长孙越崎的批示，当遵照旨意，与有关方面洽商，将一切敌伪产业交由处理局处理。宋子文还要秘书挂了长途电话，说明他为处理局的事到了北平，一定要照委员长指示的意见办理。宋子文的电报和电话都只字不提蒋介石给华北地方当局的批示。

早餐以后，宋子文和孙越崎同去中南海见李宗仁。

宋子文对李宗仁说："你的清查委员会要取消，你们已经接收的敌伪产业全部移交给处理局，我要在北平住几天，监督办理这件事情。你今天就发通知，明天就在勤政殿开会，我来把情况讲清楚。"李宗仁没有表示异议，就按照宋子文的要求下发通知了。

次日一早，宋子文又约孙越崎一同吃早餐。一边吃一边对他说："孙先生，今天上午开个会，我要当众责备你，说你到北平以后，工作不力，打不开局面，我这个行政院长交办的事都没有办好，很使我失望！我还要责成你，遵照蒋委员长的批示，马上去办理处理敌产事情。这样一说，今天的会可能开得有力量，你今后的工作也就容易推动了。"

孙越崎听完之后回答说："你这番意思我完全明白，只要能让大家知道我的难处，协助我把局面打开，有利于把处理局的事情做好，你怎么说都行。"

这天上午，华北地区军政首脑孙连仲、李宗仁、熊斌、张廷谔等，还有中央各部会的特派员及其他一切有关单位的官员都到了勤政殿，足有40多人。

会议开始，宋子文首先讲行政院设立敌伪产业处理局，是为中央解决财政问题，以回笼货币、平抑物价。地方恢复生产需要资金，由中央另外核拨，不得自行处理敌伪产业，更不准挪用处理敌伪产业的款项。

做了以上说明以后，宋子文宣读了蒋介石给孙越崎的批示，然后声色俱厉地指责孙越崎，说他到北平已经近一个月，开展工作十分不力，有负委员长和中央的委托。最后，宋子文态度强硬地宣布，他本人将暂留北平督战，就在中南海居仁堂设行政院院长办公处，限令各接收单位五天之内将接收的原始清册，全部交到院长办公处，以便处理局开展工作。

会上，华北地方当局人士和中央各部、会的特派员都没敢再说什么。

这次会议以后，宋子文带了两位秘书，果然每天坐镇中南海居仁堂办公。孙越崎带着处理局的人也都到了居仁堂，一同接收各单位交来的清册。

宋子文到北平亲自督战，强力干预，使敌伪产业的处理渐渐从地方手中转移到行政院处理局手中，很多过去态度强硬的部门在宋子文的那次会后都软了下来，老老实实地到居仁堂办理移交。处理局的人员帮助接收，做记录，编造新册，分类整理，居仁堂人进人出，一派繁忙景象。

但是不服气者总有，宋子文走后就暴露了出来。

4 "擒贼先擒王"

孙连仲是第11战区司令长官，当时接收了不少敌产。敌伪时期，平津两地的银行大都自己开设仓库，兼营存货的业务。所以敌伪物资属银行仓库存放的最多，河北省银行仓库更是位居各银行之首。抗战胜利以后，这个银行很快被第11战区司令部接收。孙连仲不向海关申报登记，各银行都以他马首是瞻。所以当时各单位虽然纷纷上交了接收清册，但是仓库敌伪物资的清册却是寥寥无几。

宋子文到平津干预接收的时候曾经有个规定，存有敌伪物资仓库的接收者，限期将所存敌伪物资的清册送交海关查核登记，由处理局处理。逾期不报，一经查出，即将整个仓库封存。

各单位的仓库物资清册迟迟不报，孙越崎为了把平津地区的一座座仓库打开，决定采取"擒贼先擒王"的办法。他瞄准了河北省银行仓库，来到了天津。

到了天津以后，孙越崎先以"听说仓库里有大烟毒品"为名，调查河北省银行仓库的情况。查得确有敌伪物资，就依照"逾期不报，一经查出，予以封存"的规定通知了海关。海关来人封了仓库，一切物资不得移动，停止其营业。

这样一来，仓库的人急了，仓库主任连忙给孙连仲打电话，报告了仓库被封的情况。孙连仲态度非常强硬，马上给处理局打电话，气势汹汹地质问为什么封了他的仓库。处理局的人不知道他们的局长在天津做什么，便回答孙连仲说不会有这样的事情。孙连仲又威胁说："我的仓库里都是布匹，是准备做军装的。你们封了我的仓库，我来不及做军装，士兵换不了季，发生兵

变闹事，要你们处理局全部负责。"处理局的人摸不清情况，只好在电话里说好话："不会有这样的事情，恐怕是孙司令官听错了吧。"

放下孙连仲的电话，处理局的人赶忙挂天津长途给他们的局长打电话询问情况。孙越崎回答说："是的，我们是封了孙连仲的仓库。你们告诉孙连仲，仓库是用纸条封的，他有胆量一拉不是就开了吗？"

孙连仲听到孙越崎让别人转告他的这番话，考虑了再三，终于没有敢去撕封条。

孙连仲又打电话，让仓库主任去找孙越崎，要求开启封条。那位主任到了处理局天津办公处，孙越崎在屋里不见，叫天津办公处的处长姒南生去接待。姒南生对孙连仲的仓库主任说："孙局长让我转告你，封条是我们贴的，你们要撕就撕掉，不过是一张纸，一拉就开了嘛！孙局长就在里面坐着，他说了不见你，随你们的便。要让我们启封，没有别的办法，你们只有遵照通告，将物资清册向海关申报登记。"没有想到处理局的人态度这样硬，仓库主任有些怕。

孙越崎封了孙连仲的仓库以后，立即给宋子文发了一个电报，报告了一些单位仍不肯交出敌伪物资的清册。要解决这个问题，就要"擒贼先擒王"，所以封了孙连仲的仓库。宋子文看了孙越崎的请示电报，又是只隔几个小时就回电答复："你办得很好，应当奖励。"

很快河北省银行即向海关办理了申报登记，海关即将仓库启封。

孙越崎在封了河北省银行仓库的第二天就离开了天津。一回到北平，他就去见孙连仲。他来到铁狮子胡同孙连仲的住处，递进名片后被请了进去。勤务兵将孙越崎带到了客厅，孙连仲全身戎装，胸前挂满了勋章，见了孙越崎坐在沙发上一动也不动。孙越崎像没看见一样，毫不理会地自己坐下了。看到孙连仲仍不开口，孙越崎就反客为主先打招呼说："孙主席，我是来向你道歉的。"

孙连仲气势汹汹地说："你来道什么歉？"身子仍没动，也没有叫人给客人倒水喝。

"在华北这片地方，孙主席的势力最大。老实说吧，日本人留下的仓库，你不肯交出来，大家都看着你呢。你不交，大家都不交，我怎么工作？我打不开这个局面，处理局局长也就做不成了。宋院长在勤政殿的训话，你也是当面听到的，说得不好听一点儿，'擒贼先擒王'，我不能不从你这里下手。考虑来，考虑去，我知道你一定会十分不痛快，可是我不得不这样做。今天到你家里来，就是请你原谅。我进来时，你连站都不站起来，可见是十分不痛快。也难怪你，所以请你原谅。"

孙越崎一番话句句在理，直来直去，很像军人。见孙连仲的脸色好一点了，他又接着说："还需要解释一下，我是听说你的仓库里有大烟土，才下令封的。"

孙连仲接过孙越崎的话茬说："大烟土绝没有，里面都是布匹，准备用来做军服的。这事这样做，你太不给我面子了。如果仓库物资都由中央政府处理，而我的手里现在有25个保安团，还没有军服，中央拖欠军费不发，我怎么办？天气快暖和了，军服换不了季，士兵是要闹事的。影响了军心，共产党军队来了，谁来抵抗？"

孙越崎听了这一番话，完全理解孙连仲是小题大做，以此威胁。他既不能退让，又不能和他硬顶，就顺着孙连仲的话说："你要做军服，那很好嘛，你作个预算来，报到行政院，请宋院长批准就是了。"

孙连仲也不示弱地说："预算当然报了。"

孙越崎说："既然已经报了预算，我明天就打开仓库，按你的预算给你布匹。这些布匹就充作你应交到处理局的那部分钱，算你已经交了之后，行政院又核拨给你的。这不是很简单吗？"

孙连仲听完之后，无计可施。停了一会儿，站起身来，走到孙越崎面前，握住他的手说："我服了你了，我是武官，你是文官，咱们的脾气却是一样的痛快。咱们都姓孙，五百年前是一家人嘛！什么都好说，好商量，好商量！"

客厅里的气氛热乎起来了，只见孙主席拉着孙局长的手，连声喊"倒茶，快给客人送茶！咱们成朋友了，打架打成朋友了。"

孙越崎连连摇手说："不敢当，你的力量比我大多了，我的工作还得靠你帮忙呢。今天你的仓库这么一交,其他人的仓库也就不敢不交了。我是感谢你的支持的。"

这两位"五百年前是一家"的司令长官和处理局局长又谈了一会儿,才分了手。

此事一时成为趣闻,广为流传。

就这样,处理敌伪物资的工作终于打开了局面。到1946年12月,在孙越崎等的努力下,河北平津敌伪产业处理局虽然完成了回收1000亿元法币的任务,但是北平那些烟囱不冒烟的工厂仍然没有复工。其实又何止北平如此?全国经济状况依旧混乱。

5 与苏联人谈判

1946年1月中旬,孙越崎在北平忙于接收敌产的时候,接到了一封从重庆发来的电报:国民政府外交部部长王世杰、经济部部长翁文灏联名奉蒋委员长之命,召孙越崎前往重庆,相商要事。

第二天,孙越崎就飞抵重庆,见了王、翁两位部长,才知道是要他去东北参加中苏谈判。

在这之前,东北经济委员会主任张嘉璈已经与苏联远东军总司令的经济顾问库兹涅佐夫谈判。苏联方面提出,除原来中苏合办的几条铁路(满洲里至绥芬河、哈尔滨至大连、沈阳至安东)以外,东北地区所有的重工业都是苏军的战利品,也应全部由中苏合办。张嘉璈觉得这个要求太过分了,表示不能接受。谈了几次都没有结果,便向中央政府提出,要求谈判升级,改由中央政府和苏联大使在重庆谈判。这个要求没有得到蒋介石的同意,他指派孙越崎作经济顾问,帮助张嘉璈同苏联人谈判。

蒋介石似乎不愿在这件事上多花精力,他很有些无奈地对孙越崎说:"外蒙古已经让给他们了,不能再让了。全面合办不行,少数企业合办可以。就这样去敷衍敷衍吧,没有别的办法。"

1月15日,孙越崎乘飞机到长春,三天之后开始和张嘉璈一起同苏联人谈判。库兹涅佐夫态度傲慢、趾高气扬,反复说:"中国东北所有的一切,都是苏联远东军的战利品，包括工厂、矿山，也可以说都是我们的。提出合办已经是很照顾你们了。"孙越崎和张嘉璈坚决拒绝接受，据理力争，双方舌枪唇剑气氛十分紧张。谈判休会时，双方代表连告别的招呼都没打，就各自走出大门。以后又谈了一次，也没有结果。从此，这件事就搁置起来了。孙越崎回重庆向蒋介石复命。

1946年2月底，苏军开始从东北撤军，他们尽其所能地将东北重工业企业的设备器材拆运回国。

据日本产经新闻出的《蒋总统秘录》记载："在电力工业方面相当于东北总发电量的65%的电力设备被苏联拆运而去，鞍山、本溪等钢铁厂设备的80%被搬走。"与此同时，苏军还运走了大批火车头、车厢及军用物资。另外，从长春中央银行提走满洲币7亿元，各种有价证券价值75亿元，黄金36公斤，白金31公斤，白银66公斤，钻石3千多克拉。累计约为美元20亿元。东北的工业交通受到极大的破坏，后来不少工厂长期不能复工生产，整个经济的复苏也受到极大影响。

3月8日苏军撤出沈阳。3月12日全副美式装备的国民党军队便进入了沈阳。

6 为了东北工业的恢复

从沈阳回北平处理了一些急办的事情后，孙越崎于1946年3月28日再度出关，到锦州接收工矿企业。上次出关时，他带了一个考察组，了解东北的工业情况。自己也利用谈判间隙考察了一些工矿，知道东北工业确实先进。他急不可耐地要把它们拿过来，为我所用。他在北票和阜新看到，这两个矿每天还能生产两千吨以上的煤炭。4月1日，他又带人到营口、抚顺和鞍山。4月4日到沈阳。

即使由于苏军的拆毁，在4月15日欢迎军调部委员的会上，孙越崎作演说时仍说："东北工业的确像样子，可以使中国工业水平进步100年，不过不是由中国工程师做出来的。今后我们要亲手做出一个样子给朋友们看看。现在正是表现中国工程师能力的时候。"又说："时间和金钱都必须争取，缺

一都不能完成任务。"表示了孙越崎作为一名实业家的雄心。

1946年的冬天格外寒冷，在基本完成处理局的事情后，12月20日，孙越崎在严寒中又一次飞出山海关。这次与他同行的是最高国防会议的陈寿昌委员。行前他曾说："宋院长对我说，要对东北华北敌伪所遗留的工业做通盘的有效的整理，特别要注意钢铁事业的恢复。胜利一年了，可是接收敌伪的百万吨化铁炉，尚未生产出一吨铁来。"他寄希望于鞍山、本溪的修复，表现了内心的焦虑。

这次孙越崎在鞍山钢铁厂停留了较长一段时间，与邵逸周总经理研究了生铁和钢铁市场，准备替代上海的进口钢材。回到南京以后，谈到在东北看到的情况时他认为："一般情况很好，鞍山复工的工厂已经有11个，品质最好的特种钢明年春天就可以生产。"尽管焦虑，信心仍然是很足的。

这一年5月，资源委员会人事变动，翁文灏辞去委员长由钱昌照继任，孙越崎被任命为副委员长。6月，资源委员会中国石油公司在上海成立，翁文灏任董事长兼总经理，孙越崎兼任董事。在副委员长就职演说中孙越崎表示，决不能错过了胜利以后这个黄金时代。他还鼓励上海工商业界的朋友到东北参观、考察、投资。孙越崎心中仍然憧憬着东北重工业的大发展。

1947年春天，鞍山有几个工厂开工，出现过一阵发展的活力。据鞍山钢铁厂总经理邵逸周估计，如果顺利，连华北在内，全年可以生产26万吨钢。其实，这个数字还不及战后允许日本所保留的生产能力的十分之一。即使这样，孙越崎仍然感到快慰。这时，他已辞去了处理局局长一职，全力于国家工矿业的恢复。这年8月，孙越崎又去鞍山，对员工进行慰问。一周以后又去阜新，研究恢复生产大事。

这以后，他又几次去东北各工矿企业，帮助那里的负责人解决问题，督促工作。但是随着战争，随着国民党在战场上的溃败，他的努力一天天变成泡影，终于彻底完结。

从1946年1月到1947年11月，孙越崎先后九次去东北，除第一次与苏联人谈判外，作为经济顾问和特派员，作为资委会副委员长，为了东北的经济恢复，为了扶植东北的工矿企业，他不辞辛劳奔走于山海关内外，殚精竭虑，周旋于京沪、平津之间。看到东北那些工矿企业的艰难情况，他颇有感慨地说：给我们三年时间，我们一定能恢复旧观。然而，他不可能得到三年的建设时间，过去他曾说过，没有和平，就不可能发展工业。现在他实实在在地体会到了这句话的道理。

7 张莘夫之死

还是在1946年1月孙越崎去东北的时候，发生了一件使他痛心的事，他的老友张莘夫不幸殉难。

张莘夫是吉林人，多年流离，思乡情深。孙越崎被任命为经济部东北区特派员时，曾派张莘夫具体负责准备千人出关接收的事。后因受阻，那一千多人大多被解散了。张莘夫就和沈阳市市长董文琦一同到了东北。

到了东北以后，中长铁路中方理事长张嘉璈派张莘夫带人去接收抚顺煤矿。抚顺煤矿当时属中长铁路，是中国最大的煤矿，煤层足有70多米厚。张莘夫是美国密西根大学矿冶系的硕士毕业生，对这样好的煤矿当然十分有兴趣。接到张嘉璈的命令后，就带了七八个人乘火车前往抚顺。当时占领东北的苏联远东军只允许中国的行政人员去东北接收，不允许中国的经济和军事人员前往东北接收。而张嘉璈既没有向苏军方面打招呼，也没有把苏军的规定告诉他。

1月16日，张莘夫带人乘火车离开长春以后，一直没有消息，孙越崎因为和张莘夫是老朋友了，所以非常着急。

张嘉璈也很着急，打电话给沈阳的董文琦询问情况。沈阳距离抚顺很近，只有50公里的路，张嘉璈要董文琦赶快派人到抚顺去了解一下。孙越崎听到这些情况，心里很不踏实，一种不祥之感使他坐立不安。

两天以后，董文琦的电话来了：张莘夫一行有了下落，就在李石寨车站找到了他们的尸体，都被扔在雪地里，张莘夫的身上有九处枪伤。原来，张莘夫等到抚顺煤矿后，苏联驻军不了解他们的身份，怀疑是特务，勒令出境。就在离开抚顺不远的一个车站——李石寨被枪杀。孙越崎这才知道老友已经不在人世。这一天正是农历大年三十。

董文琦把张莘夫等几个人的尸体运回沈阳安葬。张莘夫的被害，使东北的接收工作受到很大影响，专家们纷纷返回北平，东北的上空从这时已经蒙上了一层乌云。1947年7月，战火烧到了月产煤45000吨的北票煤矿，当时中国最优秀的炼焦专家俞再麟在躲避战火时被流弹击毙。这是继张莘夫之后，在东北遇难的第二位工程师。为此，爱惜人才的孙越崎万分痛恨这场内战，但他当时对这场内战的是非并不清楚。

8 "工业梦"的破灭

内战使东北的工业受到巨大的破坏，使得孙越崎中国工业化雄心难成。当时孙越崎在一次讲话中介绍东北经济所受到的损失时说："最近三个多月，在整个经济上是不可挽回的局面，直接损失的已经不能恢复，间接的损失数字更大，小丰满的水泥是空中运去的，鞍山、本溪、抚顺各种原来的工业生产设备，全变成了堡垒或防御工事，机器设备被拆得七零八落，一切都瘫痪了。"他了解东北企业中员工们面临的困难，为此说："我要向东北的17万（裁减后的数字）员工致敬。"

此时，孙越崎还在报上发表文章，指出"建国资本动摇了""幻灭了初期人们的期望，把中国工业化抛后若干年"。

在战云翻滚之时，信奉实业救国的孙越崎发出了这样的叹息，他只知道内战破坏了中国东北的重工业基础，拖延了中国走向工业化的步伐，而这时的他还看不清楚，内战究竟从何而来，他指责过共产党，也埋怨过蒋介石。

到了这一年的8月4日，资源委员会在南京举行了一次会议，那时东北工矿业正在为经济危机所告急，抚顺负债200亿，鞍山下半年所需的81亿经费还有60亿没有着落，其他各公司也都在冻结之中。

那一阵，遇到有人和孙越崎开玩笑称他为"煤铁大王"，他长叹一声："什么煤铁大王，煤成了倒霉的霉，铁成了贴本的贴，我真是又倒霉、又贴本的大王。"

1948年元旦，资源委员会东北办事处处长谢树英筹借了一笔钱，给东北的员工在炮声中过了一个年。元旦那一天，他一家一家地去拜年，通知元旦以后，开始向关内撤退。对于那一次规模空前的65次（批）空运飞行大撤退，孙越崎后来说："我们这次可以说是撤退，也可以说是没有撤退，离开的几名负责人，他们在东北的职务仍然都保留着，工矿单位本身也都有组织，以不被破坏为原则。"

有人问孙越崎，这次大撤退的损失总额是多少？孙越崎想了半天才说出了一个数字："大约100亿美金吧。"假定这是一个有形的损失，那么无形的损失还不知有多少。这真是一个不能计算的损失。

孙越崎的脑子里有无数的问题：国家资本向何处去？这些重工业基础失掉以后又应该怎么办？过去曾认为东北工业的接收可以使中国的工业技术水平进步100年，那么现在呢？是否又退回了几十年？孙越崎本来是准备抗战胜利以后大干一场，将中国的工业化水平大大提高一步，现在却失掉了三年前热烈的憧憬。但他却从此逐渐认识了中国的现实，认识了实业不能脱离政治，认识了国民党政府对这场内战应负的责任。

第十一章　投奔光明

孙越崎在 10 月南京会议上说："我们这些人，都是学工程技术的，都是怀着工业救国的理想，在抗日战争开始前就参加了中国的工业建设。资源委员会现有的工矿企业，是中国仅有的一点工业基础，我们有责任把它们保存下来。"

1　10 月南京会议

1948 年 5 月，翁文灏出任行政院院长，孙越崎担任了行政院政务委员兼资源委员会委员长，吴兆洪担任了副委员长。这时，国内形势越来越清楚了：东北全境即将解放，关内的解放区也日益扩大，蒋管区内经济政治一片混乱，蒋介石政权摇摇欲坠。

10 月，孙越崎决定利用国民党社会部在南京召开全国工业总会成立大会的机会，召开一次秘密会议，讨论资委会的去留问题。这次会议孙越崎事先并没有和任何人商量过。社会部会议结束后，各厂矿的负责人已经准备返回了，他又派主任秘书李彭龄赶到火车站，把他们接到资源委员会本部礼堂。开会时，李彭龄一直在门外巡逻。孙越崎让人搞了个冷餐会，饭前把心里积压已久的想法同大家讲明了——

"不久前，我在东北视察了几个月，所见所闻，感触颇深，共产党必胜的大趋势，已是有目共睹。鞍山被解放军占领以后，我们资源委员会的技术人员一律被留用，受到优待。要说对共产党的认识，我还得从十多年前说起。当年我赴美留学,回国时路过苏联,在那里亲眼见到'十月革命'胜利以后,共产党执政,举国若狂地全力兴办重工业。那种场面真符合我们实业救国的心愿。目前国内的形势,大家已经看得很明白,不必多说了。以前东北战争吃紧时,我帮大家逃进关来。现在平津形势又吃紧了,怎么办?大家都在考虑这个命运攸关的大问题。我看逃到哪里去都一样。战争虽然会死人,但只要主管人镇静,战争波及厂矿时大家不要乱窜乱跑,死亡是可以避免的。鞍山就是一个很好的例子。鞍山被围时,员工都躲在屋里,没有外出乱躲,结果没有一个人伤亡。今后不要蹈俞再麟的覆辙了。从华北平津起,大家都不要再逃了。要坚守岗位,保护财产,迎接解放,办理移交。还希望各位回去以后将这番意思秘密传达附近的厂矿。"

孙越崎看到负责人都是一幅欣然的表情,又接着说:"我们这些人,都是学工程技术的,都是怀着工业救国的理想,在抗日战争开始前就参加了中国的工业建设。资源委员会现有的工矿企业,是中国仅有的一点工业基础,我们有责任把它们保存下来。我想,共产党在中国执政以后,可能会效法苏联,大家都会有用武之地。现在各单位的人员如果擅自撤离岗位,资委会就不再为其安排工作。我相信,共产党将来也是一样要建设中国的。资源委员会的产业办理移交以后,共产党在大陆建国搞工业,一定会用我们的,今后我们一定可以继续为国家建设效力。"

孙越崎讲话以后,第一个站起来表态支持的是金属矿管理处处长杨公兆。他是先拥护袁世凯做皇帝,后来又参加共产党的杨度的第二个儿子,德国留学生,资委会前身国防设计委员会的三个业务处处长之一,也是资委会元老。国防设计委员会成立之初,孙越崎刚到南京,就是与他同住一间宿舍,两人相知甚深。杨公兆为人正派,深受同仁敬重,他的支持,对与会者起了很大的作用。杨公兆在新中国成立后曾经担任过中央财经委员会计划局重工业处副处长。

接下去表态的还有河北井陉矿务局局长王翼臣、重庆办事处处长曹丽顺、武昌电厂厂长兼武汉办事处处长黄文治等。会场上的气氛十分活跃,大家的思想十分一致。大家还讨论了如何安定人心,怎样避免发生财务困难或人员混乱的问题。资委会同仁思想上的共鸣,给了孙越崎极大的鼓舞。

在国民党统治森严的南京,孙越崎敢于当着几十人公开表示对政府的"叛逆",看起来似乎不可思议。当时只要其中有一个人出卖他们,后果将不堪设想。但是这种不可思议之中必然包含着某种必然性,这就是孙越崎对资源委员会的同仁有基本的了解和判断。资源委员会在国民党政府中的确是一个特殊的机构,与政界、军界的腐败大不相同。

这个时候的资源委员会,在国民党政府中是经济实力最强的单位,拥有121个总公司和总机构,下有生产单位上千个,以及研究、勘测及服务性事业单位若干个。职员32800多人,其中40%以上是大学毕业的技术和管理人才,从国外留学回来的高级人才达3000多人。所属企业的工人分布在全国,共有70多万人,其中技工有22万人。资源委员会的高层领导和各个厂矿的负责人,绝大部分接受的是西方现代教育,信仰"实业救国"。作为一个社会群体,它的文化背景与周围很不相同。在组织机构和经营管理等方面,移植了一些西方模式,有着强烈的爱国思想,希望民族昌盛、中华振兴,崇信"公诚",对蒋介石政权的腐败非常不满。在行为方式上,较周围人多些"资本主义",而少些"封建主义"。

正是在这样的文化背景下,他们在国家的大动荡中做出了正确的抉择。他们为保存中国仅有的一点工业基础,冒着极大危险,拒绝拆迁,护厂护矿。

参加过南京会议的除一人外,全都留在了大陆,回去以后都采取了行动。

2 明辨是非

孙越崎的思想有个转变的过程。1947年夏天,孙越崎在东北各地资委会厂矿视察,所到之处看到国民党军队士气低落,每战必败,占据的地盘不断缩小;企业员工、一般百姓,对解放军的拥戴之词,对国民党的怨恨之声,更是时有所闻。人心所向、大势所趋已经十分了然。孙越崎看到,自己供职的国民党政府已经穷途末路,一种失落感笼罩在心头。几十年为之奋斗的"实业救国"的理想，已经在连年不断的战争中破灭了，心中不免产生一些悲凉。而在悲凉之中又有一种庆幸之感：国民党必败、共产党必胜的大趋势，以及由此带来的思想变化，是困坐南京所不可能得到的。

何去何从的问题摆在了孙越崎的面前。

继续跟着蒋介石到台湾去？高官厚禄不成问题，照现在的职位和蒋介石对自己的信任程度，"入阁拜相"也大有可能。但那也就完全抛掉了自己为建设工业化的中国献身的平生大志。

留下来，孙越崎也有顾虑。他想到了不久前写的刊登在《中央日报》上的那篇《悼俞再麟》的文章。

1947年7月1日，资源委员会所属辽宁北票煤矿第一次被解放军占领。这时，孙越崎正在南京，他十分关注东北的战况，关注着资源委员会在东北众多企业的生存。他经常通过一些尚能保持联系的所属企业，询问战况。北票煤矿发生战事不久，他就接到北票煤矿总经理雷宝华的电报："煤矿被共军围攻之时，员工推举俞再麟出矿向共军求和，共军一营长拔出手枪要对他开枪，俞再麟跪地哀求无效，终被击毙。"

俞再麟是当时我国少有的洗煤专家，孙越崎担任经济部东北区特派员接收东北重工业的时候，看到北票煤矿有一个相当大的洗煤场，设备非常好，就想到了这是俞再麟可以大展才华的地方。于是他就请俞再麟去主持这个洗煤场的工作。而这时俞再麟因为夫人得了精神病，需要照顾，不愿意离开家去东北。孙越崎兴办工业心切，托人去做说服动员，俞再麟才勉强同意。

一下子接到这样一封电报，孙越崎极为悲痛。他一贯爱才护才，想到俞再麟的死，心里就像刀割一样，痛失专家，怜其妻小，不禁泪下。

这件事情被国民党宣传部部长兼中央日报社社长彭学沛知道了，马上去找孙越崎，要他写一篇哀悼俞再麟的文章。

孙越崎怀着痛惜的心情，写了《悼俞再麟》，登在《中央日报》上。在文章中对共产党用了诬蔑之词。

7月中旬，孙越崎到东北去视察，解放军已经主动撤离了北票煤矿。在北票期间，员工们向孙越崎讲述了7月1日那天的情况：解放军围攻北票煤

矿时，总经理雷宝华并不在矿区而在锦州，俞再麟也并没有受推举出矿求和。那天夜里，解放军攻破了矿区围墙之后，即从那个缺口进入矿区。俞再麟见状十分紧张，跑出宿舍想找一个地方躲避。不想在路上被流弹击中，当时就身亡了。员工们还告诉孙越崎说，如果俞工程师当时不从房间里跑出来，就不会遭难身亡，当时解放军并没有伤害矿上员工的意思。

雷宝华的电报与真实情况完全不符，孙越崎感到受了雷宝华的欺骗而错写了文章，心里十分生气，也十分懊悔。他从来都认为，为人要正直无欺，立言要实事求是。错写《悼俞再麟》一文，在他的心里投下了一道深深的阴影。

他想这篇文章肯定得罪了共产党，留在大陆能不能立足？不愿去台湾，又不能留在大陆，到外国去，做漂泊无依的"华人"？20 年前在穆棱煤矿共过事的那些俄国人的形象浮现在眼前，难道自己的将来就是那样？那是自己绝对不愿意的。

当年在天津参加五四运动的情景至今难忘，留学回国途中在莫斯科见到共产党执政后大力兴办工业的场面也清晰如昨，沉淀了的记忆从心底升起。一面是爱国心和事业心，一面是共产党"将如何对待自己"的担心，两种思想在较量。经过激烈的思想斗争，留在国内的念头一步一步地占了上风。

孙越崎从来不是个多愁善感、当断不断的人，而且有了决断立即就有行动。他首先要为已经做错的事做些弥补——不动声色地撤了他的老同学雷宝华的职，另派人接替。8 月，他又迈出第二步。当时，中国工程师学会会长陈立夫从南京通电上海、北平、天津、重庆、沈阳等八个大城市的中国工程师学会分会，要求他们在同一天为俞再麟开追悼会，以扩大反共宣传。那时，孙越崎恰在沈阳。在他面前出现了一个很尴尬的场面：北票煤矿是资委会的企业，俞再麟是这个矿的工程师，自己是俞再麟的老朋友和老上级，从这几层关系来讲，要开追悼会，不上台讲话是不行的，而公开讲话不骂共产党又是不可能的。以自己的身份地位，讲话一定会在沈阳各报广为刊登，用来大肆宣扬反共。孙越崎深知陈立夫的用意，但这时他实在不想再骂共产党了。如何是好呢？他反反复复思来想去，终于想出了一个办法，把追悼会改为公祭，安排好一个灵堂，规定时间，在这时间内吊唁的人随祭随走。不上台讲话，避免了当局借此作反共宣传。

因为留在大陆的念头日益强烈，而留在大陆又不能不与共产党发生关系，所以这时孙越崎总想找人商量。早在这年4月，钱昌照已经辞去了资源委员会委员长的职务。当时，蒋介石没有再交给他什么工作。钱昌照提出要出国考察，但是行政院院长张群对他的要求置之不理。

9月，资委会锦西钼矿工程师贝秋恒又在一场激战中死了，国民党造谣是共产党搞的，他再也不相信了。

9月，孙越崎从东北视察回南京以后，见到钱昌照赋闲家居十分无聊，就有意经常到他家去闲谈。有一天，孙越崎见钱昌照一人在家，终于下了决心。他悄悄地对钱昌照说："我有一件事想和你谈，一直没有找到开口的机会。""有什么不好说的？"钱昌照问。孙越崎说："这次去东北视察了两个月，在那里看到，共产党必胜、国民党必败的形势已经很明显。现在蒋介石不给你工作，张群又不批准你出国，我看你不如到解放区去。"钱昌照想了想说："我也曾这样想过，可是没有联系怎么办？"孙越崎早有考虑，马上说："可以去找邵力子。"钱昌照同意了。

在这命运攸关的时候，孙越崎想到邵力子不是没有道理的。从考入复旦公学到现在，他与邵先生相识已经30多年了。此间，孙越崎曾多次在人生的重要关头得到邵先生的帮助。孙越崎担任陕北石油勘探处处长时，邵先生以省主席身份大力支持。孙越崎在重庆北碚主持四矿，请邵先生去向员工们讲述在苏联做大使的见闻。在邵先生和夫人有困难的时候，孙越崎也是尽力相助。抗战吃紧时，孙越崎请邵先生及其夫人住在武汉自己的家中……

孙越崎与邵力子的师生之谊是建立在爱国心和事业心的基础之上的，彼此相知甚深，相互信赖。

1947年，邵力子担任了国民参政会的秘书长，是个闲差。他多年来一直与陈立夫尖锐对立，对蒋介石也是心怀不满，过去加入过共产党，和共产党有过一些来往，这些情况孙越崎都是知道的。

孙越崎和钱昌照一起来到邵力子家里。他把想与共产党联系的打算告诉

了邵力子，问他有没有能与中共联系的人。邵力子说："你们的想法很好，我过去是有过联系，可现在蒋介石防范很严，原来的关系都被隔断了，如今已经与中共失去联系了。"

孙越崎一面寻找与中共有联系的人，一面在做实际准备。而随着时间的发展，他留在大陆的信念一天比一天坚定了。

1948年2月，东北鞍山钢铁公司解放了，公司员工有的留下了，有的回到了北平。这时，孙越崎也在北平。从那些回来的员工介绍中知道，在解放军包围鞍山期间，公司员工无一人伤亡。鞍山解放后，公司协理、轧钢厂厂长及不少高级技术人员被留下受到优待。其他人员愿留者欢迎，愿走者发路条，沿途放行。孙越崎听到这种情况大感欣慰。

当时在北平居住的鞍钢总经理和两位协理的夫人去找孙越崎，希望能把她们三人的丈夫救回北平。孙越崎说："救出来是不可能的。但有两个办法请你们选择：一是你们如果愿意去看他们，我负责派人送你们去鞍山，保证一路平安。二是如果你们不想去，可以安心留住北平，我负责每月按原薪在北平发给你们维持生活，等候北平解放。我想为时不久你们就会团聚。鞍山回来的人有一位亲眼见到他们在那里受到共产党优待，我请他给你们当面讲讲，请你们放心。"后来她们都决定留在北平等待解放。

5月里的一天，孙越崎见到从鞍钢回来的工程师柯润华。柯润华原来是玉门油矿非常能干的技术员，很受孙越崎的器重。柯润华回来向孙越崎讲了一段亲身经历的事情：他这次从天津乘轮船回上海，路过胶东半岛时，轮船触礁沉没了，沉船的地方已经是解放区。当地解放军干部动员了好多老百姓，把乘客全都救上岸，安置在农民家里。其中有一位珠宝商，他带的珠宝掉到海里，解放军下到海里，费了很大劲帮他打捞上来，如数归还给他。过了几天，上海轮船公司派另一条船来接他们，开船时，乘客向岸上的解放军干部和农民高喊："感谢你们的救命之恩。"一路上，全船乘客赞不绝口，人人都感到解放区人民就是不一样。

孙越崎一声不响地听着，出了神。这样的事他闻所未闻，大为感动。这段故事对他决心留在大陆起了相当大的作用。从这以后，孙越崎的思想斗争基本有了一个明朗的结局。

3 拒迁五厂

1948年12月的一天，蒋介石召见孙越崎。一见面就迫不及待地问："资源委员会在南京有多少个工厂？"

孙越崎回答说："有五个，南京电照厂、南京有线电厂、南京电瓷厂、南京无线电厂、马鞍山机械厂。还有两个厂正在筹备当中。这几个厂都是资源委员会新建的中型厂。"蒋介石听完以后阴沉着脸，用毫无商量余地的口气说："立即把这五个厂拆迁到台湾去。"

孙越崎一听，真如晴天霹雳，大感意外。心想：我才开过南京会议不久，要各地负责人做好留在大陆的准备。现在要迁这几个厂，我就不可能留在大陆了。这样，将影响整个资源委员会留在大陆的计划！

他虽然对蒋介石的命令极为不满，可脸上却不能有任何表露，也不能正面反对。他临时想了个拖延的理由，"现在外面传说，江阴要封锁，轮船又不好定，运输恐怕很困难。"

蒋介石没有直接反驳孙越崎的话，只是接着说："不困难，现在京沪铁路还畅通无阻，机器设备可以先走铁路运到上海，再转用轮船运到台湾。"

孙越崎仍在动脑子想办法，又推辞说："这五个厂，现在产品销路不好，经费都很困难，拆迁、运输、新建这几项加起来，恐怕要花费很长时间和很多钱，经费不容易解决。"

蒋介石并不松口："这不要紧，你去做预算来，我交财政部如数照拨。你们一边拆，一边派人到台湾去勘察厂址。设备可以直运到新厂址，免得费时、费力、费钱。"

蒋介石的话已经说到这种程度，孙越崎一时无辞可推，心情十分颓丧，最后只好站起身来离去。临走，蒋介石又再次嘱咐："预算早日交给我，越快越好。"

这次谈话之后，蒋介石把他与孙越崎所谈的内容写成面谕，并且明确地加上了期限："限1月11日迁出南京。"面谕发了下去，南京又在蒋介石的眼

皮底下，孙越崎面对一道非常棘手的难题。

从蒋介石的官邸回来，孙越崎未告诉任何人，马上召集资源委员会南京五厂的负责人开会，把蒋介石谈话内容告诉了大家，并说明："现在是总统下了命令，诸位看如何是好？"

谁也想不出好办法。大家虽然都不愿意执行这个命令，却又不得不作出一些准备行动的样子。于是只好从各厂抽了一些人，集中到一起，赶制拆迁的预算。计算出来，这五个工厂的拆迁重建共需资金 132 亿元台币。

预算送到蒋介石那里，很快就获批准；又被送到财政部，以紧急命令如数照拨。看来，蒋介石为了拆迁，是下了很大决心的。

迁厂的各项工作在孙越崎无可奈何之中开始筹备，成立了五厂迁台委员会，沈良骅为主任，张心田为副主任。一些易于拆卸的机器设备已经开始分解成零部件装箱。中央电工厂总经理恽震在上海租了一艘载重八千吨的新康号轮船。预定先到马鞍山装运机器厂的设备，然后到南京装载其他四厂的设备。

与此同时，国民党政府机关也正在南迁，人员和物资的运输成了大问题。各机关纷纷抢占车站码头，火车轮船忙得不可开交，五个工厂的机器设备虽然开始装箱，却因为没有人积极疏通关系，新康轮根本无法靠岸，只能停在江心，往上海运简直就不可能。新康轮的船长对沈良骅说："我听说，国军要在南京下游的江阴封锁长江航道，如果我们的船久停下关，万一封锁航道，我们就回不去上海了。这可不行，我们得赶快离开南京。"孙越崎却一点不急，他心里暗暗庆幸，拖一天算一天。

1949 年 1 月 21 日，孙越崎听到蒋介石"引退"的消息。对政治了解很肤浅的他，这时候竟书生气地以为，蒋介石一定会流亡到海外。为此他心中十分高兴："天下竟有这样的巧事！真是天助我也。"

他立即抓住这个机会，于当天下午就在资源委员会本部召开了五厂负责人的会议。在会上他当机立断，五厂不拆迁了，五厂的负责人也表示支持。

会议以后，孙越崎写了批示，由资源委员会秘书处正式下达，通知南京五厂把已经运到长江下关码头的机器设备赶快运回各厂。他还亲自到各厂去催促，要员工们尽快重新安装机器。

马鞍山机械厂已经装到新康号轮船上的器材，决定改运到上海，支援资源委员会上海机械厂。此事由孙越崎另外下了一个命令，交给资源委员会上海办事处的夏宪讲去办。沈良骅亲自到下关码头，告诉新康号的船长，其他四个厂的设备不装了，签准其放空回沪，运费照付。

蒋介石用紧急命令拨给资源委员会的"拆建专款"，当时已经存入台湾银行备用。这笔款本来是包括拆迁费、运输费和在台湾重建的费用，现在只拆不运不建，余款很多。原来提出了54亿台币，订轮船用去一部分，还余下78亿元。由于数额巨大，银行无法承汇，为了避免被政府发现后扣发，主持财务的季树农想出了一个办法：因吴兆洪兼任着台湾糖业公司董事长，便以董事长的名义，通知糖业公司，将在上海出售食糖的款直接交与南京五厂，然后把台湾银行的"拆迁专款"，补给台湾糖业公司。这样一来，巧妙地把蒋介石拨给南京五厂的拆建专款全部调回了大陆，移作五厂重建和扩建的资金。

新中国成立以后，这五个工厂中有四个厂都发展成为中国电子工业的基础厂，后来四机部（中华人民共和国原第四机械工业部）的许多工程师也都出自这几个工厂。

然而事情并未了结。大约在三个星期以后，资源委员会接到上海京沪杭警备总司令汤恩伯的电报："奉层峰（蒋介石不当总统了，故以此称呼）令，催促南京五厂迅速迁台，盼复。"接到这份电报，孙越崎才知道，蒋介石虽然引退暂居奉化，对政局却并没有放手，对南京五厂迁台一事也并没有忘记。从这份电报上孙越崎还看出蒋介石对军队仍然在遥控，不然汤恩伯不可能为他发电报。

孙越崎想起翁文灏前些天告诉他的一件事。

翁文灏因发行金圆券造成全面经济崩溃，于1948年底下台，后又任代总统李宗仁总统府秘书长。1949年2月中旬，蒋介石电召翁文灏去溪口。征得李宗仁的同意之后，翁文灏前往。

翁文灏这时仍是满脑子书生念头，想劝蒋介石真正退休，完全放弃政

治，这样中国才能摆脱内战，国家才能好好建设。

翁文灏带着大儿子翁心源一同到了溪口，看到蒋介石毫无引退之心，仍牢牢地控制着政局不肯撒手，决心不再多说什么，也决心不再跟蒋介石走了。

翁文灏离开南京的时候曾受孙越崎之托，要他向蒋介石解释，南京五厂没有拆迁的必要。没想到，没等他开口，蒋介石就主动提到了这件事情："我要孙越崎拆迁南京的五个工厂，他一直没有迁，我看他是受了资源委员会里中共地下党的包围了，糊涂了。这个人对我们很有用，你回去劝劝他，叫他不要上共产党的当，告诉他不要失去信心。拆迁的事情如果有困难，要他去找汤恩伯帮助，不会解决不了的……"

蒋介石没有说完，一位勤务兵就进来请他们去就餐。翁文灏跟着站起身来，随着蒋介石一同往隔壁餐厅走，边走边说。快到饭桌前的时候，蒋介石的话刚好说完。这时，饭桌前站着的有何应钦、张道藩、谷正纲三人。蒋介石说着话，那三位等在一边，翁文灏接过蒋介石的话茬，却又并不是只对蒋介石一个人说："我想，南京各机关里不会有中共的地下党，资源委员会里也不会有地下党。"说着转过脸对着何应钦他们三人："嗯，你们看呢，是吗？"他们三人并没有听到原来蒋介石对翁文灏说了些什么，也不知道翁文灏的话是什么意思，莫明其妙地应付着，异口同声地说："是呀，机关里怎么会有地下党呢！"

孙越崎感到事态严重，只好召集五厂的负责人开会。在会上，孙越崎向大家宣读了汤恩伯的电报，说了翁文灏去溪口的情况。众人也都觉得确实事关重大，议论了一会儿，谁也想不出什么办法来。最后，孙越崎横下一条心："我们尽量拖延吧，这份电报先不予置复，或许可以马虎过去。"

但是大家都知道，这个"不予置复"是要冒很大风险的。会上电照厂的厂长沈良骅挺身而出，对孙越崎说："拒迁工厂是大家的意思，风险太大，我们应该分担一些。这样吧，如果上面来查办，就说是我们打过报告，因为轮船开走了，江边上太潮湿，怕机器损坏，就又把它们运回原厂了，你的责任也就小多了。"沈良骅说完，其他厂的经理和厂长都表示支持。孙越崎看到这种情景，心情万分激动，对大家说："还是由我一个人来承担责任。你们的心意我领了。"几位厂长经理这种同甘苦共患难的精神，使孙越崎终生难忘。

这样又拖了半个月。有一天，南京卫戍区司令部的一位副官来到资源委员会大楼，给孙越崎送交了汤恩伯的第二份电报。电报内容仍是催促拆迁南京五厂。孙越崎这次可真着急了，他赶紧把五厂的负责人找来，对他们说："总统为什么总是不忘南京这五个工厂？"大家也都猜不出个中原委。

这时李宗仁的政府正在酝酿和谈之事，孙越崎因为关注和谈，从中受到启发，心生一计，就拿着汤恩伯的电报找到李宗仁家里，对他说："立法院在南京复会，行政院也迁回了南京，你又在想办法派和谈代表团，在这种背景之下，我们却要拆迁南京的五厂去台湾，这不是显得太没有诚意了吗？对国共和谈可是不利。这虽然是蒋介石的主意，但外人不明真相，你和我可都有责任，无法推卸。"

李宗仁当即表示："对，我支持你，先不要拆了。"

有了李宗仁的支持，孙越崎稍稍安心。

到了20世纪60年代，已经离开中国多年的李宗仁从美国回来，受到政府的热情欢迎。那时孙越崎曾经专门从唐山到北京看望这位老相识。李宗仁请他吃饭。席间，李宗仁主动问他："当年南京的那几个工厂后来怎样了？"孙越崎一听，十分吃惊："你当时事情那么忙，而且现在又事隔多年，怎么还记得南京的那几个工厂？说来真是不容易，经过很曲折，那五个工厂都完整地留下了。"

李宗仁听后感慨万分："那很好，南京解放前夕，我上飞机离开之前，曾经给汤恩伯打了一个电话，对他说：'我要走了，这是内战，你可不要把南京毁掉啊！'当时汤恩伯回答我说：'你放心地走吧，我不会毁掉南京城的。'这样我才上飞机离去了。你不愿意拆掉南京五厂和我不愿意毁掉南京城，事情虽然不同，意思是一样的。所以我至今仍然记得那几个厂的事情。"

孙越崎虽然有了李宗仁的支持，不过他也清楚，李宗仁并没有多少实权，南京在汤恩伯的控制之下。汤恩伯操有生杀大权，可以为所欲为。

在接到汤恩伯的第二次电报以后，南京电照厂沈良骅接到京沪杭警备副

司令万建藩的传讯。工厂里的人议论纷纷，都劝沈厂长不要去，去了一定会有危险。副厂长吴祖垲（新中国成立后曾任陕西咸阳显像管厂总工程师）在旁表示愿意陪沈厂长同去。沈良骅说："那好，我进了司令部，你在车上等。如果时间长了我还没有出来，你就回厂报告。"

沈良骅进了警备司令部，由一名姓崔的处长引他去见万建藩。万建藩很严厉地问："为什么厂子还不迁？"沈良骅回答："码头一片混乱，怎么能装船。"万建藩说："现在已经安静了，可以装船了。"沈良骅还有道理："可是我们定的新康号轮船已经走了，无法召回。"万建藩也不罢休："那就用火车，先运到上海再上船去台湾。"沈良骅仍摇头："实在弄不到车皮。"万建藩问："你们得用多少车皮？"沈良骅做计算状，然后说："要20多节吧。"万建藩毫不为难："没问题，车皮我来解决，你赶快回去做准备。"沈良骅问："那别的几个厂需要的车皮怎么办？"万建藩摆摆手："你就管你的厂，别的厂不用你管。"最后又补了一句："迁厂是上级的命令，不得违抗！"

沈良骅见实在没有什么周旋的余地，又见没有扣留自己的意思，就与吴祖垲一同回去了。

孙越崎得知这个情况以后，第二天就召集了一个会议。在会上，管理科长夏铸九向大家介绍了事情的经过，其中提到电照厂的技术员周天翔。大家认为很可能是这个人起了不好的作用。

周天翔是电照厂的一位特殊人物，系英国留学生，学电子专业。1948年夏天回国以后，蒋介石为他亲笔写信给孙越崎，让为他安排工作。此人还是蒋介石侍从室第一处处长俞济时的女婿。不久前帮助俞济时往台湾搬家。他自然希望工厂早日迁到台湾。

这样一分析，孙越崎才恍然大悟，于是在会上做出决定：电报不复，工厂不迁，即调周天翔去台湾报到。周天翔走后，再没人催过迁厂的事了。

4 帮"钱"说"吴"

1949年3月，李宗仁要派和谈代表到北平去谈判，孙越崎想，这是一个好机会，可以通过这个途径，让钱昌照到解放区去，帮助资源委员会与共产党取得联系。于是就向李宗仁推荐钱昌照参加和谈代表团。李宗仁说："可以是可以，那要钱昌照回国才行啊！"

钱昌照此时已经出国多时，孙越崎马上通过中国驻英国大使馆给他发去一封电报："有要事，速回南京。"不巧，钱昌照这时正好离开英国去了法国。几经周折，几天以后才收到这封电报。钱昌照复电："有何要事？盼复。"

孙越崎觉得和谈的事不好在电报里明说，又担心钱昌照误会是要他回来任职，考虑再三，还是明确回答："为和谈代表事。"钱昌照接到电报以后，从巴黎回到伦敦，再从伦敦飞回香港。这样一转，就耽误了时间。4月2日，他经过印度加尔各答的时候，已经从当地的报纸上知道李宗仁的和谈代表团已于前一天从南京飞到北平，就在当地给孙越崎发了一封电报："飞机票已经买到上海，将有一个小时在香港停留，是否还需要去南京？请电告香港外贸事务所郭子勋到机场转告。"

事已至此，和谈代表是当不成了。孙越崎复电："不用来了。"

又过了半个月，钱昌照从香港飞回上海，这时国共谈判已经破裂，解放军正准备横渡长江。孙越崎离开南京到上海，在上海见到钱昌照，两人整整谈了一个下午。钱昌照出国七八个月了，对国内的时局不大清楚。孙越崎便向他做了详细的介绍：这几个月里国事的巨大变化；资源委员会留在大陆的决定；10月会议以后与当局所做的种种周旋；对抗蒋介石催逼拆迁南京五厂的经过；大批美国援华物资拒运台湾的风险；全国各地资源委员会所属厂矿留守大陆的情形……讲过这些以后，孙越崎对钱昌照建议说："依我个人的看法，你现在最好的出路是给已经在北平的邵力子写一封信，请邵先生帮助你向中共疏通，批准你到北平去。"钱昌照当即点头赞同。这之前，钱昌照在香港已与中共香港党组织有了联系，先是夏衍，后是乔冠华，只是这时孙越崎并不知情。

那一天晚上，孙越崎和吴兆洪出面，请钱昌照吃饭，有资源委员会的20多位高级职员作陪。孙越崎讲话之后，钱昌照也起身讲话："你们决定留在大陆，很好，风雨如晦，鸡鸣不已，光明就在前面。"

第二天上午，钱昌照飞回了香港。孙越崎回南京继续安排留守事宜，当

天下午撤回上海，南京就在那天夜里被解放军攻占了。国民党政府以南京为都的历史到此结束。

钱昌照回到香港以后，即给邵力子先生写了一封信，并很快得到党中央的允诺。5月1日，孙越崎也到了香港，在钱昌照的家里，碰见乔冠华并取得联系。孙越崎向钱昌照建议，尽早把夫人沈性元从台湾接到香港，晚了恐怕就接不回来了。当时孙越崎一家也到了香港。

6月，钱昌照北上。9月，钱昌照出席了中国人民政治协商会议第一届会议，并当选为政协委员。

当时是资源委员会副委员长的吴兆洪，以机智干练，做事极为认真著称，孙越崎对他很有好感。他本来也做着留在大陆的准备，并且做了很多事情。但是1948年12月的一天，却向孙越崎请假，说要把家眷送到台湾去。孙越崎听了大吃一惊：送家眷去台湾说明他本人将来也是要到台湾去的。这时已经是"10月南京会议"以后的两个月了，自己在会上动员资源委员会的同仁留在大陆，自己的副手却要去台湾，这怎么行呢？孙越崎极为重视这件事，他虽然批准了吴兆洪的台湾之行，却认为这是关系到资源委员会的去留问题。他要争取说服吴兆洪留下。

以后，孙越崎几次三番地与吴兆洪谈到今后的去留选择。有一次，两人又谈到了此事。孙越崎诚心诚意地对吴兆洪说："我是委员长，你是副委员长，要论罪恶，我比你大，要算旧账，我被枪毙，你至多坐班房。我被枪毙都不怕，你坐班房还怕什么？"

吴兆洪听了孙越崎这番半玩笑半认真的话，回答说："你不怕枪毙，我可不愿意坐班房。"孙越崎听出吴兆洪心里还是有顾虑，就没有再往深说。又过了一段时间，孙越崎再次对吴兆洪说起去留之事，态度很诚恳，终于感动了他。他对孙越崎说："我平时写材料，改文件，都没有用过'共匪'、'匪军'这种字样，这些我都不怕。但我最怕的有一件事，就是抗日战争胜利前夕，我跟宋子文他们去莫斯科的那件事。"

在苏联对日宣战之前的1945年8月，以宋子文、王世杰、熊式辉组成的国民政府代表团到达莫斯科。那一次钱昌照、吴兆洪等也随团前往。在那里，他们按照蒋介石的指示，为了使斯大林在战争结束以后不要支持中国共产党，签订了《中苏友好同盟条约》。苏联方面声明："一、给予中国中央政府以道义的、军需的及其他物质上的援助；二、重申尊重中国在东北三省之完全主权及领土行政之完整；三、关于新疆问题，苏方无干涉内政之意。"这三项都是国民党政府希望取得的。

中国方面声明："一、日本战败以后，外蒙古如依公民投票证实其独立愿望，中国当承认外蒙古之独立；二、中东及南满铁路合称中国长春铁路，中苏共管 30 年；三、大连开为自由港；四、旅顺军港，中苏共管 30 年。"

吴兆洪接着向孙越崎回忆说："苏联人邀请我们去莫斯科大剧院看演出，当我们几人走进剧院的时候，全体观众起立欢呼。我当时感到很荣幸，现在回想起来，这是反共卖国求荣的行为，将来共产党万一算起这笔账来可不得了。"

孙越崎听完以后略想片刻，说："这事虽然不好，但你不过是起草个电稿，作个记录，不是出主意和做决断的人，我看没有过分顾虑的必要。"经过孙越崎的劝慰，吴兆洪对这件事的恐惧之心渐渐消除了。

1949 年的春节，吴兆洪从台湾探亲回到南京后，就住在孙越崎的家里。那时，两人经常谈到深夜。有一天夜里，谈到兴处，吴兆洪终于向孙越崎表示，今后一定不去台湾，过一阵就把家眷从台湾接回上海。孙越崎一听非常高兴，点点头笑着说："好极了，从此我们两人就一致了，一切事情都好办了。"

过了不久，吴兆洪果然把家眷从台湾接回安置在上海。

5 支持和谈

1949 年 1 月蒋介石"引退"以后，南京的多数立法委员赞成李宗仁的和谈主张，一时间主和派在国民党内占了上风。立法院在南京复会，孙科辞去行政院院长一职，换上了何应钦。何应钦请孙越崎仍旧担任政务委员和扩大的经济部部长，兼任资源委员会主任委员。

孙越崎非常希望与中共的和谈能够成功，为此他出了很多力。当时他

的恩师、老友邵力子是政府的和谈代表之一，邵力子的秘书张丰胄也是孙越崎的老朋友，他们准备和谈需要一处办公地点和一辆汽车。张丰胄找到孙越崎，孙越崎说："你们应当去找行政院解决。"张丰胄说："行政院乱哄哄的，因为你对和谈热心，所以来找你给想办法。"孙越崎明白了他们的意思，就回答说："那好，你们就住在我的家里，我的太太带着儿子去上海了，女儿在金陵大学读书，平时住在学校，还有保姆给你们烧水做饭，又安静又方便。我和沈嘉元是早出晚归，对你们也没有什么妨碍。要用汽车也好办，就从资源委员会拨给你们一辆。"

邵力子和张丰胄果然住进孙越崎的家里。和他们一同工作的还有和谈代表团的秘书卢郁文。后来孙越崎看到他们忙不过来，又派了资源委员会的秘书张月超给他们帮忙。那一年春天和谈代表团北上的时候，卢郁文和张丰胄把张月超也带到了北平。

和谈代表团离开南京赴北平的前一天晚上，邵力子和夫人傅学文一起来到孙越崎家。邵力子对孙越崎说："有一件事，我考虑再三，解决不了，特来请你给出个主意。"孙越崎问："有什么事情，邵先生请讲，不用客气。"邵力子接着说："现在的和谈问题，蒋介石在奉化背后操纵，李宗仁实际上早已失去大权，共产党又已经打到了长江边上，和谈早成'城下之盟'。看来我们此次北上，是没有成功希望的。"

孙越崎原来对和谈寄予很大希望，但听邵先生这样一说，心里一下子凉了许多。邵力子知道孙越崎很失望，对他说："这也是没有办法的事情。和谈不成，我不会再回南京，这一点你是知道的。这样，学文一定要同我到北平去。可是现在外面的谣言很多，说我不是去北平和谈，而是去投靠共产党的。如果学文同我一起去，谣言会更厉害，对和谈也更加不利。可是不让她一同走吧，她一个人在南京又有危险。弄得我现在进退两难，你看怎么办才好？"

孙越崎想了一下说："邵夫人最好不要一同去，和谈不成，邵先生一定会最早知道。届时给我打个电报，就写'天冷要衣服'，我就明白了。我即代买机票，送邵夫人去香港，再从香港转北平，保她没有危险。"孙越崎说完，邵力子和夫人都同意了。

后来，李宗仁派到北平与中共接触的私人代表刘仲华回到南京的时候，邵力子托他给孙越崎一大包文件信件。孙越崎看了这些以后，知道和谈无望，就安排邵夫人傅学文随刘仲华去北平。临行的前一天，邵夫人到孙越崎家辞行。孙越崎对她说："你上飞机的时候，最好不要让记者看到。"

但是在邵夫人走后的第二天，南京的报纸上还是登出了一条消息："邵力子夫人傅学文已飞抵北平。"

不久，和谈失败。解放军于1949年4月23日一举渡过长江，南京解放。

第十二章　与企业共存

> 陈毅在上海说："蒋家王朝已经垮台，所有伪单位纷纷南迁逃往台湾，伪中央部、会一级中，只有资源委员会所有人员，包括各级负责人，以及在已解放地区所属各厂矿企业员工几乎未走一人，设备器材几乎未有一点破坏，实在是伪中央文职机构中的一个全体员工起义的团体！"

1　拒迁广州

1949 年 4 月 21 日，孙越崎在隆隆炮声中从南京到达上海。他在上海停留了几天，帮助资委会各部门做好护厂护产工作。看到员工生活有着，就把上海方面的事情交给吴兆洪负责办理。

在到上海来之前，孙越崎曾向吴兆洪、季树农、杨公兆他们说起过自己今后的打算：如果和谈不成就准备隐居，已经在上海买好了房子，以后就与王仪孟和小儿子孙大武一起住在那里；女儿孙叔涵在金陵大学上学，暂时留在南京。这一层意思孙越崎也向李宗仁表示过。

吴兆洪他们几人都不同意孙越崎的安排，对他说："你如果辞职未获准，他们会来电催你去广州，隐居上海肯定做不到；如果辞职获准，他们会另派人来主持资源委员会，谁能保证新来的人不会下令拆迁厂矿、疏运物资、遣人赴台？这不是违背了当初要大家留下来的意愿吗？孙先生最好还是不要辞职，到广州去，在那里设法掩护我们在上海的活动，帮助我们坚持到解放军接管上海。"

这样，孙越崎遂打消辞职的念头，卖掉了在上海买的一楼一底的房子。

在上海，孙越崎见到中国纺织公司（简称中纺公司）总经理顾毓琇，两人是老朋友了，在处理局时合作得很好。这时中纺公司的处境很困难，上海市国民党当局一再严令催他把中纺公司的大批花纱布运到台湾去，而中纺公司产品积压，资金周转不开，须用纱布代发工资。中纺公司人事部的常务董事又是孙科派去的，也总是催促将纱布运台。顾毓琇向孙越崎介绍了这些情况，孙越崎就以经济部部长的身份，帮助把孙科的人调走，又将自己的秘书沈嘉元派进中纺公司。

顾毓琇后来在中共地下党的帮助之下，和全公司员工一同团结合作，保护公司财产。上海解放以后，将中纺公司的大批财产完整地移交给人民政府。

1949年4月26日，孙越崎离开上海飞往广州，吴兆洪到机场去送行。在他临上飞机之前，吴兆洪又叮嘱："孙先生，解放军进入上海之前，你一定不要辞职到香港去，我们需要你在那里掩护。"

孙越崎回答说："你已经说了好几次了，请放心，我一定照办。"

孙越崎到广州以后，先送王仪孟和孙大武到香港。在香港，他见到了中共在香港的负责人乔冠华。乔冠华知道他的职务以后对他说："你还是回广州好，留在国民党政府里对我们有好处。"于是，孙越崎于5月6日只身一人回到广州。

此时离解放军进入上海还有20多天，国民党政府正在上海竭尽全力催促各个机构和人员南迁广州与台湾。

孙越崎到了广州以后发现这里的房子十分紧张，马上想到这是一个好借口，于是第二天就去找何应钦，说："我来了，特来向你报到。资源委员会在上海的人员都准备来广州，我一看，广州的房子租不到，特来请你帮助解决我们的房子问题。"何应钦不知是计，忙说："不行，这事我管不了。"

孙越崎说："上次行政院改组的时候，资源委员会已经隶属经济部，不是中央一级机关了，是不是就留在上海不要到这里来了。这样不就没有房子问

题了？"

何应钦回答说："对，那你们的机关就不要来这里了。"

孙越崎与何应钦谈过之后，马上给上海的吴兆洪、杨公兆、季树农等人发了电报，转达了何应钦的话。他心里很高兴，这下资源委员会留在大陆的事情就好办得多了。

实际上，资委会拒迁广州这已经是第二次了。

就在几个月前，当李宗仁代理总统，出面维持南京残局，主持与共产党和谈的时候，作为行政院院长的孙科经常与李宗仁捣乱，把行政院迁往广州，唱对台戏，破坏和谈。他在《中央日报》上发表公告："凡中央直属机关，不迁广州的，一律不发经费。"行政院所属的很多部、会也就都跟着南迁。孙越崎是反对孙科的主战立场的，拒绝把资源委员会迁往广州。好在资源委员会"财大气粗"，可以依靠自己的外汇维持局面。孙越崎派副委员长吴兆洪带了一部分高级职员搬到上海苏州河边的资源大楼里办公，自己和秘书沈嘉元在南京留守，以示资源委员会的中心仍在南京。

资源委员会电业处的正副处长陈中熙、谢佩和及下属的全体员工也表示要留在南京，孙越崎对他们的行为很是赞赏，便以电业处为基础，成立了资源委员会南京办事处。对他们说："这样你们就可以名正言顺地留在南京了。"

1949年3月，经济部所属的中央地质调查所所长李春昱和各研究室主任去访时任经济部部长孙越崎，汇报该所绝大多数同仁都不愿按国民党政府要求的南迁，表示要留在南京，保护图书资料、仪器设备及房产，等待解放。孙越崎表示支持，说自己也不打算离开大陆，并给他们部分资金，以维持该所员工生活。从而坚定了调查所人员留守的决心。中国科学院院士、地质矿产部副部长程裕淇回忆说："孙老的表态对旧中国最主要的地质科技机构几乎100%转移到新中国起到了决定性作用。"而这些留下来的科技人员中成为两院院士的有几十人，为开展新中国地矿工作发挥了重要作用。

孙科的行政院仓促迁往广州以后，各部、会的许多员工无法随迁，有的是不愿意南下，这样生活就没有了着落。物价猛涨，一些人便强行打开办公室的钱柜，乱抢公款。一时之间，南京城里一片混乱。这股抢钱的浪潮也很快波及了资源委员会的机关。一天，一些员工聚集在楼下的草坪上，三三两两议论纷纷，情绪有些激动，看来是想上楼闹事。

见到这种情景，各业务部门的负责人都跑到孙越崎的办公室里，孙越崎对他们说："赶快摇铃，召集全体员工到礼堂开会，我要上台给大家讲话。"吴兆洪他们几个人担心事情闹僵了不好收场，就劝说："上台容易下台难，还是不要开大会了吧！"孙越崎坚决地说："是难，可是我要是不上台讲话，员工们就要上楼了。下台难，下楼更难啊！"一边这样说着，一边就让总务处长去摇铃。

员工们集合到礼堂以后，孙越崎走上讲台，面对情绪激动的员工，他知道自己的态度很重要，就尽力平稳自己的心情，开诚布公地对台下的员工说："我知道大家今天都有很多问题。现在南京各部、会都很混乱，你们大概以为我也会去广州。我前些日忙着处理一些问题，忘了和大家聊聊，这是我的不对。现在就借这个机会向大家说明白，我们资源委员会决不会迁到广州去，我是坚决留在南京。如果你们相信我，就请你们大胆地照常工作，我对你们的生活一定负责到底；如果不相信，现在就把钱柜抬出来，当场打开，有多少钱，大家分一下，从此散伙，也是可以的。相信还是不相信，散伙还是照常工作？这两种情况，现在就请你们自己决定。"

孙越崎在资源委员会向来威信很高，说话颇有分量，加上这样坦诚的态度，员工们都很感动，大家一致表示，要照常工作，决不散伙。孙越崎本来就相信他的下属们会做出这样的抉择，不然也不会这样做。他看着台下员工们的情绪已经平静了，就接着说："大家都说不散伙，那很好，我一定对大家负责到底。另外，我再宣布一件事，我们在长沙、桂林增设办事处，因为南京将有战事，恐怕员工们会有危险，准备把本部的一部分人疏散到新设的办事处去，出去的人仍然属于本会。"员工们听了，明白孙越崎是为大家负责的，也就感到安心了。

2 巧计抗"疏运"

资源委员会直接掌管的物资包括糖、铝、钨、锑、锡等几十种产品，另

外还有国际救济总署和美国援助的进口物资。在召开10月南京会议之前，孙越崎就指示当时的煤业总局副局长吴京，尽快将煤业总局从联合国救济总署得到的价值近2000万美元的大批全新煤矿设备器材，从上海仓库经长江轮船和铁路运往武汉、长沙、株洲，以及萍乡、湘江、湖湘、中湘、湘永、南岭等矿存放。在抢运这批重要物资中，煤业总局业务处处长钱雍和上海营运处处长祝福康全力以赴，提前完成了运输任务。

这一大批煤矿专用物资是苏联利用美国租借法案在北美订购的。第二次世界大战结束不久，美苏不和，美国中止对苏出口，没有运走。我国向美国政府要求将这些物资经过联合国救济总署拨给我们。这些物资在新中国成立后建设煤矿方面，起了很大的作用。另外，萍乡、湖湘、中湘、湘永、南岭诸矿都是为了安置从东北厂矿撤回关内的各种技术和管理人员而加速开办的，从而为新中国工矿建设储备了人才。

在10月南京会议之后，为了掩护不撤走的人员，孙越崎委派吴京兼任长兴煤矿总经理，将煤业总局的部分人员和资委会本部的部分人员，安置在湖州、长兴，同时将存在上海的煤矿设备器材剩余部分，运存长兴，以防被迫运往台湾。

资源委员会的多数高级职员迁到上海以后，行政院曾下过两道指令：一个是将电业方面的全部机器材料运往台湾。当时电业方面向美国贷款880万美元购买的器材已经全部运抵上海，其中70%已经运到各厂，其余存在仓库中。这些器材最后都留在了上海。另一个指令是把全部档案运往台湾，资源委员会也没有执行。

汤恩伯知道了极为震怒，行文追查："据报该会物资疏运不力……仰即查明具报。"

追查令是一个严重的信号，关系着资源委员会留在大陆计划的成败，更关系到人员的安全。此时孙越崎通过季树农已与中共地下党取得了联系，就派季树农向中共地下党请示此事。中共地下党派王寅生（新中国成立以后担任政务院计划局编辑室主任，在20世纪50年代去世）与季树农见了面。

王寅生看了汤恩伯的那份电报，也觉得事情严重，对季树农说："共产党不要求做过分冒险的事情。目前，国民党正在做最后的挣扎，杀人很随便。既然他们看中这批物资，不妨运走一些。人是第一的，物是第二的，今后我们搞建设，资源委员会的员工都是有用的人才。应该以保全人员为主。"季树农回南京向孙越崎和吴兆洪汇报了中共地下党的意见，孙越崎很感动。

这样，吴兆洪就召集了一个临时疏运物资的会议，传达了汤恩伯的命令。他们知道，台湾、上海的全部海轮都已经被军队所控制，根本无法调运这样大批的物资去台，就连夜编造了一份主次不分、重量达十万吨的《待运物资清册》，交给一位在汤恩伯处工作的朋友彭善怡进呈汤恩伯。汤恩伯见了这份庞大的运输计划，终于无可奈何地放在了一边。

这批被留在大陆的物资有台湾糖业公司运来的16000吨白糖，中国石油有限公司的5万余桶原油、一套炼油厂的大部分设备、钨、锑、锡等矿产品，以及从鞍钢运来的大量钢材等。解放军占领上海以后，这批物资全部移交给军管会接管。

由于资源委员会决心留在大陆，所以中国石油公司也决定不迁台湾，并且派船接回一部分已去台湾的家眷。但是当时的总经理张兹闿不愿留在大陆，经翁文灏决定，由协理郭可诠代理总经理，负责保护好上海的资产和员工们的生活。

在国民党政府统治大陆的这最后一段时间里，资源委员会为留在大陆的确是风波迭起，险象丛生，一波才平，一波又起。不久，行政院又派了一位姓齐的参事坐镇上海，每日分发飞往台湾的机票，催促政府机构南迁。面对这种形势，起初，孙越崎诡称，资源委员会将自己包机飞往台湾。但过了一段时间后，他们并没有任何动作，引起了当局的怀疑，孙越崎很有些担心资源委员会留在大陆的意图会暴露。

正好，这时台湾水泥公司的董事长张峻一家在上海，他们要求包机回台湾。孙越崎马上感觉到这是一个机会。他让吴兆洪、季树农为张峻包一架飞机，费用由资源委员会支付。另一方面，在孙越崎的示意下，资源委员会的人向外面有意张扬这件事情，让人们都知道资源委员会的人往南飞了。姓齐的参事看到张峻一家南下，也就信以为真，放松了对资源委员会的追逼。

不久，国民党政府又派大员雷震到上海召开疏散会，孙越崎和吴兆洪知道会议的内容，都躲起来不露面，只派了一位秘书黄汝鉴出席。在会上雷震提出，资源委员会是疏散的重点。孙越崎听了黄汝鉴的转达，只说了两个字："拖吧！"

3 香港护产

孙越崎离开上海到广州，临行前开了一张由资源委员会副委员长吴兆洪、财务处处长季树农签了字的面值为208万美元的支票。这张支票只要再有他的签名就可以兑付。开好这张支票以后，孙越崎给华中、华南、西南等地资源委员会的厂矿企业负责人发了电报，要他们速派人到广州领款。当他到香港安排好家眷回到广州的时候，那些来领款的约三四十人也陆续到了广州。在广州办事处财务科科长的帮助之下，孙越崎把带去的208万美金按各单位人数多少和经济生产状况分发了，每个企业10万、20万不等。

分款完毕，孙越崎向各地来人说明："这次本会分发这笔美金，是因为各地战事紧张，厂矿的产品滞销，有些煤矿因为军队强行装煤不付现款，所以大家经费都很困难，恐怕难以维持。现在分发了这笔美金，回去以后可以换成金条或银元，这样不会贬值，到必要的时候可以发给员工做工资，支持局面，避免引起波动，发生意外事故。"

发放这笔美金之后，孙越崎又在广州住了大约半个月。5月29日，行政院召开例行会议，他因为有事没有参加，派了次长童季龄去。会议之后，童季龄向他汇报说："今天的会议是由台湾省主席陈诚主持的。他看到你没有参加，就说了一些怀疑你的话，还说要大家注意你的动向。"

不一会儿，卢作孚也来到孙越崎的住处，关切地对他说："我为民生公司购买加拿大轮船，要请行政院帮助解决外汇。为了说明情况，所以今天列席了行政院的会议。会上，陈诚对你很怀疑，要大家注意你的行动，我还为你说了几句解释的话。陈诚的话可是有分量的，你千万要注意。"

卢作孚走了以后，孙越崎考虑：几天前上海已经解放了，吴兆洪他们不再需要自己的掩护，留在广州已经没有什么意义了，就马上买了去香港的飞机票。临走之前，写了两封信，请求辞职。一封写给何应钦，请人第二天送到行政院的收发室；另一封写给李宗仁，托资委会南岭煤矿经理田策卫第二天交给李宗仁本人。

当天下午，孙越崎上了飞机，半小时后到香港，从此不再回广州。

后来孙越崎接到何应钦的复信对他挽留，并说自己不久也将辞职，还是大家一起走吧。过了一个月，何应钦果然辞职。

不久，田策卫也到了香港。他告诉孙越崎，李宗仁看了那封辞职信以后，只说了一句话："人各有志，我知道他。"

从此，孙越崎正式脱离了国民党政府。

孙越崎到香港见乔冠华，把广州的情况作了汇报。乔冠华说："人是最重要的，人没有出事就最好。"

孙越崎脱离了国民党政府以后，除了与中共取得联系之外，还写信告诉了在北平的邵力子。不久，邵力子回信说："已得周恩来同意，随时可来北平。"孙越崎见信非常高兴。但这时还不能北上，还有一件事使他不能放心，这便是在香港的资源委员会国外贸易事务所。

我国江西的钨矿、湖南的锑矿和广西、云南的锡矿都为资源委员会所有。三省所产的稀有矿产品，在国内由资源委员会统购，在国外由资源委员会统销，因此资源委员会在香港设有国外贸易事务所，专办矿产品外销工作。这个事务所原来设在上海，1948年底搬到香港，所长是郭子勋。

孙越崎脱离国民党政府以后，由北京大学经济系同学、四川财政厅厅长刘航琛接任他的职务。当时香港事务所的仓库里存放着价值五六百万美元的钨、锑、锡等矿产品，是一笔可观的财富。刘航琛一眼就看中了这个事务所，想把郭子勋调开，换上亲信方崇森任所长，这样就可以把这笔财富掌握在自己手里，待机化为己有。

为了达到目的，刘航琛在广州资源委员会本部设立了贸易处，拟调郭子勋去当处长。这个职务在事务所所长之上，但实际上是个空名，并没有实权。郭子勋把情况告诉了孙越崎。孙越崎看穿了刘航琛的用意，心想解放军南下的速度很快，国民党政府在广州维持的时间也不会太长了。这批矿产品如果能保留下来移交给共产党，以后换成外汇对新中国的建设是很有用的。

孙越崎劝郭子勋不要到广州去作贸易处处长，还是坚持留在香港事务所任所长，保护好矿产品，将来交给共产党，立功北上。郭子勋表示同意。

刘航琛利用升职引诱不成，又换了办法。他预拨三个月的遣散费，想用金钱收买事务所的员工。接着又以派往美国考察为名，给郭子勋几万美金。这笔巨款终于发挥了作用，郭子勋同意辞职。方崇森马上接替了事务所所长的职位。

孙越崎非常着急，秘密地找事务所的十几位高级职员到他在九龙的家里商量。他语重心长地说："我们资源委员会的同仁都是要干事业的，而刘航琛则是要贪污。他现在要出卖矿产，撤销机构，这样你们就要失业。我现在给你们指一条出路，就是共同抗拒刘航琛的贪污行为，保护好这批财产。现在北京即将成立人民政府，你们保护好财产对人民是有功的，人民政府一定会给你们安排工作，这是再好不过的出路。"

孙越崎的这段话很实在，也很在理，在座的职员都积极响应。经过交谈，孙越崎觉得他们对国家的前途和当前的政局都很有见解，比郭子勋明白得多。那时毛主席的《论人民民主专政》刚刚发表，孙越崎没有想到，有几位高级职员读了这篇著作，都认为毛主席的话言之有理。孙越崎进一步劝导他们识大局、明大义，抵制刘航琛和方崇森侵吞事务所财产的企图。

刘航琛和几个四川商人合谋私吞事务所的这批矿产品。他们先注册了一个商号，然后把事务所的这批矿产品"卖给"这个商号，准备用这个办法把矿产品从事务所的仓库里提出来，移到别的仓库中去。

员工们马上发现了刘航琛的险恶行径，都气愤之极，保管员冯日宾拿着仓库钥匙躲起来，使刘航琛、方崇森找不到他，无法提货。事务所的气氛一时之间非常紧张。

孙越崎看到事务所面临的危急情形，就动员了当时在香港的资源委员会金属矿管理处副处长吴志翔、秘书毕文瀚、广州办事处财务科科长林艾园等八个人到香港事务所去工作。经孙越崎介绍，这些人同中共党员罗哲明建立了联系。这时孙越崎的侄子孙常龄也在香港。孙常龄是金属管理处的职员，出差到香港，因为上海解放，龙华机场不能再用，无法返回上海，就留下自愿帮助伯父与各方面联络，参加了保护香港事务所这批矿产品的斗争。

方崇森几次追查威逼冯日宾，要他交出仓库钥匙，再用避而不见的办法拖不过去了。在罗哲明的支持下，孙越崎召集事务所内一些志同道合的人开会研究对策。会上大家赞成，把全所员工组织起来，形成团结一致的整体。他们给这个组织起名为"资委会香港国外贸易事务所员工保护矿产委员会"，还选出了七个人做委员，直接受共产党驻香港地下组织的领导。有了这样一个护产委员会，力量集中了，人心稳定了，大家的胆子也就更大了，冯日宾也用不着每天东躲西藏了。

保护矿产委员会占领了事务所的公事房，不许刘航琛和方崇森入内。10月1日，中华人民共和国宣告成立，广州也解放了。消息传来，香港国外贸易事务所的员工备受鼓舞，信心更强。

11月7日，在香港的"中国""中央"两个航空公司起义。七天以后，11月14日，以吴志翔为首的香港国外贸易事务所全体员工也宣告起义，成立了起义员工护产委员会。刘航琛闻讯后雇了很多流氓，在事务所周围监视员工的行动。事务所打电话给香港警察总署，这些流氓才被驱散。

香港国外贸易事务所宣告起义，脱离国民党政府，拥护共产党和新成立的人民政府，并发电报向共产党中央和人民政府致敬。毛主席很快复电嘉奖："前资源委员会香港贸易处、国外贸易事务所员工同志们：14日电悉，甚为欣慰。即望团结一致，坚持爱国立场，保护祖国财产，以待中央人民政府的接收。毛泽东，11月19日。"新中国成立之初，香港这场斗争的胜利，在港澳同胞和海外人士中都产生过很大影响。

那批价值数百万美元、重4000吨的矿产品经过曲折的经历，回到了新中国的手里。

在组织香港国外贸易事务所起义的各种准备工作就绪以后，孙越崎决定尽早北上，罗哲明与香港《大公报》的费彝民一起帮助孙越崎联系了轮船，并向北京有关部门打了招呼。11月4日，孙越崎携妻带子，离开香港，投入

新中国的怀抱。

孙越崎一家所乘轮船的船东叫黄恕之，也同船北上。他觉得孙越崎目标太大，一路上总是用望远镜四处观望，但仍不放心，临时改变了船的航行路线。此举竟救了孙越崎一命，而孙越崎却并不知情。

经过天津，孙越崎一家住在律顺得饭店。在那里，孙越崎遇上一位朋友，也是刚从香港北上的。那位朋友告诉孙越崎，他坐的船就在他们后面，刚开出香港不久，就有四艘小军舰追上来，是从台湾开出来的。船一停，上来不少国民党士兵。一上船就大声喊："孙越崎在哪里？快出来！"搜寻了好一会儿，没有结果，才扫兴地下船走了。朋友说："幸亏那艘军舰拦错了船，不然你就会被蒋介石抓到台湾杀了，后果不堪设想啊！"孙越崎听了，一方面庆幸自己真是命大，另一方面也很感慨。回想往事，他承认，从开创玉门油矿以后，蒋介石对自己的确是十分器重。年初，孙科接替翁文灏担任行政院院长重新组阁的时候，本来安排的资源委员会委员长是他的好友吴尚鹰。组阁名单送到蒋介石那里以后，蒋介石把吴尚鹰的名字划掉，重新写上孙越崎三字。由此可见蒋介石对孙越崎的信任。后来孙越崎常常说："论私，我是背叛了蒋介石；论公，我没有背叛国家。"

蒋介石一怒之下宣布开除孙越崎的国民党党籍，并且下令通缉孙越崎。可惜已经是鞭长莫及了。这个通缉令一直到1975年蒋介石去世也没有取消。

4 保护工矿产业

自1948年10月南京会议以后，资源委员会在各地的单位都有组织地展开活动，为留在大陆而与当地政府、军队百般周旋，为新中国保存了一批重要的重工业家底和大批物资财富。

北平解放前，石景山发电厂先被解放军占领。由于冀北电业局长鲍国宝等坚决护厂，抵抗国民党兵，未受破坏，所以北平始终没有停电。

南京解放时，留在南京的资源委员会各机构的员工都照常上班，不少员工在中山路旁看解放军的入城式。他们心里十分激动，想到旧的政府垮台了，新的政府充满生命力，资源委员会又可以为中国的工业化建设好好做些事情了。

解放军接管南京之前的一天，在任国常任总经理的中国电瓷公司总经理办公室，来了一位平日熟悉的户籍警，一见任国常就拱手道喜。任国常不明"喜"从何来，询问原因。那位警察说："我们局里接到上级命令说，由汤恩伯转来蒋介石的命令：南京五厂负责人抗令拒迁台湾，要将这五位负责人逮捕严办处死。局里接到这个命令，指派我来办你的事。我将这道命令压了三天。如果南京再不解放，你的性命就难保了，所以现在我特来向你道喜。"任国常听了，真是感到万幸。

资源委员会南京办事处的陈中熙、谢佩和两位正副处长主动找到解放军领导机关，要求接管。当时负责接管上海重工业的著名经济学家孙冶方正巧在那里，负责接待了他们。

第二天，第二野战军工业部部长万里来到资源委员会。随后在这里成立了南京市军管会经济部，并派宋望平为驻资源委员会的军代表，下属单位和工厂也都分别进驻了军代表和联络员。

后来谢佩和还协助解放军，到上海进行接收，路上巧遇陈毅、邓小平，和陈毅结下了友谊。其实，当时协助解放军到华东各地接收的资源委员会人员还有好几批。

上海的护厂是比较难的。中国石油公司的油库在高桥，国民党海军舰艇就在那里加油（起义的重庆号军舰，就是在那里加油后驶往葫芦岛的）。那时军队已进驻油库。郭可诠考虑到这样那里很可能有发生战争的危险，就让工程室主任翁心源（总公司油库归工程室管）向警备司令部说明利害，取得"油库重地，禁止驻军"的公告一张，才把驻军请了出去。当时油库有三个大门，而公告只有一张，于是把其中两个大门用砖砌封起来，留一个贴有公告的大门出入。这样才保住了油库。

吴兆洪等留在上海的负责人，在上海未解放前一直暗中指挥各部门做好护矿工作，解放后则积极与解放军联系。1949年5月28日下午，孙冶方告诉吴兆洪，陈毅明天上午来和大家见面。因为没有大的会场，吴兆洪只通知了各单位的负责人。

那天上午，资源委员会各部门的主管、所属企业的负责人、军代表等共一百多人聚集在资源大楼的会议室里，约在 10 点钟，孙冶方陪着陈毅和曾山来到。

吴兆洪向在场的人员介绍了陈毅之后，陈毅即开始讲话，从 10 点多一直讲到了中午，讲了整整两个多小时。讲话的大意是：我们对资源委员会的工作有所了解，你们是主管国营工、矿、电等企业的一个全国性机构。毛主席很重视你们这个机构。我们对国民党伪政府机构的接管是有区别的，对一般党、政、军、警等机关，必须摧毁其机构，一般情况下，主要人员一律不用，中、下级人员则分别改造、留用或转业。至于资源委员会的建设人员，包括技术人员和管理人员，还有工人，你们的人数很多，军事结束以后，中国就要开始进入大规模的经济建设时期，迫切需要各种人才，工矿企业的管理工作和技术工作都是十分重要的，希望诸位安心留在原工作岗位，共同协力，积极工作，为国家建设大展才华……以往的知识分子，特别是工程技术人员，鄙视政治，抱超然态度，是不恰当的，因为建设成果，必须看政治领导是否正确。以往建设之果，为反动派所利用。今天你们解放了，今后是为人民服务了。这种重新认识自己、改造自己的工作是必要的。

又说："政治、军事我是内行，建设国家就要靠诸公了！现在南京、上海都已经解放，蒋家王朝已经垮台，所有伪单位纷纷南迁台湾，伪中央部、会一级中，只有资源委员会所有人员，包括各级负责人，以及在已解放地区所属各厂矿企业员工几乎未走一人，设备器材几乎未有一点破坏，实在是伪中央文职机构中的一个全体员工起义的团体！"

陈毅最后说："孙越崎先生是为国家事业做官的，共产党甚为谅解，请他即返上海；另外，在台湾、广州两地的人才，也请设法召回。军代表到各机关以后，政治方面听他们的意见，其他方面则磋商办理。"

陈毅讲话之后，曾山也为大家讲了话。

散会以后，陈毅、曾山、孙冶方等又到吴兆洪的办公室和几位高层负责人交谈了一会儿。陈毅说："将来资源委员会恐怕须改为部，或者分为几个部。"又问："孙越崎先生主要熟悉的是何项工业？"吴兆洪回答说："孙先生对煤、油、钢铁均十分内行。"

陈毅又问："翁文灏先生现在在哪里？"

吴兆洪回答："翁先生现在在法国"，又接着补了一句："他是战犯！"

陈毅听了以后说："请他回来，我们不会难为他的。"

吴兆洪说："他的儿子翁心源现在上海中国石油公司工程室任主任。"

陈毅说："那很好，请他转告翁先生回来吧！"

玉门的护矿比较紧张。1949年3月，邹明在上海时已知总公司不走，他十分赞同，并向郭可诠保证，他回去后一定要把玉门油矿保护好。四月初张兹闿在他家里设宴为邹明送行时，也承诺他将来到广州后，对玉门油矿等尚未解放地区的单位一定尽力接济。邹明这次离沪返矿前，上海营业所还为玉门油矿职工筹购了大量布匹、鞋帽和日用品等，总公司营业室副主任张英，陪同邹明携带部分黄金一起先到兰州，交给兰州营业所经理高琨，在那里兑换成银元交油矿使用。

5月，玉门油矿开始组织护矿工作，如采取留职停薪办法，遣散了不安心留在矿区的职工，同时继续大量筹措黄金和银元，以及从武威、敦煌一带抢运大量粮食，以保证全矿职工及家属今冬明春所需的口粮和生活所需。7月初正式成立了以老工人为基础的护矿队，对外称"纠察组"，由矿场工程师杨敏和炼厂工程师金克斌任正、副大队长，下设中队、分队。同时指定专人做好国民党驻军和矿警大队的工作。通过这些措施，全矿人心大为安定。

8月初，西北战场解放大军开始向西挺进，这时西北长官公署和油矿国民党特别党部主任委员王思成等极力鼓吹要破坏油矿，邹明考虑到油矿地处西北边陲，信息闭塞，深恐兰州解放后西进路途遥远，玉门一时不能解放，时间太长难以支持。为此他到兰州与高琨商量，只有请求老领导孙越崎出面帮助一途。随即通过电报与在香港的孙越崎取得联系，于8月中旬由兰州乘飞机到广州转香港。当天下午，张兹闿领邹明去看望了正在香港的翁文灏，晚上两人详商筹款接济玉门油矿问题。第二天上午，孙越崎的五弟孙越骥陪着邹明来到九龙孙越崎的寓所。见面后，邹明详细地汇报了玉门油矿护矿工作安排情况及存在的问题和忧虑。孙越崎边听边插话，中心意思是只要保护好油矿，什么都好办。最后表示对护矿措施完全赞同和支持，并答应立即给正在北平的邵力子和钱昌照发个电报，请他们转陈中共中央关于玉门油矿的护矿布置情况，希望在兰州解放后，解放军不停顿，继续西进；并盼先派人去油矿与邹明取得联系。电报是由孙常龄送给中共组织张铁生、罗哲明代发的。对此，邹明高兴地说："我心上的一块石头落地了。"随后，邹明问："你打算什么时候回大陆？"

孙越崎回答："我还要再等一些时候。我现在走了，你们的处境将更困难。我总要等大陆差不多都解放了才能回去。"

邹明回到广州后，张兹闿即下令从高雄炼油厂立即调运一船汽油、一船柴油到广州，连同广州营业所库存油料全部销售出去，换成银元十余万元和部分黄金，包了一架由广州至酒泉的专机，派一位课长押运去酒泉。中途经重庆和兰州时，卸下部分银元供四川油矿探勘处、重庆营业所、兰州探勘处和兰州营运处等使用。另外邹明在穗期间，张兹闿曾和他一起去见当时国民党政府行政院院长阎锡山，要求财政部拨付欠玉门油矿的军油款。后来在玉门油矿解放前夕的9月中旬，果真从酒泉国库中领到黄金1000两。

邹明从广州回到兰州后，立即将详情面告兰州探勘处处长孙健初和兰州营业所经理高琨，并研究了兰州的护产措施，相约做好各自的护产工作。

兰州解放时，探勘处职工在孙健初领导下，保护了历年积累的地质资料和勘探仪器，受到彭德怀和贺龙将军的嘉勉。

兰州营业所包括兰州运输总站、兰州修车总厂、兰州油料库等，以及各种运输车辆，也都完整无损地保存下来。高琨还为玉门油矿的护矿工作，包括争取分配粮食指标、筹措资金、应付兰州军政当局的质询等，作出了很大贡献。

邹明于8月27日沿公路坐汽车回到酒泉，而兰州已于8月26日解放。

西北长官公署搬到张掖后，加紧策划对玉门的破坏活动，油矿领导一次又一次地顶住了压力。由于全矿职工万众一心，在临近解放前夕，纷纷响应号召，在炼厂厂长熊尚元、矿长刘树人等各级主管的布置下，炼厂职工用大铁桶装上砂石重叠三层，用铁条焊死筑成围墙，将在用的贵重仪器和热油泵等顶替下来保存。矿场职工将钻机藏进山沟里，将油井一口一口地砌防护墙并加以伪装。工务组职工将新进口的发电机藏入土坑并用草席遮盖起来。运输课职工将从兰州调来的100多辆卡车开进山沟里。其他生产单位也都采取了相应措施。油矿领导又将矿警队库存的枪支弹药全部配发给护矿队。全体护矿队员在不误正常工作的同时，日夜轮流站岗放哨，监视一切活动。与此同时，解放军进军神速，9月25日以装甲兵为先导，在军长黄新廷率领下，进驻了玉门油矿，使油矿完整无损地保护下来，全矿生产建设一刻未停。

资源委员会煤业总局长沙办事处有轮船、驳船25艘，油料10余吨，还存有大批煤矿设备器材。武汉解放以后，白崇禧的部队退到长沙，四处抢物资，并公开贴出通告：有油料的单位速前来登记，否则军法处置。办事处处长蔡善霂已经得知孙越崎召开"10月南京会议"的消息，了解资源委员会要求坚守岗位、保护财产的决定。武汉营运处处长从上海回来也秘密告诉蔡善霂，孙越崎介绍了东北等地解放情况，要求员工们为国家保护好工业家底。蔡善霂也愿意留在大陆，但办事处的物资太多，保护这批财产的困难很大，也很危险。当时办事处几百名职工的工资没有着落，万般无奈，蔡善霂就到香港去找孙越崎，向孙越崎介绍了办事处的困难，请求给予帮助。孙越崎对他说："我已经脱离政府，在经济上是没有办法帮你们了。5月我在广州发了一笔美金作维持费，不想漏了你们这个单位，很抱歉。现在我也只能给你出出主意了。你可以把轮船和驳船集中起来，藏到耒阳的耒河里去。再把油料疏散到附近各地。"蔡善霂说："我与附近农民关系很好，可以藏到农民家里去。"孙越崎接着说："军队向你要船运输，你就咬定向他们要运费。我再给你写封信带上，万不得已时，还可以向湖南资源委员会的湘永煤矿总经理娄良海去借些经费用。我想，长沙也不会要太长的时间了，坚持一下吧，困难是可以解决的。"

蔡善霂回到长沙以后不到一个月，解放军就接管了长沙。蔡善霂把隐藏的物资都安全地完整地移交给军管会了。

1949年7月，中南地区即将解放，上海市军管会派原资源委员会在沪人员组成联系小组，前往武汉，协助武汉市军管会随军前往湖南、江西等地联系，接管中南地区资源委员会的工矿企业。这个联系小组由资源委员会煤矿、金属矿、电工、电力和钢铁等各方面11人组成，其中有孙越崎的秘书沈嘉元，还有孙越崎在北平处理局时的下属董询谋。

联系小组于7月21日离开上海乘轮船西行，25日到达汉口。第二天解放军四野政治部主任陶铸在明德饭店接见了他们。勉励他们随军继续前进，到湖南、江西协助当地军管会派出的军代表，做好与资源委员会企业的联系工作，使接管工作更加顺利。担任煤业总局副局长的董询谋被派到江西萍乡煤矿，原来是金属管理处的向光源被派到江西钨业管理处。

余下的9人于7月30日随解放军坐卡车沿着公路上山，三天颠簸之后到了离长沙50公里的春华山。这时长沙正在酝酿和平解放，解放军大队人马接到命令暂时停下等待。资源委员会的联系小组和解放军一同在春华山上停留了一个星期才进入长沙市区。过了两天，长沙军管会财经部部长宋乃德召集联系小组人员开会，给他们布置任务，让他们分别同已经派定的军代表到各单位去。沈嘉元与另外两人组成煤矿小分队，被分配到湖南的几个煤矿和煤业总局长沙办事处。

沈嘉元三人小组先到了湘江煤矿。这里的总经理已经南下香港，只留下协理和其他部门负责人。沈嘉元他们向矿上的员工介绍平津、南京、上海等地解放前夕，孙越崎做的护厂护矿、留在大陆的安排。资源委员会的员工都按照这个安排留在原单位，保护财产档案，顺利地移交给新政府。所有的员工也都原职原薪留用，人心安定，厂矿均无损失。现在湖南也解放了，希望各位都安心留在自己的岗位上，办好移交的手续，保证生产的正常进行。

很快，湘江煤矿就顺利地移交给军代表了。湖南其他几个煤矿也大致如此。

上海解放以后，资源委员会本部的职员全部脱离了国民党政府。这时，在台湾的资源委员会人员失去了掩护，不幸牺牲了生命的有台湾糖业公司总经理沈镇南和台湾电业公司总经理刘晋玉。

兼台湾糖业公司董事长的吴兆洪曾电令沈镇南，在计划供应大陆的食糖以外，每艘回上海的轮船加运1000吨食糖，储存在上海。到解放前夕共运食糖 16000 吨。沈镇南主持的台湾糖业公司是资源委员会在台的十大公司中的"老大"，关系着台湾的经济命脉，素来为社会所注意。孙越崎和吴兆洪两人停留在南京、上海时，陈诚曾经召见沈镇南，查问资源委员会是否还管台湾工业，如果不管，就由省里来管。沈镇南将这个情况密告孙越崎。孙越崎到广州以后，本来打算到台北去向陈诚解释一下，还没有来得及去就被陈诚怀疑而南下香港了。所以在上海解放不久，台湾当局就逮捕了沈镇南。香港报纸以显著位置刊出："沈镇南贪污 1000 万元，勾结大陆吴匪，枪毙台北。"所谓贪污 1000 万元，即指沈镇南帮助资源委员会以大陆糖款抵换存在台湾的那笔拆迁费。

沈镇南早年毕业于清华大学，留美归国以后，长期在中国银行总经理处任高级职员。抗战胜利后，资源委员会接管日本三菱、三井等四个株式会社在台湾的全部工厂、农场、铁道和研究单位，组成台湾糖业公司，聘沈镇南为总经理。沈镇南任职以后，以卓越的才能，很快将战争破坏的几十个工厂修复，台糖的经济实力猛增。

与沈镇南之死几乎同时，台湾电业公司总经理刘晋玉也被杀害。据当时香港报纸记载，台湾查获，刘晋玉在上海解放前夕与资源委员会电业管理总处往来的密电和密函，得知他准备把许多电机秘密运往上海，遂被认为是"通匪"而枪毙。

刘晋玉是留学法国的电气工程师，台湾电力公司是以日月潭水力发电为中心的，全岛唯一的电网曾被美国飞机炸坏，是刘晋玉负责修复的。

沈镇南和刘晋玉的死在台湾是"明正典

原资源委员会台湾电业公司总经理刘晋玉，1950 年被台湾当局以"通匪罪"处决

原资源委员会台湾糖业公司总经理沈镇南，1950 年被台湾当局以"通匪罪"处决

刑"，所以，在台湾从来没有人敢纪念他们，可他们的确是为了人民的解放事业而死的。

5　力劝翁文灏归来

到北京之后没过几天，孙越崎就接到通知，周恩来总理设家宴为他洗尘。他来到中南海西花厅，和周总理夫妇共进晚餐。谈起来，孙越崎和邓颖超30年前还都是在天津参加"五四"运动的战友。回忆起那时的情景，两人都兴致很高。

席间，孙越崎向周恩来总理表示，感谢共产党和人民政府的信任，一定做好今后的工作。谈话中，孙越崎还向周总理介绍了翁文灏现在在国外的情况。

到达北京以后，孙越崎开始了全新的工作和生活，但他一天也没有忘记翁文灏。在他的心里，翁先生有着极其重要的位置，这位老上级、老朋友对他的一生产生过极为巨大的影响，20年来，风雨同舟，艰难与共。现在翁文灏漂泊在外，有国难回，自己不能坐视。

1948年除夕之夜，翁文灏在南京与孙越崎一起守岁，孙越崎把10月南京会议资源委员会决定留在大陆的情况告诉了翁文灏，同时劝翁文灏也不要到台湾去，那样一个小小的海岛，能有什么搞建设的余地？要搞真正的实业，还是留在大陆好。

翁文灏摇摇头，黯然神伤："你可以这样做，我却是不能不走的，我是第12名战犯呀！"说着指了指桌子上的那张新华社发表的战犯名单。

随着时局的变化，翁文灏越来越悲观。到了1949年4月，和谈破裂，翁文灏对孙越崎说："国民党已经垮了，中国石油公司决定留在大陆，我让心源也留下，维护好公司的人员和财产油料。"表明他的内心深处是眷恋着大陆的。他接着对孙越崎说："我先去台湾，在那里不打算久留，很快将转去香港。在那儿再等等，看事态如何发展，再定行止。"

1949年5月，翁文灏准备带翁心源到台湾去探亲。行前，孙越崎劝他："心源还年轻，你何必害他呢？我看，心源就不要到台湾去了。"翁心源也连忙表示自己不想到台湾去，请父亲这次探亲回来的时候，把自己的太太和女儿从台湾接回来。翁文灏点头答应了。

6月21日，孙越崎在香港送钱昌照坐船北上，正好遇到翁文灏下船，一问才知道翁文灏要去广州向李宗仁辞去秘书长的职务，脱离国民党政府。孙越崎看到翁先生年过花甲，只身一人到处奔走，还不知道将来归宿何在，心中不免动情："翁先生，吴兆洪和资源委员会的人都留在大陆了，我不久也要回去。现在你的儿子、儿媳、孙女他们也都在大陆。只有你和老父、老妻三人流落海外，晚景太凄凉了。你最好把老父老妻赶快从台湾接出来，再晚恐怕就接不出来了。你们先在香港住一段时间，托人与共产党慢慢联系，得到许可，也好回去阖家团圆。我们一些老朋友也可以经常见面了。生为中国人，死为中国鬼。你好好考虑考虑。"

翁文灏默默听着，过了一会才说："我何尝不想回去啊！"接着是一声发自内心的长叹："不行啊，我的罪过太大了，不可能得到共产党的谅解。"沉重的回忆压得他低下了头。

翁文灏当年是为抗日而从政，那时他曾为开创大后方经济建设做出卓越贡献。战后辞官，本是翁文灏多年的心愿。胜利后不久，他接连五次向蒋介石呈文辞职，申明"原为抗日而加入政府任职，自当为抗战告竣而告退。"但当时行政院院长宋子文坚决不同意，蒋介石也只同意他辞去经济部和资源委员会的职务，留任行政院副院长。1947年，行政院改组，翁文灏乘机辞职，但很快又受蒋介石之命，专管资源委员会。从1948年5月至11月，翁文灏担任行政院院长，虽然只有5个月的时间，但他却为维持蒋介石的残局做了两大错事。

这年7月中旬，蒋介石把陶希圣执笔的反共讲演词交给翁文灏，要他去播讲。翁文灏推辞："此稿是蒋先生的口气，还是蒋先生自讲为好。"蒋介石当时点点头，说："我自然会讲，但你是行政院院长，也应该讲。"在蒋介石多次催问下，翁文灏于7月24日在南京电台上向国内外发表了，要坚持"戡乱"、反共到底的讲话。

蒋介石坚持要翁文灏发表讲话，是因为在他发动的反内战中，政府军已经支持不住，美国政府为了保护他们在华的利益，避免国民党政府彻底失败，正在策划李宗仁出面和谈。蒋介石把翁文灏推出来扮演反共到底的角色，就是向李宗仁施加压力。翁文灏讲话之后，李宗仁果然对和谈一事正式辟谣。

另一件是翁文灏参与了筹划所谓的金融改革。1948年8月19日，蒋介石以"临时条款"授予的总统特权，宣布国民政府改革币制，发行金圆券，造成空前的通货膨胀。同时实行暴力"限价"，强制收购金银，对老百姓进行掠夺。用这一办法，从老百姓手上抢走了三亿七千多万美元的金条银元和外币。到了10月上旬，金圆券急剧贬值，11月，国民党政府不得不宣告改革币制的计划全盘失败。翁文灏的行政院院长再无法干下去了。对币制改革给国统区老百姓带来的灾难他始料不及，痛悔异常。

回想起这些沉重的往事，翁文灏深悔抗战胜利以后屈从蒋介石而滞留政界，为蒋介石发动内战出了力，对不起国家，也对不起国人。

孙越崎也在想，自己的这位老友，本来是位卓越的地质学家。多年以前，他曾不顾生死，踏遍中国大地，用自己的满腹学识，用手中的地质锤，敲响了多少沉睡的地下矿藏，又用自己手中的笔，绘制出了多少地质图。后来两人相识，共同兴办实业。那时的事情回忆起来多么兴奋。可是想到翁文灏的清名被蒋介石利用的近事，孙越崎也不免黯然。

这时，翁文灏又抬起了头，无论如何，他是爱国的，面对老友，他吐露真情："我还是要想办法回去的。不过，我的问题，必得毛泽东点头，否则不可能解决。这可是太难了。"

孙越崎不想再加重翁文灏心中的沉重，就换了口气，充满信心地对翁文灏说："你的话有些道理……不过，只要你有回国的决心，我想，有邵力子在北平，可以请他帮忙，也不见得就没有希望。现在重要的是做两件事：一是你必须与蒋介石一刀两断，蒋介石一直都在利用你，发'戡乱令'，发'金圆券'，这些事都害了你，你应该恨他。"孙越崎知道翁文灏一直感谢蒋介石当年对他的救命之恩，总存有知恩图报的念头，故这样开导他。"第二件事就是赶快把老父老妻从台湾接到香港，将来万一不能回大陆，住在香港也比住在台湾好一些。"

这期间，与孙越崎一样关心着翁文灏的还有吴兆洪等资源委员会的许多老朋友。

吴兆洪在上海征得中共华东局统战部的同意，派戴世英到香港劝说翁文灏转变立场，与蒋介石划清界限。在香港的周太玄、杨东莼也到翁文灏隐居的铜锣湾中国石油公司宿舍，劝说翁文灏一定要和台湾方面切断关系。

不久，翁文灏把他的老父、老妻从台湾接到了香港，翁心源又将祖父和母亲接回了上海。

孙越崎给北平的邵力子写信，说翁文灏有意回大陆，请邵先生予以关注，考虑能否与中共联系此事。邵力子很高兴，马上回信说一定大力帮助。孙越崎在11月4日离开香港北上的时候，带了一封翁文灏表明心迹的亲笔信，到北京后交给了邵力子，托他转交中共有关方面。只等中共领导同意，翁文灏就可以返回大陆。

谁知道，事情要比孙越崎料想的复杂得多。

孙越崎北上到京后患了糖尿病住在医院里，钱昌照来看望他，对他说："我从报上看到，翁先生从香港飞往巴黎了。"不到一个月的时间，翁文灏何以会发生这么大变化？孙越崎因为对翁文灏为人的信任而百思不得其解。过了几天，翁心源从香港回到北京，孙越崎才知道真相。

孙越崎刚一离开香港，陈诚就派人到香港正式"请"翁文灏到台湾去，并警告他："你要投靠共产党必定会有危险，况且世界大战必将再起，共产党能否在大陆守住，还不一定。你务必要认清形势。现在，你如果实在不愿意到台湾去，先移居美国也可以。"

翁文灏坚决不肯去台湾，但是他想到最近杨杰在香港被特务暗杀之事，不寒而栗，"三十六计走为上"。于是他就飞往巴黎。这只是翁文灏的一时避难之策。

孙越崎和邵力子、翁心源一同商量之后，向周恩来总理报告了翁文灏要求回国的意愿。周恩来总理表示同意翁文灏返回大陆，只是还须再等待一段时间，以便向民主党派人士做些解释说服工作。对于孙越崎他们担心的战犯

问题，周恩来解释说，那是新华社的消息，不是党和政府的正式宣布，翁文灏可以放心。

1950年初，翁心源从上海调到燃料工业部石油管理总局工作，周恩来总理指定一位秘书与他经常联系。翁心源和孙越崎同住在锡拉胡同18号院里，他们经常给翁文灏写信，介绍新中国的建设情况。

1950年1月底，翁文灏从法国到了英国。抗战胜利后的第二年他曾被接纳为伦敦地质学会外国名誉会员。这次他在伯明翰大学住了20多天。在伯明翰，他在剑桥大学见到了在重庆认识的李约瑟。两位老朋友相见，感慨万千。翁文灏见到这位终身都在研究中国文化的外国人，案头摆满中文书籍，不觉涌起思乡之情。

回到法国以后，翁文灏虽然感到自己在地质研究方面已经有些掉队，想利用这段时间多读些书，补补课，却因为动荡的时局、异国的孤独、思乡的苦闷，无法静下心来。

1950年10月，美国雷诺金属公司以高薪聘请他去做顾问，并托大使馆派人去他的住所面请他早日赴美。美国地质调查所也致函，邀请他前往。美国矿冶工程师及机械工程师学会在邀请信中说："将特别召开大会欢迎你的到来。"此时台湾的方面也在动员他去。

翁文灏的面前摆着三条路：美国、台湾、大陆。翁文灏不改当初"宁当战犯，不做白华"的意愿。他写道"归乡尚少把握，叛国决非素心，审顾国局，不应逃亡，宁冒艰辛，归向祖国。"他又给在北京的儿子写信："我心已定不愿在外蹉跎，近日即将归来。"

12月，翁文灏从法国到了伦敦，准备乘飞机先到香港，没有想到英国当局以停发护照加以阻拦。经过费力周折，翁文灏才于1951年1月初来到香港，当天转到广州，又由中共广州市委派人送他到了北京。

第十三章　风雨不移强国志

孙越崎感叹李白名句："君不见黄河之水天上来，奔流到海不复回……天生我材必有用，千金散尽还复来。"

1　中财委计划局副局长

1949年11月，孙越崎在从香港北上的途中，已经接到了中央人民政府的任命，职务是中央财政经济委员会（简称中财委）计划局副局长。

新中国成立以后，在政务院下设立了三个委员会——政法委员会，由董必武任主任；文教委员会，由郭沫若任主任；财经委员会，由陈云任主任，薄一波和李富春任副主任。中财委下属计划局，局长是宋劭文。副局长有4位：一位共产党员，三位党外人士：孙越崎、钱昌照和孙晓村。当时中财委的地址就在朝阳门内北小街一个前清王府内。

当时的经济工作完全采用的是苏联的一套模式。在中财委的一局十六部中，全部安排了苏联专家指导工作，就连一些机构名称，也是直接从俄文翻译过来的。如管理资源的机构不叫资源处，而是直译的"天然财富处"。

对于孙越崎来说，工作机构是全新的，工作内容也是全新的。经过分工，他负责三个处：基本建设处、天然财富处和轻工业处。

在旧中国，由生产资料所有制和经济管理体制所决定，不可能有"计划经济"，当然也不会有计划工作。国民政府曾经设过一个"中国计划局"，但与"计划经济"也毫不沾边。新中国成立以后开始进行社会主义经济建设，

学习苏联的经验，其基本特征之一就是"计划经济"。孙越崎做了几十年经济工作，却是第一次和计划经济打交道，很多东西都感到生疏，于是他认真地向苏联专家学习。

几十年前在穆棱向俄国人学的俄语又有了用处，孙越崎努力回忆复习，把淡忘的俄语捡回来。一上班就找苏联专家交谈，一心要把新的经济管理体制学明白。今天谈一点儿，明天谈一点，慢慢积累，终于弄明白了许多问题。

基本建设是孙越崎的重点。当时虽然处于国民经济恢复时期，但在苏联专家帮助下，一些重点建设项目已经开始设计，如官厅水库、武钢、包钢、一些铁路干线等。

为了搞好今后大规模的基本建设，在陈云同志指示下，由宋劭文领导，孙越崎和基本建设处副处长郭可诠、吕克白等通力合作，制定了《基本建设工作程序暂行办法》，规定了在基本建设中，进行勘探、设计、施工、验收等应遵循的规程。这个办法经中财委批准，于1951年3月以中财委计（建）字第984号文件颁发各大行政区、省市自治区。在"一五"期间，全国的基本建设，都是按照这个文件规定的规程实施的。

陈云同志当时非常重视这个文件，要孙越崎大力宣传贯彻，介绍孙越崎到人民日报社去找范长江和邓拓。按照人民日报社的要求，孙越崎起草了《没有工程设计就不能施工》的社论，发表在1951年6月16日《人民日报》上。

1951年，根据中财委主任陈云指示，孙越崎撰写的《人民日报》社论《没有工程设计就不可能施工》

这篇文章反映了孙越崎当时对基本建设工作的指导思想。文章阐述基本建设是我国工业化的具体工程，涉及面广，影响重大，是百年大计。而工程质量的高低和价值大小，都由设计的好坏来决定，设计是基本建设的关键。如果在此项工作中不经过设计，只凭热情和愿望，结果不是做不成就是做不好，或者中途改变，返工重建，使国家蒙受重大损失。因此，"施工必先设计"是今后基本建设工作中的一个基本原则。设计和计划也不同，一般的计划只是说"做什么"，并不能说明"怎样做"；计划偏重于方针性，设计则是在建设方针指导下偏重于技术规划和通过详细的计算来实现。设计工作是一件综合性的非常复杂的组织和技术工作。在设计以前，必须收集一切有关资料，如厂址、工程地质、气候、风向、水源、动力、交通运输、原材料供应、资源情况等等，作为依据，经过详细研究，反复调查比较，融理论、经验和实际情况于一体，决不能草率从事。

社论在说明了设计的重要性后，还分析了当时作为设计工作的困难条件：我国设计工作人员缺乏，基建工作还缺乏经验，一些领导同志习惯于农村比较散漫的工作方式，不了解工业的复杂性和严密性，有的人热情很高但缺乏科学精神。这都是对基本建设工作十分不利的。

这篇社论发表后，中央很多单位纷纷请他去作关于基本建设的报告。每次去，听众都很多，一面听，一面提问。孙越崎尽己所知，一一予以回答。

基本建设工作程序在三年经济恢复和第一个五年计划期间，起到了良好的指导作用。只是到了1958年的"大跃进"运动中被抛弃了，代之的是所谓"三边"政策，即"边设计、边施工、边修改"，或"边勘测、边设计、边施工"。"三边"政策给国家带来巨大恶果，基本建设失去了科学的程序，许多工程质量差、浪费大，有些单位以"三边"为借口，采用"钓鱼"办法，不断迫使国家增加投资。到了20世纪80年代，进入改革开放以后，这种状况才被改变。

2 卢作孚之死

1951年的冬天，孙越崎被安排到四川南川县参加当地的土地改革运动。

这一年"反贪污、反浪费、反官僚主义"的"三反"运动也在全国展开。

1952年初，王仪孟托到北京办事即将返川的卢作孚，给孙越崎捎一套棉衣。卢作孚回到重庆以后，马上给孙越崎送去。两人没有来得及多说什么，就匆匆分手了。

2月11日，孙越崎在《重庆日报》上见到卢作孚于2月8日晚自杀的消息，十分震惊和悲痛。

3月初，在四川的土地改革运动结束，孙越崎急忙赶往重庆。一到重庆，他就去民生公司吊唁卢作孚。这时他才知道，在运动中有人捏造事实，无中生有说卢作孚有贪污行为，并且贴了他的大字报。一生高洁的卢作孚不堪受此污辱，便含恨弃世而去。孙越崎不由悲从中来，泪水夺眶而出。

孙越崎想到，1950年冬天，卢作孚曾经先后向周恩来总理、西南军政委员会、交通部、长江航道局提出请求，将民生公司改为公私合营。中共中央经过慎重细致的研究，决定接受卢作孚的请求。卢作孚含辛茹苦几十年，创办和培育了民生轮船公司。新中国成立前支持进步力量，在抗日战争中为国家做出巨大贡献。新中国成立后又把自己心血的结晶奉献给人民和国家，他怎么会在自己已经奉献出来的公司里"贪污"？

孙越崎越想越伤心，泪流不止。

回到北京后，孙越崎了解到，周恩来总理曾有过指示，在"三反"运动中，一定要保护好民族工商业家卢作孚。可惜总理的指示传到重庆的时候，卢作孚已经蒙冤作古。毛主席、周总理等党和国家领导人当时都对卢作孚的去世深感痛惜，毛主席曾说："如果卢作孚先生还在，他所要担负的责任，总比民生公司要大得多啊！"

后来在一次政务院讨论民生公司公私合营的会议上，周总理也高度评价了卢作孚的一生。

1988年4月30日，全国工商联在全国政协礼堂召开了旨在为卢作孚平反的"纪念卢作孚95岁诞辰大会"。作为生前好友、重建的民生轮船公司董事长孙越崎参加了这次大会。已经是95岁的老人了，他还在会上朗朗发言，追述自己与卢作孚自抗战之初为发展大后方煤炭事业而建立起的友谊，高度评价了卢作孚对中国交通事业所做出的巨大贡献。

在1993年5月9日的《人民日报》上，孙越崎又发表了文章:《富国利民 勋业照人》，用以纪念卢作孚先生100周年诞辰。百岁老人忆及早逝的同龄人:"作孚先生艰苦朴素，公而忘私，无论是办教育，或者是办实业，他的目的都只有一个：为了祖国的繁荣富强和人民的生活幸福。他的一生是爱国的一生。"

"哲人虽亡，精神不死。作孚先生的事业载在史册，昭兹来者，启迪后人。"

尽管卢作孚之死在孙越崎心里留下了一些阴影，但这并没有影响他在共产党领导下建设国家的信心。对于运动中遇到的一些问题，他以自己一贯的做人准则，既不抵触，也不迎合，实事求是，正确对待。

1952年3月，孙越崎从四川回到北京，"三反""五反"运动正进行得轰轰烈烈。过了半个月，党组织要他写个详细的自传。他知道，这是运动的需要，就认真地写开了。回顾前半生，往事清清楚楚。他也知道，运动中经济问题是个重点，一定要写清楚。可是写到一个问题时他写不下去了：1949年4月26日，他离开上海飞往广州，当时带了一张208万美元的支票。那张支票上已经有资源委员会副委员长吴兆洪的签名，还有财务处处长季树农的签名。这笔巨款取出来以后，分发给两广、江西、湖南、湖北、云南等地资源委员会所辖的厂矿，用以维持生产和支付工资。钱是他亲手发出去的，到底哪个厂领了多少，事隔三年，实在记不清楚了。如果别人认为他利用发钱的时候浑水摸鱼，攫为己有，那是完全说不清楚的。怎么办？这在"三反""五反"运动中可是个大问题啊！怎样才能弄清楚呢？

孙越崎一生与大量钱财频频交手，尤其是在担任了资源委员会的要职以后，巨额资金经常在他的支配之下。当国民党兵败如山倒、政府要员纷纷南逃的时候，携巨款出国对于他是很容易的事。然而他却两手空空地回到了北京。

1952年冬天，原资源委员会财务处处长季树农找到了当年发放美金的存根，才弄清了问题。孙越崎得到了解脱，心里的石头落了地。运动中，计划

局党总支书记焦善民，出于爱护的目的，让他以后不要参加小组会了，起到了很好的保护作用。

在这次运动中，为208万美元的事，有些人对孙越崎说过一些很不实事求是的话，态度也很不好，但孙越崎并没有在意。

也就是在那一年，孙越崎的生活又发生了一次很大的变化。

1952年6月，政府的机构有一次大调整，政务院的财经委员会、文教委员会、政法委员会都取消了，六个大行政区也取消了，很多干部要重新分配工作，要求自己填写志愿表。

孙越崎心明如镜，审时度势，在志愿表里写下："愿意到煤矿去做技术工作。"当时他为什么要离开宏观的经济管理岗位呢？他自己也说不明白。多年来，名利地位于他，不过如过眼烟云。在焦作煤矿时候，因为是"合资企业"，他的收入每月曾高达2000元大洋。后来到资源委员会担任政府公职，收入大减，他亦心甘情愿。

在高层领导机关工作了两年多，他自己提出"下基层"的要求。这其中有他对煤矿的眷恋，煤矿，那是他以重工业为一生之业的开始之地；当然，他的"志愿"中也有对某种东西的退避。他一生对政治外行，本能地要离政治中心远一些。

7月1日，中财委正式撤销了，计划局也不存在了。不久，孙越崎接到通知，他被分配到当时中国的第一大矿唐山开滦煤矿，担任总管理处第三副主任（副局长）。

3 开滦煤矿的第三副主任

1952年7月初，孙越崎接到调任开滦煤矿的通知以后，就去见燃料工业部部长陈郁。陈郁部长告诉他：先不要到矿上去，那里正在搞民主改革，你去了一时也不好开展工作。你就在北京休息一段时间，什么时候可以去了我再通知你。

这年12月，孙越崎按照陈郁部长的通知，去开滦煤矿上任。在这之前，将近半年时间没有工作。他从来没有这么清闲过，急得发慌，他是多么渴望有一份忙得焦头烂额的工作啊！

在开滦煤矿，孙越崎虽然是第三副主任，但他的威望是很高的。这是他以自己的实际行动建立起来的。当时，他已经年过花甲，还经常下井指挥生产。到1959年，共下井100多次。这使人们都很感动。并且，由于他懂技术和生产，处理问题果断而得力，取得了很好的效果。开滦煤矿使用的干式钻机粉尘很大，一分钟抛扬出去的粉尘达上万毫克。孙越崎关心矿工们的身体健康，下定决心要对这扬尘大的钻机进行改造。他组织工程技术人员攻关，和他们一块研究、探讨和试验，终于获得了成功。改进后的钻机粉尘比普通地面上所含的粉尘还低，这在当时的中国绝无仅有。孙越崎还组织实施以机械代替人力的工程，结果不仅减轻了工人的劳动强度，而且大大提高了煤炭产量。

党和国家领导人以及开滦煤矿的领导干部，对孙越崎也很关心，支持他的工作。英国前首相艾德礼来中国，国务院总理周恩来让孙越崎来北京，专程陪同去开滦煤矿访问，兼当翻译。周恩来在南开大学的同学李福景在开滦煤矿，周恩来每次来唐山视察工作，都要去看望他。在他的陪同下，看望过孙越崎。中共中央副主席、人大常委会委员长刘少奇来唐山，也见过孙越崎。

开滦煤矿总管理处主任刘辉是一位党员干部，他既管党务，又管行政工作，是煤矿的第一把手。刘辉具有很强的组织能力，知人善任，对孙越崎很尊重也很信任。孙越崎虽是非党干部，但他在生产技术上提的建议，刘辉都采纳，并且放手让他去组织实施。

刘辉因为政绩突出，后来被调往北京任煤炭部副部长。又后来，他为调孙越崎回北京出过主意。

从20世纪50年代起，孙越崎在唐山开滦煤矿工作、生活超过25年，这是他在一次大会上发言时的照片，在此，经历"文革""唐山大地震"等重大事件

4 常感痛心事

可惜，不久，一个接一个的政治运动开始了，孙越崎开始感觉到，他的意见、建议再不能像以前那样受到重视，有些为了生产必须采取的措施，他虽据理力争，痛陈利害，也仍得不到支持。碰到这样的事，常常使他感到痛心。

采过煤的废巷道中，总会遗留下一些没有采净的煤，由于废巷道里通风差，这些煤常常发生自燃。这时如果遇到流通的空气，就会酿成大火，使巷道里飘浮着的煤粉发生爆炸，危及全矿。为了解决这个问题，孙越崎想出一个主意：配制大量泥浆，用高压水泵把这些泥浆打进废巷道的空隙里，使其与空气隔绝。这样巷道里自燃的煤会自灭，煤粉也不会爆炸了。他把这个主意说了一遍，没有人理睬，又说了一遍，仍没有人理睬。他本来是个很固执的人，又坚信自己的办法对煤矿大有好处，就再三、再四地说，直说到唇干舌燥，矿上才配了一点泥浆敷衍了一下。

矿上放着孙越崎的这个办法不用，却请来了苏联专家帮助解决废井余煤自燃的问题。

苏联大学教育的特点是学科分得很细，很专，那次矿上请来的采煤专家恰恰不是学这方面专业的，终究也没有解决这个问题。

30多年以后，孙越崎在报上看到，大同煤矿用他当年提出的那个高压泵灌泥浆的办法，解决了防火灭火的问题，他高兴极了。

不管怎么说，该留下的，历史总会让它留下。

在采煤的过程中，矿井与矿井之间要留出40米宽的煤层不采，为"保安煤柱"。这是为了防止一个矿井的火灾、水灾向其他矿井蔓延，避免煤炭资源遭受大面积破坏的办法。

有一次，一位矿长给孙越崎打电话说："我们这里有这么多的好煤，不采出来，太可惜了，还是继续开采吧？"

孙越崎当即反对："保安煤柱千万不能动，你记住，不许动！"

那位矿长在生产任务的重压下想不出别的办法提高产量，还是打"保安煤柱"的主意。他又把电话打到主任那里："孙副主任让现在停采，这么多煤不要了，多可惜，怎么办？"

主任没有多想就说："那你们就继续出煤吧。"

放下电话他就去找孙越崎，见面就问："你怎么也不问问我，就让他们停采了。"

孙越崎没当回事说："这种事情不需要请示汇报的，已经有保安规程呀！水火无情，不留保安煤柱不行。"

主任很固执："扔掉这么多煤太可惜了，我已经让他们继续出煤了。"

客观规律对这次瞎指挥的惩罚出现在将近30年以后。

1984年6月2日上午10点25分，开滦煤矿范各庄矿突然发生大规模的透水，处于400米深的2171综采工作面上，奥陶纪石灰岩层的地下水，透过自然陷落柱大量涌进矿井，最大涌水量达到每分钟740吨。仅仅21个小时，就淹没了这座年产200多万吨原煤的大型矿井。三天之后，大水突破隔离煤层，迅速淹没了吕家坨煤矿，附近的林西矿也被迫停产。地下水以每小时三万五千立方米涌出，水灾很快波及20平方公里，威胁了赵各庄、唐各庄等矿。在救灾过程中，向两矿之间灌注快干水泥两万吨，砂石10万立方米，在水灾中牺牲工人十几名，直接损失价值高达5亿元。灾情之严重，损失之巨大，为我国和世界煤炭开采史上所罕见。

5 坦然处之

即使出现了这种种不正常的情况，孙越崎也始终没有改变自己追随共产党、建设祖国、发展经济的初衷。在各种政治运动中，他对党组织和党员干部都坦诚相见，知无不言，不隐瞒自己的观点。

1957年"整风运动"中，正在大鸣大放的时候，孙越崎到武汉出差，同行的有高树勋。高树勋是解放战争初期在邯郸首举义旗的国民党将领，新中国成立后任河北省副省长，也是中国国民党革命委员会（简称民革）中央委员，与孙越崎关系不错。在武汉，两人一起上街去走。只见大字报铺天盖地，"大辩论"搞得各处都乱哄哄。孙越崎看了对高树勋说："这些大字报、大辩论，搞的什么玩意儿？有什么意思？我们也不懂。我们又不知道共产党内部的事情，让我们提意见帮助共产党整风，从何帮起？"后来这段话被当作问题给揭发出来。其实，谁都看得出来，这段话没有任何恶意，因此也成不了什么问题，只是有人批评他对"整风运动"不积极。

孙越崎平时很爱讲话，也很能讲话，想法多，点子多，又疾恶如仇，加上性情直率，说话从无顾忌。可在那次"整风运动"初期，他并没有讲什么出格的话。多年以后，孙越崎说过这样一段话："我那时也确实觉得共产党好，矿上领导都下井，这在国民党就做不到。共产党也有缺点，可是哪个人会没有缺点呢？那时候，我并不知道提了意见会被划右派。"

有一次，一位记者来找孙越崎，约他写一篇对台的广播讲话稿。

1945年日本投降以后，资源委员会成立了"台湾工矿调查团"，到台湾进行了全面的工业考察，之后挑选了十大工业门类组建了十大公司。资源委员会曾经派了大批年轻精干的技术人员到台湾，去接收日本在台的工矿企业。这些人员后来都留在了台湾。孙越崎当年对这些年轻人是非常关心的。如后来升任台湾地区行政管理机构负责人的孙运璿，就是他非常器重和欣赏的。1940年，孙运璿任青海西宁电厂厂长时，孙越崎去过这个电厂，与孙运璿相识，发现了他的才干和人品。不久，孙运璿到天水电厂，孙越崎每次到玉门去，路过天水都要去看他。孙运璿也到孙越崎家住过，两人过往十分亲密。1947年孙运璿在上海结婚，孙越崎特意从南京赶去为他做证婚人。孙运璿也始终没有忘记孙越崎的知遇之恩，在台湾出了一本传记《孙运璿传》，他恭敬地在扉面上题字后，托人辗转带到大陆送给孙越崎，向老上级报告了自己到台湾以后的经历。自1949年以后至80年代末期，四十年间台湾当局经济事务、财政事务主管部门历任负责人，绝大多数出自资源委员会，他们对台湾的经济起飞做出了很大的贡献。

抗战胜利之后到台湾并最后留在了台湾的那些技术青年，不少人家在大陆，20世纪50年代时他们尚离家未久，不免人心思乡，怀念家人。孙越崎没有忘记他们，愿意向他们讲讲大陆的状况，所以很高兴地答应了那位记者的要求。

讲话稿写好以后，尽管有些提法不全被人理解，孙越崎仍然到唐山广播电台去录了音，把对资源委员会滞留在台湾爱国人士的关怀之情，送到了海峡对岸。

6 "文化大革命"遭遇

1966年到1976年的"文化大革命"（简称"文革"），中国陷于10年内乱。孙越崎做过国民党政府的高官，不可能不在这一场动乱中遭受摧残，连家人也未能幸免。

"文革"刚开始的时候，孙越崎还能当个"逍遥派"。那时他在唐山没事可做，就住在北京的小女儿家里。小女儿孙叔涵是金陵大学园艺系毕业的，两口子都在农业部工作。为了多知道些消息，孙越崎总到街上去看大字报。政治空气越来越紧，街道上常常查户口，没有北京户口的一律不得在北京长住。这样，孙越崎只好返回唐山。

临走之前，他到圆恩寺菊儿胡同去向老友翁文灏告别。翁文灏回到祖国以后，因为年迈体弱，没有再从事地质工作，先后担任了全国政协委员、中国国民党革命委员会中央常委等职务。晚年的翁文灏对国家的经济建设仍十分关注，1961年他已经72岁，仍参加了西北视察，对包头白云矿和稀土矿的开发与综合利用，提出了许多宝贵的意见。

"文革"一开始，翁文灏就受到冲击，被"造反派"抄了家，还游了街。翁心源陪父亲游街，保护着父亲。

孙越崎要离开北京了，此时有一种预感告诉他，时局变化莫测，以后是不是还能再见面说不定？这次也许就是永别了。他的这种预感果然应验了。

那天翁心源送他到公共汽车站，路上两个人都很压抑，也许是对未来更大压力的某种担心，翁心源带着劝慰的口气说："孙伯伯，你不要后悔啊！"孙越崎知道翁心源指的是对他留在大陆的抉择，也清楚翁心源这句话关切的含义，就说："我不会后悔的，你放心！"此一别，孙越崎再也没有见到这位中国最早的输油管道专家。翁心源后来被迫到湖北潜江干校劳动。有一次，七八个人批判围攻他三天，不幸落水而死。家人对翁文灏说是心肌梗死致死，他还是悲痛异常。他的二儿子翁心瀚是空军飞行员，在抗日战争胜利的前一年，在桂林牺牲。翁心源是他最为钟爱的长子，1934年毕业于唐山交通大学，后被派赴美专修输油管道，为人正直，谦虚谨慎，工作一丝不苟。翁文灏官至行政院院长，翁心源仍以其业务专长，在中国石油公司任室主任，是他晚年引为自豪的精神支柱。翁心源之死，对他是致命的打击。

不久，即1971年1月27日，翁文灏重病谢世，终年82岁。虽然是痛失爱子，翁文灏对国家仍是一片赤诚之心。他留下遗嘱，在遗嘱中，再一次追述自己一生所走过的曲折历程，对祖国早日完成统一大业寄予无限期望。

孙越崎得知翁心源的死讯也是万分悲痛，他经常回想起翁心源送自己上车时的情形。他一直也非常欣赏翁心源，赞赏他的才干和为人，对老友之子的英年早逝痛心不已。不久之后又闻老友之死，更是悲痛万分。但那时，他正在唐山，没有人身自由，无法去向这位携手走过几十年风雨、命运相关的老友做最后的告别。

孙越崎回到唐山不久就失去了人身自由。

一天，四名身穿制服的人来到他家。那天，73岁的孙越崎刚刚从外面买煤回来，还没有来得及把煤运进屋去，那四人就逼着他把家里所有的箱子、柜子全打开。他们翻了半天，只找到一万元存折和213元钱，拿走存折和200元钱，留下13元钱说是给他们做生活费。

孙越崎被那四人带出去，到了拘留他们的地方。那里原来是个招待所，被关押到这里的人都住在后边的小平房，一人一间，房间里没有床，地上铺着草。那四个人让他进了屋，说："你就在这里好好休息吧！有事再说。"说完就走了。

孙越崎看到墙上有块牌子，上面写着：坦白从宽，抗拒从严。院里有军代表看着。对孙越崎算是优待，允许他到院子里走动，还可以打打太极拳。别的人不能到院子里去，所以都很羡慕他还有这么一点自由。

开始的时候，王仪孟一天三次给孙越崎送饭。王仪孟这时也60多岁了，这对于一位体弱的老人是很难的。王仪孟更害怕的是在路上遇见红卫兵，拦住她要她背毛主席语录，背不下来就不让走。她那么大年纪了，每天都要在家苦苦地背语录，一上街就提心吊胆。

当时，孙越崎的大儿子孙竹生在唐山交大，因为是"右派"，一直在校园里挑粪种菜；二女儿孙叔涵也受冲击。一家人四散各处，老伴儿被关押不知何时能出来，生活又是这样艰难，王仪孟越来越觉得活不下去了。有一天，她决心离开这个世界，一口气吃下去150片安眠药，倒在地上不省人事。邻居把她送到医院，经过抢救，才醒过来。后来王仪孟又用刀自杀过一次。她幻听幻想，总认为有人要揪斗她和孙越崎。一位精神病院的大夫说她是"被迫害妄想症"，是精神分裂症的一种，并给开出了诊断证明，女儿才把她接到北京自己家里。在一家人悉心照顾下，后来王仪孟恢复了健康。

孙越崎被关押着，对家里的情况一概不知，只是有一天军代表对他说："你的老伴病了，不能来给你送饭，你就跟大家一块在食堂里吃吧。"

过了好多天，孙越崎见老伴总也不来送饭，心里起了疑心，不知老伴是死是活，就向军代表要求，希望能知道老伴死活。

过了几天，孙大武从西安来看他，看管的人员不让进。反复要求后，军代表赶来，才安排他们父子相见。孙越崎问："你娘怎么样了？"孙大武说："娘到北京了，我是从北京来的。"后来，女儿给他寄来一本《毛泽东选集》，由老伴亲笔写了封面，孙越崎这才放了心。

孙越崎被关押了一年多，在这期间，他一共接受了600多人的外调，都是资源委员会在各地的人员受审的"问题"，专案组的人来找他核对。

孙越崎对原资源委员会的人并不个个都能记得，有时外调人员来问到的人他连名字都记不得。碰上态度比较和气的人，就会对他说："你好好回忆回忆，我们出来花了这么多钱，你总得让我们回去能有个交代。"孙越崎觉得他们挺诚实，也就对他们说点实话，为自己原来的下属们尽力做些解释，说明当初这些人留在大陆的经过，使他们能在运动中少受些磨难。对那些态度恶劣的人，他也有办法。有一次，有两名外调人员来找他，坐下以后，一人很野蛮地说："你真臭，坐得离我们远点儿。"受此污辱，孙越崎并不在意，只是把自己的椅子一直往后挪，挪到离那两人最远的屋角。那两人开始问他问题，他就指耳朵，说听不清楚。那两人只好说："往前来一点儿。"孙越崎挪

了挪椅子。那两人问话以后，他仍说："听不清楚。"只好又让他往前坐。如此折腾了好几回，孙越崎终于坐回到那两人的面前。

那两人问了一些问题以后，挺神秘地拿出一件东西让孙越崎看："这是什么？"说完又赶快把手缩了回去。孙越崎看了以后没当回事，回答说："这个呀！这是我们的会徽嘛！你们问图案的意思是什么？很清楚，三个圈分别代表工、矿、电。中间的'资'就是资源委员会。这就是说，资源委员会是管理全国工、矿、电的。这还是钱昌照在国外定制的，公开的，大家都有。"那两个人本来以为抓到了什么特务用的东西，听了孙越崎的解释，灰溜溜地走了。

就这样，白天接待外调人员，没完没了地说那些不知说了多少遍的话；晚上则要写自己的检查材料，交代问题，深挖思想，也是没完没了。

一年半过去了，有一天，军代表悄悄对孙越崎说："你可以出去了！"这时被关押的那些共产党的领导干部还没有放出去，他们很羡慕孙越崎。

其实，孙越崎也还没有得到完全的自由，他不能离开唐山，也没有工资。

他被指定去劳动，去挖防空洞，要挖土、和泥、运泥，活儿很重。街道上负责这项工作的书记非常"左"。

有一天，到中午吃饭的时间，书记不让孙越崎回去，而是要他看工具。孙越崎找了别人替他，自己去吃饭。书记回来后大发脾气："你为什么没有完成任务？"孙越崎也不示弱："我的任务早超额完成了！"

两人吵得不可开交，有人叫来了军代表。军代表向孙越崎招招手，说："你跟我来。"看到孙越崎满身大汗，又说："你快擦擦汗，别感冒了！"军代表的这两句话虽然很简单，却使孙越崎十分感动，一直记在心里。

这样一干就是三年！

这样的歧视，孙越崎实在忍受不下去了，就给周恩来总理写了一封信。军代表知道了，对他说："你这封信我们打开看看好吗？"孙越崎同意了。他在信里说了这位军代表的好话。军代表看了以后指着信问："你这里指的是谁？"孙越崎回答："指的是你。我在信上讲了你的好话。如果没有你，我的苦头还要吃得多。"军代表说："还是算了吧，这信就不要寄了吧？"孙越崎说："老是不解放我怎么办。我已经80岁了，这么大岁数了，这样算什么？"

军代表说:"这好办,你放心,我帮你解决。"过了几天,他对孙越崎说:"肖寒主任叫你去他那里,有事和你说。"

终于,孙越崎从开滦煤矿革委会主任肖寒那里听到了这样的话:"你解放了,几年的工资全部补发给你,可以离开唐山了,到哪里去都可以。"

这时是1973年了,国家形势已经在好转。

孙越崎当时的工资每月是255余元,补发了五年多,共计有一万多元。

一下子得了这么多钱,做什么用呢?孙越崎是个坐不住的人。几十年全国各地到处走,这次被关押和劳动这么多年,好不容易得到了自由,很想到外面再走走看看。他对王仪孟说:"这笔钱就好比是白来的,我们一起到外面去玩玩。"

在计划司司长刘辉的帮助下,孙越崎携老伴"自费旅游"。第一次先到北京,从北京到西安、延安和成都。到成都以后,他们偕同在西南交通大学任教授的大儿子,一同游览了峨眉山。接下去沿着新建成的成昆铁路,去看了龚嘴水电站、攀枝花钢铁公司,对铁路、水电、钢铁,还是扯不断的感情。参观之后到了小儿子住的昆明。在昆明住了一个月后,又到贵阳、桂

1975年,孙越崎与王仪孟自费旅游,应原资源委员会同仁、时任浙江省水利厅厅长徐洽时邀请,参观新安江水电站

林、长沙、韶山，最后经武汉回到北京。这次出游，又是看儿子，又是访朋友，一路上饱览了西北、西南、中南的山川古迹，领略了很多风土人情，游览了大半个中国，老两口都觉得自己年轻了许多。

意犹未尽，过了一年，再次自费作沿海游。这次是济南、青岛、南京、仪征、扬州、江都、无锡、苏州，又从胥门乘船游了太湖和杭州，特别得到当时在浙江省水电厅工作的老朋友徐洽时的帮助，还参观了新安江水电站。此行仍是一路走，一路看。多少故地重游，多少往事重现，却早已是物换星移、今非昔比了。想到在此种情况下出游，老两口不由感慨万千，同时对未来充满了信心。

7 唐山大地震中大难不死

第二次出游回来以后不久，孙越崎发生过一次较轻的心肌梗死，住院治疗了一段时间。就在他出院一个月以后，发生了举世震惊的唐山大地震。

1976年7月28日凌晨3点42分56秒（北京时间），突然蓝光闪烁，紧接着一声轰然巨响，地面就像煮粥似的强烈地震荡了起来。地面上的建筑，在强烈的大幅度起伏之下，纷纷分崩离析，横飞坍塌，顿时一片漆黑。

这场地震震中发生在唐山市人口密集的工业区，震级为里氏7.8级，震中烈度为11度，是有史记载的又一次世界特大灾难性地震。孙越崎和老伴正处在这灾难性圈内。

巨大的声音将两位老人震醒了，孙越崎马上清醒地意识到眼前发生的是怎么一回事："地震啦！"他大喊着，去拉老伴，可是拉不动，于是就顺势自己往老伴身旁移去。

就在这时，头顶上响起了一连串比炸雷还要强烈、巨大的声响，震荡的地面使他们身子晃动起来，一扇墙被倒塌的"上层建筑"砸塌了，门被砸下的断墙封死，残砖断瓦还在纷纷下落。

孙越崎是"文革"中被赶进下房住的，房间很小，四周的墙是石块砌成的。因祸得福，下房的四面墙都是向外倒的，屋顶落下来被箱子支住了，给他们老两口留下了一片生存的空间。

逃出去是不可能的了,就躲在这点空间里听天由命吧,孙越崎想。

只是,他感觉到胸部阵阵剧痛。剧痛越来越厉害,痛得他满头大汗。一会儿,便痛晕过去了。在昏迷中,他还模糊地意识到:"发生了地震,我没有死,还活着,还知道痛呢。"

天亮后,孙越崎和老伴被邻居老郑夫妇等救出来了。小女儿孙叔涵赶赴唐山将二位老人接到北京。83岁的孙越崎因肋骨震裂,住进了北京医院。

在这次大地震中,唐山、天津、北京地区共死亡242000多人,重伤164000多人。整个唐山市变成了一片废墟,而孙越崎却神奇地活了下来。

这次地震中,孙越崎的侄女孙凤龄一家三口和他的亲家——我国著名的骨科专家陈敏及其夫人,都不幸遇难;大儿子孙竹生家房屋没全倒,得以幸免。

第十四章　暮年壮举

友人赠诗："今日康庄大道，更加复发青春。"

1 "出土文物"回北京

孙越崎迁回北京，最初，老两口都住在女儿孙叔涵的家里。女儿家五口人，住得并不宽余。那时候，在北京想要解决住房，其难度之大，是很多过来人都深有体会的。

邓颖超首先向孙越崎伸出援助之手。还是在唐山地震刚刚过去的时候，她就想到了孙越崎，托人去打听："唐山有个政协委员孙越崎，地震中生死如何？"后来得知孙越崎住在北京医院治伤，就派了自己的保健医生，隔些天去北京医院探望一次，给予帮助。

孙越崎出院以后没有地方住，邓颖超十分关心，亲自去办。表示："这个问题尽管不那么容易解决，但我一定得管！"其时，"四人帮"还没有垮台，邓颖超自己的处境也并不好。她竟能这样为一位原来的国民党要员帮忙，孙越崎说，此事令他终生难忘。

孙越崎在邓颖超家做客

此时的孙越崎在他漫长的人生旅途中已经在向第9个10年迈进了。他经历了统管全国重工业企业千军万马的生活，也度过了身强力壮、精力充沛而被闲置的岁月。对于"文化大革命"，他的回忆和评说十分大度，他说他遇到了通人情的军代表，使他少受了很多罪。他在复杂的人生中保持了一颗被净化了的心，从而获得了一种心灵上的豁达与平衡，安详与和谐。他从不在生活中难免出现的缺陷面前去咀嚼个人的悲欢，而只想到国家和民族。这使他在社会、时代、自然等各种无情的力量面前，总是处之泰然。而正是这一切，使他在坎坷的逆境之中得以长寿。

孙越崎与老友、戏剧大师曹禺在一起

孙越崎与好友、抗日名将郑洞国在一起

2 壮心不已

历史上沉重的一页终于成为过去。

1976年10月，"四人帮"垮台以后，全国的形势逐渐好转，大难不死的孙越崎开始重返社会。这时的他已经是耄耋之人，却又进入了一种全然不同的生活。他身板硬朗，耳聪目明，思维敏捷，精神矍铄，看起来，像是只有60多岁。

1980年，孙越崎在全国政协五届三次会议上被选为常委。新中国成立以后，他曾担任过全国政协第二届、第三

孙越崎与老友、地质大家黄汲清在一起

1982年，参观鞍钢轧钢厂，与原资源委员会同仁杨树堂、李松堂等合影

届、第四届政协委员，河北省人大常委会副主任，河北省政协副主席，民革河北省委员会主任委员等。

1981年，煤炭部请孙越崎担任了顾问。这一年12月25日，他在民革中央五届二中全会上被增补为民革中央副主席。后来到1988年他担任民革中央监察委员会主席之后，辞去了民革中央副主席之职。

1983年，孙越崎又被选为全国政协第六届委员会常委，兼任全国政协经济建设组组长，同时还担任了中央对外经济贸易部特邀顾问及进出口管理委员会的特邀顾问，结识时任进出口管理委员会副主任江泽民。这一年孙越崎整整90岁。

和孙越崎过去担任过的许多政府经济部门的要职相比，煤炭部顾问和全国政协经济建设组组长这两个职务都是只有建议权，多做少做都可以。听建议的可以多听，可以少听，也可以完全不听。但是，90岁的孙越崎认真劲儿不减当年，仍旧是做事就要扎扎实实，绝不挂虚名。他把大部分精力都投入

孙越崎90岁时，与家人合影

进经济建设组的工作，对经济以外的事并不去多费心思琢磨。他与煤炭、钢铁、石油、机械、电力工业已经打了60多年交道，对它们一往情深，只要有可能，就要到经济建设的"前线"去。自他重返经济建设的"疆场"以后，在很短的时间里，一项又一项重大的建议，高速度地以经济建设组的名义发出。经济建设组的一位同志深有感触地说："孙老90多岁了，用他用得太晚了。假如他现在是70多岁，他会发挥更大的作用，他的时间也会多得多的。他的确有指挥经济工作的才能。"

担任经济建设组组长后的第一件事就是到煤矿去视察。

1983年8月，孙越崎同原资源委员会的郭可诠、吴京等几位专家一起来到鄂尔多斯高原。在呼和浩特住了几天以后，渡过黄河，游览了昭君墓。内蒙古自治区的同行向专家小组介绍内蒙古自治区、陕西、山西一带的煤炭有惊人的储量，这里将建成全国第一大矿——准噶尔煤矿。孙越崎被吸引住了，提出要到准噶尔煤矿去看看。主人告诉他，准噶尔煤矿还没有修通铁路，公路的路况也很差，行车非常颠簸，还是不去为好。孙越崎未能成行，不看煤矿不甘心，又提出去看看伊克昭盟（今鄂尔多斯市）的东胜煤田。他的要求很诚恳："我是为煤而来的，你们照顾我的身体，好意我领了。可是不让我去看煤矿，我的心里不痛快，对身体更不好。"当地的同志无法拒绝这样的恳求，就安排他们前往东胜——伊克昭盟行政公署所在地。

在前往东胜的路上，孙越崎一行看到的景象是：小煤窑满山遍地皆是，有集体的，有个人的，都是挖个洞就采煤，采个一两米，扔了再换个地方。当地的煤层有30米

1983年，90岁的孙越崎"智力支边"，考察内蒙古工矿企业（左为吴京）

厚，小煤窑为省钱，不用坑木，无法深采。由于小煤窑的煤价低，周围机关、工厂都自己开车来买。他们只拉大块的，小块煤被扔得满山遍野，不久就自燃自毁了。低到4元一吨的煤，谁又在乎它们的自燃呢？孙越崎却很在乎。

路上经过石拐子煤矿，孙越崎让车子停下，他下了车。1946年，他到过这里，瞧，当年那座喇嘛庙还在呢！他在庙前的一块石头上坐下，望着规模已经不小的煤矿，想起37年前的旧事：那时这座煤矿破烂不堪，行将报废，当地土豪却以此敲诈——你们买也得买，不买也得买，资源委员会无奈只得买下。如今这座矿真是大变样了。对比路过的那些小煤窑，孙越崎总算有了些欣慰之感。

回到呼和浩特，孙越崎等写出一份报告，向内蒙古自治区的煤炭厅建议，立即恢复地方煤矿处，对各地开办的小煤窑统一管理，按照国家规定的"八条"，在受到铁路运输限制、大矿减产的矿区，严格限制小煤窑的盲目发展。

在内蒙古自治区他们还做了另一件重要的事。

包钢当时的状况是建设28年，投资28亿元，连续亏损9亿元。孙越崎听到这三个数字，心里沉重得很。包钢原来是苏联专家设计的钢铁联合企业，各厂按照钢铁生产的客观规律有机地运行，环环相接，组织有序，钢铁厂、焦煤厂、洗煤厂、电厂和铁路支线等都是一家。后来由于体制上的分割，一家被分成了三家，分别归属了冶金部、煤炭部、水电部，随之而来的就是对利益的分割和争夺。

孙越崎听到这样的怪事：乌海市有个莫尔煤矿，生产的煤可以供给包钢炼焦，矿上存了3万吨煤运不出去，原因是乌海市和包钢都坚持用自己的车运煤，互不相让。扯皮扯不清，工人已经有五个月发不出工资了。就在乌海市宴请的餐桌上，孙越崎很直率地对市长说："我这么大年纪了，要管也只能管到这里了，工人五个月拿不到工资，你当市长的，怎么还能坐得住？"说得这位市长立即放下筷子，起身去解决问题。

孙越崎听到的怪事还很多。

包钢附近石拐子、乌海、海渤湾三个矿区每年可生产优质炼焦煤350万吨,可是这些煤偏偏要大材小用地供给当地民用,而民用煤并不需要这么高的热值。而包钢每年要用的210万吨炼焦煤,却又偏偏要从千里之遥的开滦、峰峰、介休等矿去买。这样,一方面是煤炭资源的浪费,另一方面是东煤西运给铁路带来很大负担,从而影响华东缺煤地区的供煤。

长期以来,包钢的用水用电也总是互相扯皮,纠纷不断。如第二热电厂向钢厂供电和蒸汽,它使用的燃料是钢厂高炉产生的煤气,和洗煤厂洗出的不适于炼焦的"中煤"。用水也是钢厂供给的。可是钢厂是属于冶金部的,热电厂是属于水电部的,煤矿是属于煤炭部的,不是一家,不是一条心。钢厂先把水费提高了一倍,电厂马上就把蒸汽价也提高一倍,钢厂反应迅速,立即把煤气价一提三倍。电厂自有良策,减少煤气用量,"中煤"也干脆不要了,自己去煤矿拉煤。钢厂高炉的煤气没有了销路,只好放入空中点了天灯。每年造成的损失相当于10万吨煤。

现在包钢已在建供气的锅炉和三台6000千瓦发电机组完全是多余的,可以搬到其他地方去。

在这样部门利益分割的混乱局面之中,企业焉能不亏损?

后来在包钢,孙越崎主持了会议,到会的有内蒙古重工业各方面举足轻重的人员。孙越崎在会上深情地说:"再过两个月,我就90岁了,我到内蒙古来一趟不容易,你们各位看我的老面子,各方面协商一下,不要再用开滦、峰峰、介休的焦煤了,这样的浪费太大了!我在这里还听到许多怪事,煤电钢几家乱扯皮,高炉的煤气都点了天灯,太可惜了。这样赔下去国家怎么办?你们几家联合起来管理好不好?……"

举座听罢90岁老人这番肺腑之言,皆深深感动。内蒙古自治区党委第一书记周惠和分管工业的副主席刘作会当即表示赞同孙越崎的意见,力促包钢实现煤电钢联营。

从内蒙古回到北京不久,孙越崎迎来了自己的90岁寿辰。10月16日这天,煤炭部、民革中央和他的家人都安排了为老人祝寿。煤炭部部长高扬文带着生日蛋糕亲自到孙越崎家祝寿。走进孙越崎的家,高部长惊奇地发现,这位过去国民党的"大官",竟然是家徒四壁,陈设无几。感慨之余,让部里给老人送来了沙发、地毯、桌椅。

忙了两个月，孙越崎将改变东煤西运、包钢实行煤电钢联营的建议写成了报告，于11月底上书国务院。12月1日，赵紫阳总理批示：请经委研究，并与有关部门商定。

孙越崎知道此事牵扯到几个部委，一时可能不好决定，但他仍很乐观，他说："近来体制改革已成趋势，体制一改，联营一事就好办了。"

孙越崎瞩目包钢亏损问题，是因为它实在带有典型性。他曾经在全国政协开会时将这个问题引申而谈："现在各个部门之间互相扯皮的事情多得很，主要是管理上的大锅饭，不讲经济效益。像冶金、水电、煤炭这样的经济部门应该组成企业性质的公司。如果大家都讲经济效益，问题也就解决了。"

包钢的事情未了，孙越崎又担起了一件大事——首都如何实现燃料气化减少污染。这是他上任后的第二件大事。

过了90岁寿辰后的两星期——10月29日，孙越崎到了华北油田的任丘、固安、霸县，看到一些油井因为天然气无法利用而被封了。11月11日，他到北京焦化厂，了解到这个厂炼焦炉虽然正在扩建之中，但实际已过了壮年期了，而且对北京的环境有很大污染，实在不宜再做进一步的扩建。

11月17日、18日两天，孙越崎又西行，越过百花山，渡过壶流河，视察了距离北京200多公里的河北省蔚县的煤田，在那里仔细地计算了水库容量和下游农田用水量。

一个多月的四处奔走调查，孙越崎的心里有了底数。12月5日在北京召集会议，正式提出从根本上解决首都燃料气化的战略性建议：加强北京市煤气化建设是关系到能否把首都建设成为全国环境最清洁、最卫生、最优美的第一流城市的大事，也是关系到几百万群众生活的大事。建议：一、京冀联合，在蔚县扩建现有的煤矿，扩建之后再建坑口煤气发生站，煤气可以靠自身压力用管道直送北京。经测算，日供气量可达200万立方米，此一举即可解决全市煤气日用量的五分之二。二、北京不要再新建煤气厂，煤气厂排出的废水、污气和灰渣将进一步加剧北京本来已经很严重的污染，而且从外运

100多万吨煤也将进一步加重铁路运输的压力……

但孙越崎又遇到了我国经济生活中无所不在的老问题：体制病。煤是蔚县的，气要送到北京，谁投资？孙越崎一心要消灭首都林立的日夜冒着黑烟的众多烟囱，一心要改善北京人的生活质量。他不顾高龄，到处陈说，多方论证，补偏救弊，可谓竭尽全力。万里同志在孙越崎的建议上批示："此事请北京的专家研究一次，我认为有道理，是否比开发蔚县煤田有利。"建议加批示转到了北京市领导的手里。北京市同意采纳孙越崎的建议，在扩建北京焦化厂的同时，加速利用首钢高炉煤气、华北油田的天然气，并与河北共建蔚县坑口煤气发生站。孙越崎闻之欣然。此后他常常站在自己居住的13层楼的阳台上俯视京城，盼着那些吐黑烟的烟囱林早日消失。现在华北油田的天然气已经通过管道送到北京焦化厂，与煤气混合后供应北京市区广大居民使用。

3 关心改革

1984年，经济体制改革的浪潮渐渐高涨。孙越崎年过九旬，却仍对新鲜事物充满兴趣。春暖花开之时，他与戎子和、经叔平等全国政协几位老专家组成调查小组，不远数千里来到重庆。

重庆是孙越崎40年前生活了数年的地方。故地重游，不禁睹物思旧。他看着这座山城，眼前是半个世纪的风云变幻，几十年前的工业化之梦没有实现，而后是蹉跎岁月，种种往事都似乎只在一眨眼之间。如今，国内的经济真的要开始起飞了。

专家小组此行是为了了解经济体制改革综合试点的情况。"改革，使80年代成为中国最富有活力的年代"，孙越崎在重庆深深感受到这一点。他们参观调查——嘉陵机器厂、建设机器厂、工业品贸易中心、农贸市场、重庆市缆车站、农科院柑橘研究所、民办歌乐山饮料研究所、农村专业户、农民庭院，到处留下他们的足迹。听取汇报——经委、体改委、建委、农委，各个方面都不落下。座谈讨论——经济学界人士、工矿管理人员、企业科技人员，凡是有关的看法全听……此后是根据收集来的材料，对重庆的运输、工业、流通、金融、税收等，从上到下、由点及面地做综合分析。积60年工业建设经验和广博知识，孙越崎他们对重庆的综合改革试点提出建议：一、多少年长江航运独家经营，只许公船走，不许民船行，这种状况须改变。重庆必须增加其吞吐集散、储运转输的能力，方可西连巴蜀，北通汉沔，南达滇黔，东接荆襄。二、改革中要加强西南"四省五方"协作，组织以重庆为中心的西南经济区。三、挖掘重庆军工生产的巨大潜力。四、改革要上下齐动手，左右逢源，协调行动，同步运转……90多岁的孙越崎，还像40年前坐镇重庆，肩挑天府等四矿和玉门油矿时"煤油大王"的样子。

参加天津港工程论证会

看到长江而联想到全国。孙越崎从重庆回到北京以后，不顾盛夏酷暑，在7月连续召开了几次座谈会，提出了"调整交通结构，缓和目前运输紧张状况"的建议。在建议中他指出：铁路、公路、航运、水运和管道运输的发展比例失调，必须尽快调整。这些建议都是很有针对性的。

1984年下半年，中美国际工程公司在深圳召开了成立预备会。孙越崎被聘为这个公司的咨询委员会名誉主任。那年入冬以后，他携83岁的老伴，与煤炭部长高扬文一同飞往深圳，在那里参加与美国方面合资开发晋煤的谈判。同时，他还到深圳、珠海特区进行了考察。他看到特区短短几年建设的巨大成就，也看到特区进一步发展中值得注意的问题：特区的发展速度大大超过了内地，不过，投资者以港澳同胞为主，真正的外资不多，而还多是投资旅游业，真正投资办工业的不多。原材料和生活日用品进口的多，自己的少；合作企业多，合资企业少。这几多几少，并不是我们设立特区的本意。针对这几多几少，孙越崎提出了改进的意见。

这一年，美国柏克德公司在北京为煤炭部长途输煤管道问题举行了七天的可行性研究讨论会。孙越崎每天必到，参加讨论。他在会上提出：我国煤炭工业的发展一直受运输能力制约，只靠车船已不能解决地面存煤问题，应该尽快铺设从山西长治、潞安到江苏仪征的管道。管道长一千公里，埋入地下一米深，占地很少，投资约10亿元人民币，美元2亿元，年运煤1500万吨，中外合资，6年可以投产。这条长途运输管道如果建成，可以使华东电网的总装机容量和发电量增加50%，对华东工业建设关系重大。管道建成6年可以收回投资。煤炭部和柏克德公司采纳了孙越崎的这条重要建议。

巨大的工作能力和工作热情，使孙越崎的生命非同一般得充实，而人生旅程的漫长，更使这生命显得深厚博大。90多岁的孙越崎老人虽然自谦"残烛尚燃，光热甚微"，但他为中国能源工业所发出的光和热，的确是不可估量的。

4 心系三峡

20世纪80年代，三峡水利枢纽工程的兴建与否一直是个引起大家普遍关注的热点问题。三峡水利枢纽工程是国民经济建设中举足轻重的超大型项目，从孙中山的《建国方略》算起，中国人的三峡梦已经做了70多年。孙越崎在担任资源委员会副委员长之时，也曾瞩目三峡。那时候，资源委员会还专门从美国聘请专家考察过三峡水利枢纽工程的建设，连坝址都选择了。从那时算起，三峡水利枢纽工程的论证工作到80年代初也已进行了近40年。

新中国成立以后，党中央、国务院对三峡工程采取了积极而又慎重的态度。从20世纪50年代到80年代初，三峡工程一直处于非正式的论证阶段。到了1983年，水电部提出坝高165米的可行性研究报告，1984年4月国务院原则批准，并将坝高提高到185米。这时国内许多有关人士和专家对三峡工程建与不建、早建与晚建等问题，提出了很多意见。孙越崎在全国政协六届三次会议期间，听到许多委员对三峡工程的不同意见，就建议调查三峡问题。

1984年10月26日，赵紫阳总理在国务会议上指出：各方面这么多意

见，水电部必须做出明确、肯定、科学的答复，否则主体工程不能上。根据这些情况，全国政协经济建设组成立了三峡工程专题小组，由孙越崎担任组长。他们请水电部专家介绍了有关水利、电力和三峡工程论证情况。

1985年5月30日，孙越崎带10人调查组飞往成都进行实地调查。参加的人有原国家计划委员会副主任林华、原国家经济委员会顾问徐驰、原商业部副部长王兴让等。他们在成都附近调查了都江堰和岷江上游，经重庆乘轮船沿三峡库区到万县、巴县、秭归，了解水库淹没和移民问题，再乘轮船视察了三斗坪三峡大坝坝址。通过葛洲坝船闸到宜昌，改乘汽车经荆州、沙市，登上荆江大堤，察看迎流顶冲的"盐卡"险段。下坝登车，直达武昌。沿途各地除了实地考察外，还与各方面专家、党政人士开了40多个座谈会，了解交通运输、水利电力、地质地震、气象水文等方面的历史和现状。调查历时38天。这时孙越崎已是92岁的老人了，却做如此辛苦的长途跋涉，途中又未得到任何休息和游玩，常常白天长途行路，晚间还要伏案工作到深夜。陪同人员几次劝说，才肯休息。

同年7月7日孙越崎一行回到北京。此时的京城炎热难耐，正是人们纷纷出京避暑之时。孙越崎带领10人调查组，却不顾炎热，整理、分析、归纳，很快写出调查报告，上报中央。

1986年，中共中央发了文件，要求吸收持不同意见的专家，对三峡工程的可行性作进一步的论证，并成立了国务院三峡工程审查委员会。孙越崎被

1985年，92岁的孙越崎冒酷暑考察长江38天，图为在葛洲坝调查

1985年，孙越崎考察三峡

水电部邀为论证小组的特邀顾问。

1989年3月在全国政协七届二次会议上，孙越崎和林华等13位委员作联合发言，对这一年2月水利部、能源部审议长江规划办公室重新编制的《三峡水利枢纽可行性报告》的情况，又一次陈述了意见和建议。

1990年7月，国务院听取自1986年以后14个专家组的重新论证汇报。李鹏总理出席和主持了这次汇报会。孙越崎以97岁高龄，在中南海的会议室里，作了引人注目的发言，并提交了一份亲笔撰写的三万言意见书，综合了三峡论证意见及四川和长江流域各地专家，水利、能源、生态环境、地质等方面专家与世界银行专家组的意见。他最后写道："要把这许多资料贯穿起来写成一篇文章，确实费了很多时间，出了很多汗和绞了不少脑汁。"他确实已经为三峡工程论证工作付出了巨大努力。不论将来的历史怎样书写这一页，孙越崎老人的爱国精神和严谨科学的求实态度，都会永存史册。

5 对历史负责

在"文化大革命"结束以后的十几年里，孙越崎把很大一部分精力和时间都用在为原资源委员会人员平反冤假错案上面。他虽然对自己在新中国成立以后的经历能大度释然，但对原资源委员会许多人员的命运却不能不感到深深的痛苦。他曾经引用过《晋书》中的一句话："吾虽不杀伯仁，伯仁由我而死，幽冥之中，负此良友。"

原资源委员会留在大陆的行为，孙越崎一直认为是对人民的应尽之责，也认为组织上已经调查清楚了，所以从未向中共中央写过说明和报告。1954年全国政协开会时，周总理让他上台讲一讲自己领导资源委员会留在大陆的经历，他亦不肯说，不愿意表功。"文化大革命"以前的一些政治运动中，原资源委员会的人有不少被错整。如原煤业总局副局长吴京在1952年"三反""五反"运动中被怀疑为"潜伏特务"，关押了17个月才恢复自由。比他早半年被关押的还有原经济部工业司司长孙祥鹏，原资源委员会主任秘书李彭龄，原资源委员会电台台长潘毅等。1958年吴京又被错划右派下放劳动，到1978年才平反。被错划为右派的还有不少人，命运都很悲惨。

20世纪80年代，原资源委员会同仁合影留念 [左起为吴京、王蕴珑（邹明夫人）、王仪孟、孙越崎、邹明、郭可诠]

与老友薄一波在一起

到了"文化大革命"期间，资源委员会留在大陆的爱国行动竟被"四人帮"认为是特务组织潜伏大陆的行动。因为这些高级技术人员，不去台湾当官，不到国外发财，这对于很多人来说简直是不可思议。在"文化大革命"中，原资源委员会人员从上到下，无不受到很大的冲击。例如：高级职员中的副委员长吴兆洪被隔离审查四年半，病重出狱后逝世；中国石油公司代总经理郭可诠、协理兼甘青分公司（玉门油矿）经理邹明及中国石油公司营业室副主任张英，都被关进秦城监狱达七年之久。有的人因受逼供而自杀。中、下级人员中很多人被打成特务，有的自杀身亡，有的在劳动改造中病死，家属受到株连。

这些人员以及一些去世人员的遗属，在"文化大革命"结束以后，纷纷给孙越崎写信，请求老上级帮助尽快平反。在孙越崎的写字台上，在他的书柜里，到处堆放着他的旧属们的来信，内容大同小异：

"崇高的孙越崎：

……1949年1月，我们在您的领导下，拒迁南京五厂，您和我们都冒了生命危险……在10年动乱期间，我们都受到'四人帮'的诬蔑迫害……"

"请您老向中央转陈，根据资委会的具体起义行动事实和立功表现……是否可在报纸上或由新华社发布消息，正式宣布原资委会为起义团体，以表功绩而资策励……"

孙越崎面对这一封封来信，心中实在不能平静。"文革"以后，他投入了无法计数的时间、精力。为了一个素昧平生叫宋天祥的人平反之事，他竟写出了上百封信。

在经过多年的努力，有些事情的解决还是不尽如人意之后，孙越崎于1991年10月24日给江泽民总书记写了一封信，由时任中共中央办公厅主任温家宝亲自到孙越崎家了解情况，取走信件呈送上去的。信上，孙越崎写道：

"江泽民总书记：

您好。我在解放前担任过原国民党政府资源委员会委员长、经济部长兼资源委员会主任委员等职。现在冒昧地给您写信，恳请党中央重新审议原资源委员会起义性质的问题。"

他在信中列举了说明原资源委员会护产有功是起义行动的政策依据。

1982年，中共中央为潘汉年同志平反昭雪恢复名誉的通知说："潘汉年同志通过审慎细致工作，争取他们起义，使资委会和上海海关系统的大部分技术人员、美援物资、档案不向台湾转移，完整地移交我方接管。"

1982年3月9日，原负责接管上海资源委员会重工业的孙冶方同志致他的信中说："资委会是起义团体（这是陈毅同志讲过的），对保存人民财产，等待人民政府接管有功劳。"

原中共上海地下党负责与资源委员会联系的季崇威同志于1986年11月在《上海党史资料通讯》上发表题为《我地下党策动资源委员会负责人起义的经过》一文中说："这次起义行动中资委会人员是机智勇敢、为国尽力、付出血的代价。"

中共中央统战部1983年已确认："资委会驻香港贸易处和国外贸易事务所1949年底在香港起义。"

他在信中写道："历次政治运动中，不少资委会人员被审查，冠以'反革命'、'潜伏特务'等罪名，有的被迫害致死，株连家属。落实党的实事求是政策，对留在大陆的原资委会护产有功人员和家属是安慰和鼓励，有利安定团结，对促进祖国统一，更具有积极作用。"

信中提出两点建议：

一、在核查事实的基础上，请中央肯定原资委会有计划、有组织、有领导地护厂、护产、迎接解放的革命行动是起义；对目前尚未落实政策的人员，应抓紧进行，妥善落实政策。

二、开一个纪念会，肯定原资委会人员为解放事业和新中国经济建设所做的贡献。

江泽民总书记接到孙越崎的这封信以后非常重视，很快就派时任中共中央统战部部长丁关根到孙越崎家里进一步听取孙越崎的意见，并告诉他，中央对他的信很重视，已经做了研究，江总书记要亲自和他谈，还准备请原资源委员会的同志们在北京聚会。

1992年3月16日，江泽民总书记请孙越崎老人到中南海共进晚餐。江泽民想得很周到，两次派人打电话，先是询问孙越崎喜欢吃什么菜，能吃什么菜，后来又特别嘱咐中南海的房间大，暖气不足，请孙越崎多穿些衣服。

下午4点左右，孙越崎在秘书沈嘉元及吴京的陪同下，来到中南海。

他们的车子停在楼前，江泽民总书记笑着迎上来，紧紧握住孙越崎的手："孙越老，您好！"孙越崎也很高兴："总书记好！"两人边走边谈。江泽民问孙老："孙越老，您长我30多岁，是老前辈了。您已经是百岁高龄身体仍这么好，一定有养生之道了？"孙越崎笑着说："不敢当，说不上有什么养生之道。"接着孙越崎对江泽民收到自己的信以后即派人到家中听取意见,现在又约来交谈,表示了由衷的感谢。

在会议室里,大家一一落座后,江泽民同孙越崎开始了拉家常式的漫谈。江泽民对孙越崎说:"几年前,我在电子部做部长的时候,认识你们资源委员会的几个人,都是很能干的,我对他们是很佩服的。有个叫恽震的吧?"

孙越崎点点头说:"他是'九三'学社的,是我早年在复旦的同学,今年93岁了。他很盼着能到北京来和老同事聚会。他现在在上海,重病在身,身体已经很不好了。"

江泽民总书记又说:"资源委员会的人员在全国解放前夕拒迁台湾,护厂护产,保存了大批美援物资,的确为国家做出了很大贡献。资源委员会的行动是带有起义性质的。但是起义一般是指军事方面的,文职人员不好这么说。

"我的意思是这样,资委会当时与地下党有接触的骨干,可以按地下工作人员参加革命算(即享受离休的待遇),这是高于起义人员待遇的。

"孙越老要求开个会,老朋友们聚一聚,我认为很好。现在就定下来,选个时间,举行一个座谈会,把当年的骨干都请到北京来。这个会我们请政治局常委宋平同志来主持。骨干名单请孙越老提出,大约有多少人?"

孙越崎回答:"活着的还有几十人,加上死了的,大约有100多人。"

江泽民说:"那好,参加会议人员的费用全由统战部来出。会期一天,中午便餐,晚上举行一个宴会。"

孙越崎听了忙说:"宴会就免了吧,太浪费了!"

"大家受了几十年的委屈,宴会一定要搞。"江泽民坚持。

江泽民又说到:"孙越老这些年一直是副部级待遇,也是几十年的委屈了,现在改为正部级。"

孙越崎对于自己的待遇并不在意,连说:"我的事情无所谓,无所谓!"

说到会议的时间,江泽民提议定在10月16日孙越崎生日这天,大家可以一并向他祝寿,那时,正是孙越崎99岁寿辰,中国人给老人祝寿有"过九"的习惯。

孙越崎却不同意："不要定在那一天，那样会把纪念资源委员会留守大陆这件事情的气氛冲淡，大家会把注意力集中在我身上，那样不好。越早越好，很多人年纪大了，身体不好，都盼着开这个会！"

席间大家都为孙越崎高尚的情操所感动，同意将座谈会的时间提前一些。

不知不觉，一个多小时就过去了，江泽民总书记起身请孙越崎一同去用餐。孙越崎不禁想到40多年前与此十分相似的场景：1949年11月，他从香港到北京以后，周恩来总理也曾在中南海请他吃饭，那次是家宴，邓颖超也在座。周恩来总理感谢他为新中国保留了原本薄弱的工业家底……真是"人事有代谢，往来成古今"啊！40多年后的今天，已经是中国共产党的第三代领导人请孙越崎吃饭了！

席间，江泽民总书记对有关部门的领导说，今后一定要照顾好孙越老，要解决好医疗、用车等各方面的问题。

离席之前，江泽民总书记又笑吟吟地对孙越崎说："您那封信上的签名，字写得好啊，能不能为我录一首唐诗？"

孙越崎客气地说："可以是可以，不过我的年纪太大了，恐怕是写不好的。"

晚餐以后，江泽民和一些有关的领导同志，与孙越崎、沈嘉元、吴京等一同到客厅合影留念。随后，江总书记一直把孙越崎送到车上，挥手告别。

孙越崎到老都不改做事认真的秉性，既然答应为总书记写幅字，就力求写得好一些。他年事已高，很久都不用毛笔了，为了这幅字，又重新练起来。练了好多天以后，觉得可以了，才很认真地为总书记写了一幅条幅。他根据自己的心境，选录的是唐诗中刘禹锡的《秋词》：

自古逢秋悲寂寥，

我言秋日胜春朝。

晴空一鹤排云上，

便引诗情到碧霄。

99岁老朽孙越崎敬上

写好以后，由孙孚凌请人装裱得十分精美，才给江泽民总书记送去。

1992年10月7日,中共中央政治局常委宋平同志会见了孙越崎等原资源委员会在京的部分人员。第二天,新华社发了消息:

"……宋平在会见时说,在孙越崎等负责人的领导下,原资源委员会人员有组织、有领导地起来护产护矿,将所属工矿、企业和财产移交给人民,移交给新中国,是正义的爱国行动,是有功劳的。中国共产党和中国人民充分肯定孙越崎等原资源委员会负责人和工作人员的这一历史功绩。

"孙越崎在会见时说,中共中央领导同志会见原资源委员会在京部分人士,缅怀44年前原资源委员会留在大陆的正义行动,心情特别高兴和激动。我代表原资源委员会的同事们,感谢以江泽民同志为核心的党中央对我们的亲切关怀。孙越崎说,人逢盛世精神爽,尽管我们已经老了,但为了改革开放和祖国统一大业,愿尽绵薄之力。"

孙越崎为之付出十多年艰苦努力的"大业",至此总算有了一个结局。

1992年10月16日,孙越崎以中国方式计算的百岁之际,中国科学技术发展基金会孙越崎科技教育基金委员会成立,基金是纪念这位中国当代工矿

1992年,由朱学范、程思远、钱伟长、卢嘉锡等20多位知名人士倡议,石油、煤炭系统捐资,建立"孙越崎科技教育基金",同年10月举行首届大会,孙越崎亲自颁奖,并与大奖获得者合影

孙越崎与著名科学家、孙越崎科技教育基金委员会首任主任钱伟长在一起

孙越崎与好友、中国科学院院长卢嘉锡在一起

业泰斗七十多年来为中国工矿业做的突出贡献,基金是由朱学范、钱伟长等二十多位科技界知名人士发起石油、煤炭单位出资设立的,用来继承孙老发展科技,振兴中华的宏愿,支持和资助中国能源科技教育活动,培养人才,奖励有突出贡献的科技人才,并促进中国能源科技教育事业的繁荣和后备人才的成长。

这一天,江泽民总书记还派人送来了二人合影的大幅照片,上题:

孙越老百岁寿辰留念

江泽民

遵照邓颖超生前的遗言,有关同志在孙越崎百岁之际送来了一尊寿星。同日,民革中央、中国石油天然气总公司、中国统配煤矿总公司等单位召开会议,庆祝孙越崎百岁生日。

那时有人不解:"孙老,您不是1993年才是百岁诞辰吗?"

孙越崎笑答:"是啊,家里人和煤炭部、民革、统战部的人,他们大概怕我活不到那时,提前给我祝寿了。"言语十分的平和坦然。

12月21日,在民革八大会议上,孙越崎和朱学范、侯镜如一同被推举为民革中央名誉主席。

1993年元旦,全国政协礼堂里笑语欢声,新年茶话会正在举行。在这里,孙越崎与江总书记又见面了。总书记专门到孙越崎的坐前来问候。他握着孙越崎的手连声说:"孙越老,祝您百岁生日!"说笑间,李鹏总理也走了

1992年10月，孙越崎与好友们的合影（第二排左二起为王光英、卢嘉锡、钱正英、孙孚凌、孙竹生、谷牧、雷洁琼）

过来，扶着孙越崎，对摄影记者说："让我们与老寿星合个影吧！"

1993年3月，在全国政协八届一次会议上，孙越崎作为年龄最大的委员出席，他的侄子、新任全国政协副主席孙孚凌说："大伯拿了'两会'上年龄最大的'金牌'。"

1993年10月13日下午，在中共中央统战部，一个隆重的宴会为孙越崎举行。

孙越崎以中国能源工业奠基人的身份，得到了人们的极大尊重，当他走进会场的时候，中共中央政治局常委、全国政协主席李瑞环和全国政协副主席、统战部部长王兆国迎了上去，李瑞环紧紧握着孙越崎的手说："祝贺您百岁寿辰！"说着递上了一盒梅花鹿茸。"孙越老，这是寿礼，祝您长寿。"王兆国献上了一个大花篮："我代表统战部祝贺您百岁寿辰。祝您健康。"

孙越崎在会上回忆了自己百年的历程："……让中国富强起来，越过崎岖而达康庄，是我在复旦上学时把名字从毓麒改为越崎的本意，但这个本意在好几十年里都没有实现。现在我才真正地看到中国是在富强起来了。"

1993年10月13日，在百岁寿辰的宴会上，孙越崎做了20分钟的即席演讲，畅叙一生经历

"那年我在唐山，地震中被压在倒塌的房子里四个多小时，幸亏被邻居挖出来，所以我可以说是个出土文物。1932年在英国的一个煤矿里，我也差点被撞死，真想不到能生活到今天……"

李瑞环主席问孙越崎："您百岁仍这样健康，有什么秘诀能告诉后生们？"

孙越崎说："没什么秘诀，就是心情舒畅。"

李瑞环主席端着酒杯，站起来祝酒："江泽民总书记、李鹏总理和乔石委员长委托我向您转达他们对您百岁寿辰的祝贺，并祝您健康长寿，孙越老经历的一百年，是中国历史上极不平凡的一百年，在重大的历史转折关头，孙越老都作出了正确的选择，毅然决然的站在党和人民大众一边，为新中国的经济建设和发展留下了一笔宝贵的财富。孙越崎的历史功绩，党和人民是永远不会忘记的。希望您能健康长寿，和我们一起为实现社会主义现代化建设的第二步战略目标和祖国统一而奋斗。"

1993年10月，首任敦煌艺术研究所所长常书鸿和夫人，为老友孙越崎百岁寿辰作"飞天献寿图"，李瑞环等在图上签名

1993年10月16日，家人为孙越崎祝贺百岁诞辰

6 为了统一大业

作为中国和平统一促进会会长的孙越崎一直很关心祖国的和平统一。资源委员会中有不少人后来在台湾担任要职，他们都是抗战胜利以后，资源委员会陆续派到台湾接收日本人留下的工业的。比如担任过台湾地区行政管理机构负责人的孙运璇、知名人士李国鼎、台湾当局经济事务主管部门负责人李达海和赵耀东等，都曾与孙越崎共事，孙越崎经常与他们有些往来，李达海、李国鼎、赵耀东都曾到北京访问过。

孙越崎与台湾不少著名人士也都有深厚的关系，张群、陈立夫、俞大维、谷正纲等都是他的老朋友，在"文革"以后，孙越崎与这些老朋友也有联系，共叙旧谊。

1988年10月，孙越崎在离去39年之后又回到了香港，他通过电话与台湾的老友、老下属恢复了交往。

孙越崎夫妇会见原玉门油矿同仁、台湾知名人士李达海（右为邹明）

1948年春，孙越崎陪同时任行政院院长张群去东北视察，曾去了鞍钢等地，回来时乘坐飞机在天津张贵机场降落，天津市长杜建时来接。路上，张群风趣地对孙越崎说："你到处跑来跑去，老不在家，我想你的夫人一定会对你不满意，提出离婚吧？"孙越崎和杜建时都笑了。孙越崎一直还记得张群的风趣。

张群1990年在台湾去世，享年101岁。

孙越崎很惦记几十年前在北洋大学读书时的同学陈立夫，他们不但是同学，后来在国民党政府中也共事过，到了香港，孙越崎对朋友说："祖燕（陈立夫）和我是同乡、同学、同事，你们一定要帮我和他联系上，就是见不成，听听声音也好。"后来朋友真的帮他们联系上了，陈立夫向孙越崎建议，向有关部门提出恢复北洋大学校名，但后来有关人士说"北洋"二字名声不好，此事没有办成。此后，他们曾多次信件往来。

孙越崎百岁寿辰时，陈立夫为他写来祝寿的条幅："志诚自仁，仁者必寿，越崎兄长，时年九十陈立夫敬题。"

1993年李国鼎到北京来，孙越崎在小儿子孙大武的陪同下，到钓鱼台去看望，两位老人叙旧时，两位老人的儿子在一旁也交谈起来，李国鼎的儿子对孙大武说了这样的话："我父亲在台湾时说过，他自己只是资源委员会里的二流人才，当时资源委员会的一流人才都留在大陆了。我父亲对孙越崎先生的评价更高。"

孙大武知道，李国鼎是台湾经济起飞的主要策划人之一，对台湾经济发展做出过巨大贡献。他的这种说法是太自谦了，但是资源委员会留在大陆的人员具有"一流"水平，的确是个事实，而这些一流人才没有能充分发挥出一流才能也是事实，尽管这一状况在"文革"以后得到了纠正，无奈这些人已是垂垂老矣！

1988年那次在香港，孙越崎曾向香港复旦校友会建议，借助香港与海外及台湾校友的联系渠道，促成一个世界性的校友联谊组织。香港校友会会长

孙越崎会见原资源委员会同仁，台湾"经济起飞"主要推进者之一李国鼎

孙景询积极响应。

从香港回北京不久，1988年12月30日，在全国人大常委举行的纪念《告台湾同胞书》发表十周年座谈会上，孙越崎发言说："我是学矿冶工程的，从年轻时代起就从事能源方面的工作，曾在东北创办了北满第一个现代化的煤矿——穆棱煤矿。抗日时期又创办了我国第一个油矿——玉门油矿。曾获得以陈立夫先生为会长的中国工程师学会金质奖章。后来我的好朋友孙运璿先生在台湾也得到了同样的奖章。如今台湾的老人中，张岳军是我的上级，俞大维先生是我在上海复旦公学的中学同窗，陈立夫先生同我在天津北洋大学都是矿冶系的学生。台湾当局经济事务主管部门历任负责人绝大多数都是资源委员会的老同事。现在，我还经常想起我们在一起同甘共苦创业的情景，我很佩服他们的才华和工作精神，他们为台湾工农业的发展做出了贡献。

"1949年1月，我应台湾省主席陈诚先生之邀，去了一次台北，当时李国鼎先生任资源委员会基隆造船厂协理，基隆、台北相距很近，我经常与他聊天。1949年至今，转眼就四十年了，这四十年，尤其80年代中期以来，台湾经济迅速发展，作为一个经济学家，我对台湾这一变化极感兴趣，也希望再去台湾进行经济调查，与台湾的老朋友们共同探讨。

"……我认为，中华民族要富强，就必须走这条经济互补的道路，海峡两岸的经济界朋友们应该携手共进。"

孙越崎的这番话说得很有感情，第二天这段话就发表在《人民日报》上。

孙越崎1988年在香港提出的建议得到响应，经与各地校友会积极联系，复旦大学世界校友联谊会于1990年12月在香港举行。

1990年12月孙越崎又一次到香港，出席了这次大会，参加这个联谊会的有来自美国、英国及中国的北京、上海、广州、台北、武汉、南京、山东、福建、陕西等地的校友。孙越崎利用这次联谊会为海峡两岸穿针引线，他在会上致词："复旦大学世界联谊会今天在香港举行，越崎感到格外高兴和欣慰……越崎不顾年迈之躯，躬与盛会，看到从中国大陆到宝岛台湾，从美洲西海岸到欧洲大陆，从亚洲的日本到新加坡，济济多士，欢聚一堂，真是

1990年12月,孙越崎在香港召开的复旦大学世界校友联谊会上讲话

复旦校史上的一次盛会……海峡两岸的隔离隔阂,是历史原因造成的,当务之急是要为了民族的利益,尽快完成祖国统一大业,越快越好,这是我这个百岁老人最后一次对年轻一代要说的恳切话……"

在孙越崎家的墙上,可以看到"国共合作"的和谐画面,就在陈立夫所定的条幅旁,挂着江泽民总书记与孙越崎的大幅合影,与陈立夫的条幅相映生辉的还有那一尊邓颖超生前嘱送的老寿星像。

孙越崎的生命之舟作了真正的世纪航行,纵观他那漫长的人生航道,他的确如年轻时代改名明志时希望的那样,越过了那么多的崎岖而终于走向康庄,他的功绩岂止在为中国奠定了石油工业的基础,他的足迹几乎遍及中国重工业的方方面面,在长期而剧烈的社会动荡之中,他始终不改爱国救国的初衷,为了保护中国在20世纪中叶仅有的一点工业家底,他放弃了个人的前途,甘心情愿地去冒生命危险。在后半生的几十年中,他忍受了那么多心灵上的自责与煎熬。在他于九十岁高龄重得为国效力的机会时,他又抛弃多年的个人荣辱,全身心地投入了中国改革开放后的经济建设之中。

正如友人送他的一幅条幅上所写的：

长命岂止百岁，理应花甲双轮。

陈迹塞北江南，一生艰险堪惊。

今日康庄大道，更加复发青春。

第十五章　功在千秋

《人民日报》："孙越崎同志的一生是爱国的一生，为国家和人民不懈奋斗的一生，是追求真理、不断进步的一生。他一身正气、两袖清风、百折不挠、坦荡无私、顾全大局。"

1　驾鹤西去　魂归故乡

1995年12月9日晨，孙越崎因病去世，享年103岁。

消息传出后，全国政协常委会副主席吴学谦、中组部部长张全景，中共中央统战部部长王兆国、副部长刘延东，以及民革中央、煤炭工业部领导相继赶来北京医院告别孙越崎，并与其家属研究有关后事。孙越崎没有立过遗嘱，但生前多次向子女谈到他逝后的愿望。他说，不要搞任何活动，只要在报上发个消息，说这人已经不在，免得人家再给我写信了，遗体可供医学研究之用，并当作肥料就好。其子女据此向中央递了报告。后经中央领导研究，考虑到他的声望对海内外的影响，遗体告别仪式还是举行为好。12月10日，《人民日报》等首都主要报刊都刊登了孙越崎逝世的消息。港台新闻媒体也作了报导。各有关单位、个人和海外亲朋好友等相继发来唁电、信件，打来电话，表示哀悼，其中到家悼念的人很多。

12月22日上午，党和国家有关方面在北京八宝山公墓礼堂举行孙越崎同志遗体送别仪式。朱镕基、丁关根、李岚清、吴邦国、温家宝、孙起孟、雷洁琼、王光英、卢嘉锡、李沛瑶、阿沛·阿旺晋美、洪学智、钱伟长、钱正英、万国权等党和国家领导人，全国政协、中组部、中共中央统战部、原煤炭工业部、原石油工业部、各民主党派、全国工商联等单位领导同志以及孙越崎生前亲友近千人参加了悼念仪式。

江泽民主席等党政领导及各部门、各界人士送来的花篮、花圈排满在送别室两侧。台湾孙运璿、李国鼎、金开英、李达海、赵耀东、董世芬等原资源委员会同事也托人送了鲜花花篮。

12月23日，《人民日报》头版刊登"孙越崎同志遗体火化"的消息。文中说："孙越崎同志的一生是爱国的一生，为国家和人民不懈奋斗的一生，是追求真理、不断进步的一生。他一身正气、两袖清风、百折不挠、坦荡无私、顾全大局。"这是党和国家对他的评价。

全国政协常委会副主席、民革中央副主席何鲁丽同志热心地在北京福田公墓寻到一株高大挺拔的雪松，是孙越崎一生高洁品格的象征。1996年1月10日，孙越崎的夫人王仪孟也因病在北京去世，享年94岁，她逝世前尚不知道孙越崎已先她而去了。4月10日，其家人撒埋了二老的骨灰，他们一同安眠在这颗雪松之下。没有墓碑。

1995年，何鲁丽（曾任民革中央主席及孙越崎科技教育基金委员会主任）吊唁孙越崎逝世

孙越崎长眠在这棵雪松下

2012年9月16日,孙越崎夫妇骨灰土迁葬故乡浙江绍兴越崎中学,仪式后家人与越崎中学和绍兴市教育局领导合影

2012年,孙越崎家人得知,"越崎中学"极欢迎孙越崎先生夫妇归葬校园。孙氏后人一致赞同,遂将骨灰土取出,9月16日,女、婿、子、媳及国内一行后人,齐聚校园,与浙江省绍兴市教育局及校领导一起,将骨灰土撒入孙越崎塑像后灌木丛下,仪式庄严简朴,践行了孙越崎生前"后事从简""绿化祖国"的理念,也极契合他晚年强烈思乡情。

2 风范长存

孙越崎逝世后,浙江省绍兴县提出在其家乡兴建一所以孙越崎命名的中学,以振兴绍兴山区教育,培养更多有志山区青年人才。全国政协常委会副主席、孙越崎之侄孙孚凌曾为此事赴绍兴调研。1996年,绍兴县政府出资2500万元,创办这所崭新的高级中学,命名为"越崎中学"。校名由李瑞环

为纪念乡贤孙越崎，浙江绍兴建立越崎中学，李瑞环题写校名，1997年10月开学。建校决策者绍兴县委书记陈敏尔（右）出席孙越崎塑像揭幕仪式。钱伟长题写馆名、薄一波撰写前言的"孙越崎纪念馆"同时在校内落成

主席题写。学校于1996年4月动工，1997年9月新生入学。如今这所学校已成为绍兴名校，2006年被评为浙江省一级重点学校，2015年被评为浙江省特色示范学校，至2019年，已毕业15114人，多人被清华大学、北京大学、浙江大学等名校录取。

孙越崎纪念馆同时建立，设在越崎中学内。全国政协常委会副主席、孙越崎科技教育基金委员会主任钱伟长同志为纪念馆书写了馆名，薄一波同志写了前言。纪念馆是绍兴县青少年爱国主义教育基地之一。

2003年10月16日，民革中央在人民大会堂举办孙越崎诞辰110周年纪念会，王兆国、何鲁丽、杨汝岱、钱正英、孙孚凌、刘延东、经叔平等出席会议。与会的还有有关单位代表、孙越崎生前友好和家属。

在孙越崎去世若干年后，在河南理工大学、中国矿业大学（北京）、中国矿业大学（徐州）的校园和甘肃玉门油田矿史展览馆里，相继建起孙越崎塑像。中国矿业大学（徐州）建立了孙越崎学院。多本关于纪念孙越崎的书籍陆续出版，有《长忆百龄翁》《工矿泰斗孙越崎》《孙越崎》《爱国老人孙越崎》《越崎》《孙越崎文集》等。

孙越崎科技教育基金委员会每年10月如期颁奖。截至2009年，获能源

大奖的累计64人，其中12人已被评选为两院院士。

　　本着孙越崎的奉献风格，在他去世后，其家人将他全部存款20万元捐给绍兴越崎中学作为师生奖学金；他的遗物——档案资料、照片、音像资料、书籍及物品等6000多件全部捐赠给绍兴县档案馆。

　　孙越崎人虽逝去，但他忠贞不渝的爱国思想、脚踏实地的敬业精神、清廉朴素的生活作风，堪称典范，将与世长存。

孙越崎年表

1893 年

10月16月生于浙江省绍兴府会稽县稽东镇（后改平水乡）同康村，取名世荣。

祖父、祖母（杨氏）在堂。

父亲孙延昌，又名孙绳武，字燕堂，时年20岁。母方氏。家有水田80亩、山林几百亩，为村中大户。

1894 年

父亲孙延昌考中秀才，为稽东镇唯一之知识分子。中日发生甲午战争，中国战败。

1897 年

母亲生弟毓麟，字英波。一个月后母亲病故，世荣改由祖母杨氏抚养，英波送到外婆家的邻居处吃奶。

1898 年

祖父与村人合请私塾先生，遂读"四书"。初不懂，尽背之。

1902 年

父亲续娶章氏。继母后生三弟、四弟、五弟。

1905 年

父亲因与祖父争吵离家出走。先至北京,后至黑龙江齐齐哈尔,任省长公署科员,旋升呼玛县长。后弃政从实业,办逢源金矿公司,获大利。

1906 年

欲进绍兴城读书,遭祖父拒绝,只得白天帮家里看护竹山,晚上偷油点灯自学《左传》《古文观止》和《资治通鉴》等书。

1907 年

徐锡麟、秋瑾举事败露,叔父延渭字翼庭,因在秋瑾办的大通师范学堂读书,常去秋瑾家和畅堂,被迫出逃。避居小姑家,一年多后方回。

1908 年

祖父犯病在自家的山上翻滚,为路过村人所救。十月病故。父亲从黑龙江奔丧回家。

1909 年

祖父病故后不久,经父亲与叔父商量同意,并由叔父陪同,于春天到绍兴考入简易师范学校,取学名毓麒。初闹不少笑话,学习很吃力;第一学期每周作文两次,每次都是最后一名。暑假一个半月,苦读《东莱博议》。第二学期第一周作文,得了第一名。从此遂成班上佼佼者。

1911 年

辛亥革命发生,剪掉辫子。

1912 年

师范学校毕业,义务教书一年。先在绍兴西门外小学,后转到简易师范

学校附近小学任教。

年底，由祖母和叔父做主，与葛采湘结婚。

1913 年

离开绍兴至上海继续读书。考入复旦公学中学部，与国文教师邵力子结识，与俞大维、恽震、曾养甫、罗家伦等后来著名人士同学。葛采湘回娘家，开始上私塾和放脚。

1914 年

长子孙竹生出生。

1915 年

5月，袁世凯接受日本提出的"二十一条"。鉴于有亡国之忧和国家前途崎岖，遂改毓麒为越崎，取音同字不同之意，务使中国越崎岖而达康庄。

10月，参加中国东南地区学生讲演比赛，获第二名。被复旦公学浙江省同学推举为浙江同乡会会长。

1916 年

从复旦公学毕业。

1917 年

春天入北洋大学文科预科，父劝其改理科。经校长赵天麟同意，于下学期考试后转入理科预科。与陈立夫、陈果夫、曾养甫、张太雷等先后同学。

生大女儿孙蔚我。

1918 年

当选为北洋大学学生会会长。

1919 年

5月14日，天津学生联合会成立。领导天津学生，声援北京学生运动，即"五四运动"。以北洋大学学生会会长身份参加会议。

5月23日，组织北洋大学学生罢课。

6月4日，天津学生示威游行，与谌志笃、马骏、沙祖培、易守康等被选为学生代表同直隶省长曹锐进行面对面的斗争，声援北京学生的爱国行动。

9月，北洋大学学生反对校方白天上课、晚上补考，又进行了罢课。校长赵天麟辞职，曹锐另派冯熙运为校长。因不肯写悔过书，被开除。后经蔡元培同意，得教务长蒋梦麟办理，入北京大学采矿系继续学习。在北京大学学会骑马，为今后野外工作打下基础。

1921 年

在开滦实习测量，了解煤矿生产。

暑假在北京大学毕业，获工科学士学位。因疑有肺病回绍兴休养。

1922 年

妻葛采湘不幸病故。孙越崎悲痛欲绝，受沉重打击。

1923 年

在父亲劝告下，于秋天北上哈尔滨。在东北调查了抚顺和本溪煤矿、昭和钢铁厂（鞍钢）等，注意到日本人管理严格。

1924 年

1月，未就哈尔滨电厂翻译之职，受黑龙江督军兼中长铁路特区长官朱庆澜委托，去穆棱勘探中俄合资煤矿，任中方探矿队队长。

2月率探矿队在小碱厂沟梨树沟、探矿三个多月，探明地质构造及煤区面积。

1925 年

9月11日，被蔡运升（滨江道尹、穆棱煤矿公司督办——董事长）任命为穆棱煤矿中方首席矿务股长，兼机械及土木工程股股长，负责二号直井的开掘工作。11月开工，开掘中，亲身经历了生产的各个环节，战胜特大流沙等困难。

1926 年

8月26日，经人介绍与江西临川王仪孟结婚。工作忙不顾家。

9月穆棱煤矿二号井见煤，日产煤700吨，与俄方卜鲁希年科负责的一号直井不相上下。

1927 年

7月，翁文灏到穆棱考察，孙越崎亲自陪同，朝夕相处。翁对孙大为激赏。

1929 年

年初，申请去美国加利福尼亚大学研究生院学习。

4月，《吉林穆棱煤矿纪实》一书完稿，翁文灏为之作序："观孙君之一出学校，即入穷山，数载辛勤，卒创大业。"

5月1日，生女儿孙叔涵。

翁文灏推荐任河北井陉煤矿总工程师，因欲出国留学婉辞未就。

7月，接到美国加州大学入学通知。辞职，被总公司理事长（总经理）刘文田挟恨"开除"。先去山东看望北洋大学同学秦瑜，路经南京拜访邵力子，在上海见到翁文灏。

8月，乘船，14天抵达美国加州。

9月，至加州。因加州大学已开学，经韩文信指引入斯坦福大学研究生院学习。因不想教书搞研究和当官，故未申请学位。此后，边学习边考察美国西部石油矿和金矿。

1931 年

9月，转入纽约哥伦比亚大学研究生院学习，同时参观美国东部的煤矿。其间，为长江大水募捐及为之戒烟。

1932 年

春天于哥伦比亚大学研究生院毕业，后横渡大西洋到英、法、德参观矿业生产。

秋天，经苏联回哈尔滨。因不愿做日本人统治下之亡国奴，仅在家居二十余日，即经大连转赴天津到北平。抵塘沽时，见到国旗放声大哭，说总算回到祖国。在北平期间曾去河北遵化马兰峪探查金矿。

11月，经翁文灏介绍参加在南京刚刚成立的国防设计委员会——资源委员会前身，任专员兼矿室主任，职位同少将衔。

1933 年

3月，去津浦路沿线调查煤矿资源，先后去淮南等6个矿。归来后写成《津浦沿线煤矿调查报告》，经钱昌照送呈行政院院长宋子文。宋子文读后召见了他，说写得好。其间4月时，因日军占领辽宁朝阳而开烟戒。

9月，率张心田考察延长石油矿。时任陕西省政府主席邵力子派省建设厅技正赵国宾陪同前往，探明运输路线和了解钻井机具情况。

1934 年

春天，国防设计委员会与陕西省商定，成立陕北油矿勘探处，任处长。

4月18日，与严爽、张心田、董蔚翘等督运100余吨设备从上海出发，启运陕北。至9月4日，历尽千难万险，终将设备完整安全抵运陕北延长和延川永坪镇。

9月18日，翁文灏电邀商洽整理中外合资焦作中福煤矿事宜。因油矿事紧未去。

10月，延长101井出油，而后赶赴焦作。经实地考察，力劝翁文灏出任整理专员。

11月，与翁文灏去焦作整理中福煤矿，任总工程师。翁不在时由孙全权负责。仍兼陕北油矿勘探处处长。

1935年

1月，负责制订中福煤矿全年产销计划，提出全年生产、运输、销售原煤100万吨、盈利100万元的"四个一百万"的奋斗目标。

4月，延长油矿被陕北红军占领。

5月底，与都槲周前往汉口、芜湖、南京、上海等地推销焦作无烟煤。

7月，三女儿毛毛因被矿医院薛院长错打预防针死去，孙不在，亦未速归。竹生得急性中耳炎，亦不在，同样未速归。

11月，接替翁文灏任中福煤矿整理专员。

年底，完成年初"四个一百万"目标，使煤矿扭亏为盈，从上年亏损58.6万元，变为盈利117万元。

1936年

7月，鉴于日本侵略野心日益暴露，组织中福职工军训。

10月10日，在焦作举行大规模防空演习。

1937年

1月22日，中福煤矿董事长翁文灏任命孙越崎为中福煤矿公司总经理。

7月7日，中日战争全面爆发，抗日战争开始。为了不使设备落到日军手里，力排中外股东异议，着手准备拆运中福公司的机器设备南下。

8月，小儿子孙大武出生。

10月，组织拆迁机器设备。

11月，中福公司与资源委员会签订《合办湖南湘潭谭家山煤矿草合同》。

1938年

3月，所有中福公司拆迁的机器先后集中到汉口丹水池煤场。在武汉翁文灏家与卢作孚相遇，鉴于抗战用煤急需，二人当即商定合办四川重庆天府煤矿。随后入川实地考察矿区。

4月，写出《天府煤矿与北川铁路调查报告》。

5月，四川天府煤矿与河南中福煤矿公司合并成立"天府矿业股份有限公司"，任总经理。

6月12日，甘肃油矿筹备处在汉口成立，严爽任主任。

8月，武汉战事吃紧，前往宜昌催运拆迁设备入川。

在汉口由同学曾养甫介绍参加中国国民党。

1939年

继合办天府煤矿以后，利用中福公司迁川设备，相继办了嘉阳、威远、石燕三个煤矿，兼任四矿总经理，有力地支援了抗战和大后方煤业的开发。

通过韩文信医生向共产党重庆办事机构无偿提供煤炭等物资。

1940年

8月，去玉门油矿考察，认为有大规模开采之价值和必要，受命制订开发计划等。

1941年

3月16日，甘肃油矿局在重庆正式成立，任总经理。继续担任四煤矿总经理。

4月21日，玉门油矿四号井井喷。

10月20日，玉门油矿八号井又发生强烈井喷。巨大的声浪摇天撼地，最多时一天喷油2500多吨。

12月，太平洋战争爆发后赶赴玉门，在进口设备来源断绝情况下，提出"自力更生、迎难而上"的口号。

1942年

2月，提出年产汽油180万加仑的奋斗目标。

7月1日，随翁文灏去新疆商谈乌苏独山子油矿中苏合办有关事宜。

8月中旬，玉门八号井再次失控喷油，七天喷出原油达1.6万吨左右。是时天下毛毛雨两日，致使油池水满原油流出地面，油渍漫山遍野，发生大火。

8月26日，蒋介石亲赴油矿视察，对玉门油矿成就和孙越崎的业绩深表赞赏。

8月，在兰州获中国工程师学会第十一届年会颁发的金质奖章。在此之前享此殊荣的有：创办粤汉铁路的凌鸿勋，发明侯氏制碱法的侯德榜，飞架钱塘江大桥的茅以升。在此之后获得金质奖章的是制造中国首台柴油机的支秉渊等。

11月，提前完成全年生产180万加仑汽油的目标。

1943年

1月，派玉门油矿孙健初、董蔚翘、翁心源、熊尚元等去美国学习。

上半年，先后接待蒋经国、蒋纬国、曹禺、吴作人、罗家伦，美国地质学家贝尔慈，英国科技史专家李约瑟等参观玉门油矿。

夏天，玉门油矿大水，由重庆赶赴现场指挥救灾及恢复生产。

1944年

7月，二进新疆接办独山子油矿，也是1949年前唯一一次携带家属（妻子及儿子）长途外出。同去者有严爽、金开英和独山子油矿筹备处主任李同照等。代表国民政府经济部接收新疆乌苏独山子油矿。

1945 年

3月，翁文灏及驻华美军、美租借法案驻华代表、生产顾问等参观玉门油矿。

5月，以工矿特别党部代表身份出席国民党第六次全国代表大会，被选为候补中央执行委员。

5月，美国石油地质学会会长里奇到玉门考察。

9月，任行政院经济部、战时生产局东北区特派员。因苏联远东军司令部拒进，千人出关受阻。

10月下旬，转任行政院河北平津敌伪产业处理局局长。

11月30日，乘行政院院长宋子文专机赴北平上任。

12月，先后与蒋介石、宋子文商议北平敌伪产业处理问题。

陪宋子文赴青岛参观美舰队表演，又陪同舰队司令、海军上将参观北京故宫。

1946 年

1月，受蒋介石委派16日飞东北长春，任军事委员会委员长东北行营经济委员会主任委员张嘉璈经济顾问。17日与张嘉璈一起同苏军总部经济顾问谈判接收、合办东北工矿业事宜。坚持原则，据理力争，坚决维护国家主权。

3月12日，率经济部东北区特派员办事处进入沈阳，开展接收工作。

5月18日，任资源委员会副主任委员。

9月18日，改称副委员长。

为接收东北工矿企业、恢复国民经济，频繁往返于华北、东北之间。

1947 年

1月，在完成河北平津敌伪产业处理局一千亿元的法币任务后，辞去处理局局长一职。

2月，将接收的东北重工业企业交资源委员会办理。

5月，到南京任资源委员会副委员长。

7月，误信传言，在《中央日报》上发表《悼俞再麟》文章。

9月，视察东北，眼见国民党军队士气低落、节节败退，共产党军队步步进逼、深得人心，思想发生变化。

1948年

春天，陪行政院院长张群视察东北、天津。

5月，行政院改组，被行政院院长翁文灏任为政务委员兼资源委员会委员长。

10月，利用国民党社会部在南京召开全国工业总会成立大会的机会，在南京召集资委会各地负责人会议，商定资委会全体员工留在大陆，"坚守岗位、维护财产、迎接解放、办理移交"。

12月，蒋介石对孙越崎当面下令拆迁南京电照厂、南京有线电厂、南京电瓷厂、南京无线电厂、马鞍山机械厂等五厂，并迅速拨来巨款。孙越崎与同事一起冒险拖延、拒迁。

12月，翁文灏内阁总辞职，孙科接替。仍任政务委员兼资源委员会委员长。

1949年

1月，应台湾省主席陈诚邀请赴台湾视察资源委员会所属企业，安排台湾糖业公司为地方教育事司捐款。

2月，汤恩伯电报按蒋介石指示催五厂迁台。决定不迁不复。

3月上旬，派季树农代表资源委员会与中共上海地下党王寅生会面，请示关于汤恩伯追查资源委员会物资输运不利电报的对策。

3月21日，任何应钦内阁政务委员、经济部部长兼资委会主任委员。继续领导组织南京、上海及全国资源委员会人员留在大陆。

4月中旬，在上海与由港到沪的钱昌照密谈，告钱昌照在他出国期间，有关资源委员会计划留在大陆的各方面准备工作，并劝钱昌照通过在北平的邵力子争取北上，钱昌照表示同意。

4月23日，中国人民解放军渡过长江，南京解放。

4月26日，离沪去广州，给资源委员会华中、华南、西南负责人分发救济款美金208万元，勉励大家坚持到底，迎接光明。

4月下旬，安排秘书沈嘉元兼中国纺织公司董事会主任秘书，协助总经理拒迁中国纺织公司去台湾。

5月1日，去香港安排家属住处，与中共香港负责人乔冠华取得联系。

5月6日，返回广州。

5月29日，行政院在广州召开例会，孙越崎缺席。陈诚对孙越崎行为提出质疑，公开发泄不满。

6月初，辞职去香港，策动资源委员会国外贸易事务所起义。同时，做翁文灏思想工作，劝其留在大陆。

10月1日，中华人民共和国成立。

11月4日，携家眷乘船北上，受到欢迎，任中华人民共和国中央政府财经委员会计划局副局长。党外人士钱昌照、孙晓村任该局副局长。在北上的途中，蒋介石曾派四艘小军舰拦截。因拦错船只，幸免于难。

12月，在北京协和医院体检，发现糖尿病，血糖4个加号。严遵医嘱，控制饮食，短期内体重下降30余斤。几十年未犯。

1950年

5月，在《参考消息》上看到被开除出国民党并予以通缉，一直未撤。

1951年

1月，在孙越崎与翁心源等不断劝说下，翁文灏从法国回到大陆。孙越崎到北京站迎接。

3月29日，与郭可诠、吕克白等制定我国第一份基本建设工作办法——《基本建设工作程序暂行办法》。

6月16日，在《人民日报》头版发表《没有工程设计就不能施工》社论，明确提出"施工必先设计"的基本建设原则。

冬天，去四川南川县农村参加土地改革运动。

1952 年

2月11日，在四川南川县城，从《四川日报》上看到老友卢作孚在"三反""五反"运动中于8日自杀的消息，万分难受。老部下原资委会煤业总局副局长吴京等亦受审查。

3月12日，从四川回京，参加"三反""五反"运动。因1949年分发救济款208万美元一事受审查。

7月，中央财政经济委员会撤销，因主动要求去煤矿工作，调任开滦煤矿总管理处任第三副主任。因运动关系，全在京待命。

12月30日，去开滦煤矿上任。分工基本建设和老矿技术改造工作。深入井下，科学地指挥生产。至1959年共下井百余次。

由邵力子介绍加入中国国民党革命委员会（简称民革）。

1954 年

英国工党领袖艾德礼和比万访华，周恩来总理指示陪同参观开滦煤矿。

1956 年

2月，在民革中央第三届全国代表大会上当选为中央委员。

1957 年

5月，与高树勋到武汉开会，不解"大鸣、大放、大辩论"为何意，受到一定冲击。之后逐渐撤销其办公室，开始养老。

唐山铁道学院机械系主任、教授、长子孙竹生被打成"大右派"。

1958 年

在民革中央第四届全国代表大会上连任中央委员。同时还担任唐山市政协常委会副主席、民革唐山市主任委员。

庆祝"七一"向党表决心，一天戒去多年大量吸烟习惯，从此不再吸烟。

1959 年

患美尼尔综合征，回京在颐和园疗养。病愈在北京女儿及侄儿家住一段时间，后回开滦。无工作可做，学会跳舞、打太极拳等。

1965 年

与回归祖国的李宗仁在京叙谈。

1966 年

"文革"中受到冲击，被隔离审查一年半。被冻结存款，停发工资，多次被抄家，后虽被放回家，但仍不完全自由。夫人王仪孟患精神分裂症，三次自杀被救。

1970 年

年初，结束隔离审查，回到家中，但不得离开唐山，街道上经常被指派去劳动。

1973 年

获得行动自由，用补发工资去西安、延安、峨嵋、昆明、贵阳、桂林等地旅游。

10 月，为祝贺自己 80 整寿，与老伴王仪孟、大儿子孙竹生等爬到北京香山鬼见愁（香炉峰），感觉身体良好，充满信心。

1974 年

又与夫人出游济南、青岛、南京、仪征、扬州、江都、无锡、苏州、杭州、新安江水电站等地。

1976 年

7 月 28 日，唐山发生 7.8 级大地震，死亡 24.2 万人。孙越崎夫妇被压在瓦砾下，几小时后被邻居救出，断肋骨三根，幸免于死。由女儿孙叔涵接回北京，住进北京医院。

在北京医院期间，受到邓颖超的照顾。伤愈出院住女儿家抗震棚里，后住杨公兆夫人家。

10 月，历经十年的"文革"结束，中国迎来新时期。

1979 年

当选河北省人大常委会副主任。

10 月，在民革中央五届一中全会上当选为民革中央常委。

1980 年

年初，在全国政协五届三次会议上被选为全国政协常委。

担任河北省政协副主席、民革中央常委。

被聘为国家进出口管理委员会特邀顾问。

1981 年

8 月，被任为煤炭部顾问。

12 月，增补为民革中央副主席。

1983 年

在全国政协第六届全国委员会上，继续当选全国政协常委，同时兼任政协经济建设组组长。

2月，给全国人大常委会副委员长廖承志、中共中央落实台胞台属起义投诚人员政策领导小组组长汪锋上书，要求为资源委员会起义人员落实政策。

8月至9月，响应中央"智力支边"号召，赴内蒙古自治区等地考察煤矿、包钢，提出重要建议。

10月，被推举任欧美同学会名誉会长。

10月16日，民革中央、煤炭部等为其90周岁祝寿。

11月初，率全国政协经济建设组能源专题小组调研北京市煤气化问题。之后去河北蔚县考察建立坑口煤气厂向北京供气问题。

11月28日，中共中央统战部发出（83）695号文《关于对原国民党资源委员会中护产有功人员落实政策的通知》。

12月28日，在民革中央六届一中全会上，再次当选为民革中央副主席。

1984年

3月，率全国政协经济建设组部分成员考察重庆市经济体制改革试点，历时18天。

8月，担任中美国际工程公司咨询委员会主任，去深圳参与论证在中国开发管道输煤工作。

12月30日，复旦大学北京校友会成立，被推选为会长。

担任中信公司咨询公司名誉董事长。

1985年

5月30日，以92岁高龄，率全国政协经济建设组部分成员到四川、湖北调研三峡工程问题，历时38天。

任重建的民生轮船公司董事长。

1986 年

1月，在 1986 年第一期《工程师论坛》上发表《抗战期间资源委员会开发甘肃玉门油矿的经过》文章。

3月，去煤炭部规划设计院唐山分院考察管道输煤试验。随后，在全国政协会议上与吴京作《建设输精煤浆管道缓解铁路煤运》的发言。

11月9日，出席北京香山孙中山诞辰 120 周年纪念活动。4天后，又出席这次纪念活动的海外学者及专家茶话会。

12月28日，出席水利部三峡工程论证领导小组第三次会议，作长篇发言，建议缓上三峡工程。

1987 年

4月5日，任中国通和经济开发咨询服务中心董事长。

7月7日为《抗日战争时期国民政府财政经济战略措施研究》一书作序。

11月21日，出席三峡工程论证会，又作 3 万字的长篇书面发言，坚持自己观点。

1988 年

3月，任全国政协常委会经济委员会副主任，再次当选全国政协常委。

9月，任中国和平统一促进会会长。

10月中下旬，赴香港探亲，与在台湾亲朋故旧见面或者通电话，为中国和平统一奔走。提出并与复旦大学香港校友会共商筹办复旦大学世界校友联谊会事宜。

1989 年

1月，任民革中央监察委员会主席。

4月15日，出席翁文灏 100 周年诞辰座谈会并讲话。

9月9日，为《穆棱煤矿志》写序。

12月，向党中央、国务院报送《关于积极开发煤炭资源，缓解能源危机的意见》。

1990 年

3月，亲笔撰写、反复修改了长达4.8万字的《关于长江流域综合治理和三峡工程问题》的文章，作为全国政协七届三次会议上的书面发言，供各方参考，再次提出缓上三峡工程的意见。

11月25日，在复旦大学北京校友会第二届理事会上，连任会长。

12月10日至20日，赴香港出席复旦大学第一届世界校友联谊会，并致辞祝贺。继续与在台亲朋故旧联系。

1991 年

10月24日，根据原资源委员会留在大陆人士的意见，上书中共中央总书记江泽民，阐明资源委员会护厂护矿、迎接解放的行为应界定为起义性质，希望据此落实政策。时任中共中央办公厅主任的温家宝同志，亲自来家听取意见，并将文件转呈江泽民总书记。

1992 年

3月16日，江泽民总书记在中南海约见孙越崎，明确资源委员会护厂护矿，其主要负责人员，应与地下工作人员同等待遇。

9月，团结出版社出版了《孙越崎文选》。

10月7日，中共中央统战部召开会议，原资委会有关人士参加。中共中央政治局常委宋平代表中共中央讲话，认为1949年资源委员会的行为是爱国、正义的行动。

10月16日，中共中央统战部部长丁关根到家祝寿，并送来江泽民总书记亲自题字与孙越崎合影的放大照片。

10月16日，民革中央等单位在全国政协礼堂召开会议，庆祝孙越崎100岁生日。在朱学范、钱伟长、程思远等十几位著名人士倡议下，成立孙越崎科技教育基金委员会，主任钱伟长。会上还进行了第一届基金颁奖。

12月21日，任民革中央名誉主席。

1993年

1月1日，参加全国政协元旦茶话会，与中共中央总书记江泽民、国务院总理李鹏等再次见面，互致问候。

3月，以最大年龄出席全国政协八届一次会议，当选全国政协常委会委员，其侄子孙孚凌被选为全国政协常委会副主席。

9月11日，被北京大学老龄问题研究中心聘为顾问。

10月5日，第30届国际地质大会组委会主席朱训邀请担任此次大会顾问委员会委员。

10月10日，出席石油大学建校40周年大会。

10月13日，全国政协和中共中央统战部在中共中央统战部庆祝孙越崎百岁寿辰。全国政协常委会主席李瑞环出席并讲话，全国政协常委会副主席、中共中央统战部部长王兆国参加庆贺活动。孙越崎即席讲话。

10月15日，出席复旦大学第三届世界校友联谊会，会上复旦大学校友、国务院副总理李岚清代表中共中央总书记江泽民、国务院总理李鹏向孙越崎祝贺百岁寿辰。

10月16日，出席孙越崎科技教育基金委员会和复旦大学第三届世界校友联谊会联合举办的"孙越崎先生百岁寿辰暨能源奖颁奖大会"，亲自为受奖者颁奖。

10月17日，出席晚辈们为他庆祝百岁生日在燕京饭店举行的家宴。

10月20日，被中国社会经济文化交流协会聘为名誉顾问。

10月23日，出席欧美同学会成立80周年庆祝大会。

12月8日，出席中国辛亥革命研究会成立大会，当选为名誉理事长。

1994年

1月1日，出席全国政协组织的新年茶话会。

1月下旬，中国老年报社和中国社会经济调查所联合主办1993年中国长寿老人调查活动。当选为中国十大寿星之一。

2月9日，《团结报》发表他2月1日写给台湾孙运璇、李国鼎、赵耀东等原资源委员会同仁的新春贺信。

5月，为《回忆徐今强同志》一书题词。

9月21日，被聘为焦作矿业学院名誉院长。

12月，为《清气长留——纪念石油地质学家陈贲诞辰八十周年文集》题词。

1995年

1月1日，出席全国政协元旦团拜会。

1月5日，为《孙云铸教授百年诞辰纪念文集》题词。

8月22日，中央电视台《东方之子》节目播放介绍孙越崎专题节目。

10月16日，全国政协常委会主席李瑞环，全国政协常委会副主席、中共中央统战部部长王兆国前往北京医院祝贺他102岁生日。

10月20日，被聘为焦作工学院名誉董事长、名誉教授。

12月9日，5时22分因病医治无效在北京医院逝世。

12月22日上午，在八宝山革命公墓礼堂举行遗体告别仪式，随后遗体火化。朱镕基、丁关根、李岚清、吴邦国、温家宝等10多位党和国家领导人，全国政协、中共中央组织部、中共中央统战部、原煤炭工业部、原石油工业部、各民主党派中央、全国工商联领导及各界人士、孙越崎生前友好近千人参加送别仪式。

12月25日，浙江省绍兴县委书记向孙越崎家属提出在绍兴县兴建越崎中学的建议。

1996年

1月10日，孙越崎夫人王仪孟因病去世，享年94岁。

4月，绍兴县斥资2500万元的越崎中学动工。

4月10日，孙越崎及夫人的骨灰撒放在北京福田公墓的一株雪松下。

1997 年

9月，越崎中学开学。李瑞环同志题写校名。

2003 年

11月16日，孙越崎诞辰110周年纪念会在人民大会堂新疆厅举行。

一部可读的传记佳作

曹 禺

很早就听说有人在写《孙越崎传》,我一直盼着。上了岁数,许多书想看而看不了,但孙越老的书,我却非读不可;即使看不仔细,也要了解个大概。现在,《孙越崎传》由孙越崎科技教育基金委员会组织人把它写出来,交石油工业出版社出版,这个愿望终于实现了。

我和孙越老相识于半个多世纪之前,那时正是抗日烽火最烈之时。我是一个30多岁的文化人,孙越老则是肩挑重庆4个煤矿(天府、威远、嘉阳、石燕)与开发玉门油矿(甘肃油矿局)的两个总经理。由于贡献卓越,被人称为"煤、油大王"。我住在重庆,曾经跨过2500公里去遥远的玉门油矿采访过。

那时,孙越老带着一批为发展我国石油工业而献身的人,在"春风不渡"之地,在物质奇缺吃穿都不能解决的情况下,迎难而上,顽强拼搏,硬是在荒漠里打出了石油,开发了我国第一个现代化油田,成为国人瞩目的"不夜城"。

抗战胜利以后,孙越老担任河北平津敌伪产业处理局局长,以后又升任资源委员会副委员长、委员长、经济部部长等政府要职,统管全国的工矿业,为抗战胜利后的工业恢复与建设,尤其是东北地区的工业建设,殚精竭虑、八方奔走。无奈战争烽火,救国梦灭。以后识大局、明去就、辨是非,毅然率领资源委员会六七十万人,护厂护矿,迎接解放,演出了一场丰富多彩的活剧。

解放后他先是在中财委干了一段时间，以后去了开滦，再以后受到不公正对待，慢慢无闻了。"文化大革命"后，孙越老重回北京，我们住地不远，就又有了来往。

对孙越老，我始终怀有一种崇敬之情。这不仅因为他解放前兴办实业的贡献，更主要是在逆境中顽强不屈的恋业、爱国精神。这种跨世纪的情结，正是我们今天需要大加提倡的。现在《孙越崎传》把这些都写了出来，而且还有我不熟悉的少年、青年时代的情况，我认为这是很有意义的。对于宣传孙越老、宣传其他同志，提倡爱国主义，加快四化建设，都是有益处的。

《孙越崎传》的内容固然值得读，写作也是比较好的。简要说来有这么几点：一、人物性格化。古代的一些传记之所以能被后人称道，原因之一在于有人物：喜怒哀乐俱来眼底，声容笑貌皆上心头。我们看一些卓越的史书，如《史记》《汉书》，无不如此。《孙越崎传》把孙越老的一个多世纪的经历，尤其是前半生办矿，有声有色地记录了下来。写出了他怎样从一个山村少年，成长为一个著名实业家的历程，其中有欢乐、有忧愁，有敢于决断，也有善于应变，如果没有多年的研究和对人物的熟悉，是很难做到的。二、写故事。现在的一些传记之所以缺乏感染力，在于其中一些只是干巴巴的叙述。《孙越崎传》不是这样，它主要通过故事，把孙越老的一生贯穿起来，类似小说，读来毫不费力，兴味盎然。这大抵也是从古人中汲取了营养。三、语言简练。《孙越崎传》是建立在顺畅基础上的简练，尽可能删去可有可无的字、句、段，使之突出中心，围绕主题。

此外，《孙越崎传》在结构等方面亦有特点，这留待读者自己去体味、思考了。

一九九五年一月
（原载于1995年3月2日《人民日报》）

第二版后记

宋红岗

《孙越崎传》的采访和写作，经历了长达十年的时间，孙越老为人低调，本来一直不同意为他写传，后来为了后人们不忘历史，他才接受了这件事情。一旦接受，他就给予了作者大力支持。

孙越老的夫人一辈子没有在社会上做事，但她不失知识妇女的风度，会讲故事，看人入木三分。

有了他们二老的回忆，传记才有了翔实的内容。

传记写作过程中，孙越老的爱将部下也热情地给予过帮助，如郭可诠、吴京、邹明等。

早年的著名记者对当时在高位的孙越老有过不少采访，本传记的作者也曾去采访过他们，如徐盈、吕德润等。

沈嘉元从1940年就担任孙越老的秘书，他对孙越老在天津任接收大员时的事情知之甚详，也曾为本传记提供了不少珍贵的素材。

当年全国政协常委会副主席孙孚凌，是孙越老二弟的儿子，在他还是北京市副市长的时候，作者曾到他家里采访，他对新中国成立以后的一些事情记忆清晰，且热情健谈。

孙越老在国内的三个子女也都为此传记的写作提供了很大的帮助，长子孙竹生是我国有成就的机车车辆专家，为中国交通事业做出了很大贡献。次女孙叔涵于20世纪90年代中从农业部退休，一直为孙越老的各种事情跑前

跑后。孙越老最小的儿子孙大武为了父亲的传记也出了很大的力，收集了很多照片。

  本传记第一版于1994年10月出版，时逢孙越老101岁，当时举行了隆重的首发式。传记面世后，受到了读者的重视，不少领导同志，原资源委员会的人士以及他们的子女，都通过不同的方式表达了对传记的肯定和喜爱。传记出版后很快售罄，于1996年第二次印刷。

  而今又是十四年过去，这本传记仍为有关人员所需，因书籍已经售罄，决定再版。此次再版，在第一版的基础上对原文作了一些修改，增加了孙越老去世后的内容。

  在此，对孙越老及夫人，还有那些给予帮助的前辈（不少已经去世），致以最真诚的敬意、感谢和怀念。

二〇一〇年十二月

第三版后记

孙越崎科技教育基金委员会

《孙越崎传》自1994年10月第一版发行以来，得到各界广泛的好评，这是对所有作者和出版编辑人员的最好的褒奖，虽然于1996年第二次印刷，但仍供不应求。2010年12月再版，并在第一版的基础上进行了一些修改，形成《孙越崎传》第二版。

孙越崎科技教育基金委员会自1992年成立以来，至2020年（第29届），共颁奖29次，合计3501人次，包括能源大奖100人（其中28人当选为两院院士），青年科技奖561人，家乡教育奖214人。基金委员会每年将《孙越崎传》作为获奖人员的必读之书赠送给他们，鼓励他们要不断加强自身修养，向老先辈们学习。

第三版总体来说对文字修改不大，主要由孙大武同志对少部分与史实不符的内容进行了修订，同时提供了大量的历史照片，插在了正文相应的位置，使本书图文并茂，更加丰富多彩，让孙越崎老人和他的同辈人对祖国、对煤炭、石油工业不断奋斗的历史更加鲜活、形象。另外，孙宁同志也对本书的出版提出了许多具有建设性的意见。

中国石油天然气集团有限公司科技管理部对第三版的发行非常关注，全力支持并给予具体的指导。石油工业出版社的领导和编辑人员对第三版的发行做了大量的、具体的、实质性的工作，非常感谢他们的支持！

二〇二一年八月

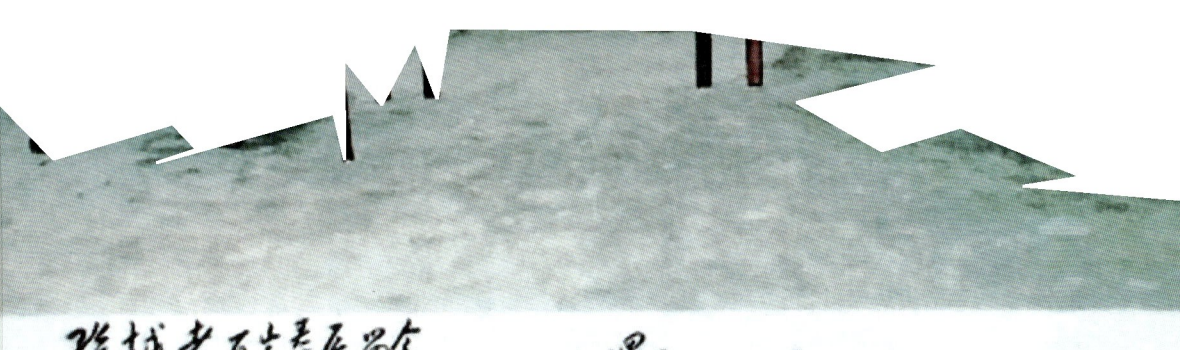

孙越崎百岁寿辰留念   江泽民 一九九二年三月十六日

1992年3月16日，江泽民同志亲切接见孙越崎，代表中共中央对资源委员会解放前夕整体转向人民的行动给予充分肯定，并告知中共中央落实资源委员会政策决定

孙越崎和温家宝同志合影

1995年，朱镕基同志向孙越崎遗体告别

团结　稳定　鼓劲　务实

1992年10月6日，中共中央落实原资源委员会有关人员政策会议参会人员合影（前排左五起为雷任民、孙越崎、宋平、丁关根、谷牧）

民革中央合影（前排左七为郑洞国，左八为朱学范，左九为孙越崎）

1993年10月13日，全国政协主席李瑞环祝贺孙越崎百岁寿诞合影（前排左起为沈求我、孙孚凌、王兆国、孙越崎、李瑞环、王仪孟、孙竹生，后排右六为刘延东）

志存高远

孙越崎出生在一个偏僻山村——浙江绍兴同康村

青年孙越崎

1919年"五四运动"时北洋大学游行队伍（孙越崎作为北洋大学学生会会长参与领导天津学生运动）

孙越崎在美国考察矿山

穆棱创业

孙越崎在穆棱煤矿平洞前

1926年孙越崎主持建设的穆棱煤矿二号竖井

约1927年,孙越崎与夫人王仪孟在穆棱煤矿住房外

穆棱煤矿总公司

穆棱煤矿路矿事务所

陕北找油

1934年7月,陕北石油探勘处全体职员在山西军渡装运石油设备的木船上(左一为严爽,左五为孙越崎)

1934年7月,陕北石油探勘处全体职员在山西军渡装船时的合影(左五为孙越崎)

渡过黄河后,陕北石油探勘处雇佣当地的农民搬运石油设备到延长

孙越崎 影集

老君庙拓荒时期的运输驼队

1934年，孙越崎在陕北延长油矿（左四为孙越崎）

孙越崎（右）与张心田（左）
在陕北油矿井场工作

1939年，甘肃玉门老君庙1井

1941年4月、10月，玉门油矿4井、8井先后井喷，油田规模由此确认

玉门油矿农场

1937年至1944年，孙越崎（左二）奉命赴新疆接办独山子油矿（纳入玉门油矿建制），在新疆霍尔果斯中苏边境，同家人（左三为孙大武，左四为王仪孟）及玉门油矿矿长严爽（左一）、炼厂厂长金开英（右一）合影

整理中福

河南焦作中福公司李封矿

河南焦作中福公司王封矿

约 1936 年，孙越崎在河南焦作骑自行车

河南焦作工学院大门

河南焦作工学院科学馆

重庆办矿

重庆天府煤矿峰厂平洞

20世纪40年代，孙越崎在重庆天府煤矿与同仁、家人合影（前排左起为矿长程宗阳、张兹闿、孙叔涵、孙蔚我、王仪孟、孙越崎）

天府煤矿办公楼——作孚楼

1944年，资源委员会在重庆举办工矿展览会，2月21日，蒋介石参观玉门油矿馆，孙越崎为其作介绍（左起为孙越崎、蒋介石、钱昌照、翁文灏）

1944年2月21日，宋美龄、宋子文参观资源委员会在重庆举办的工矿展览会

老骥伏枥

1951年，根据中央财政经济委员会主任陈云指示，孙越崎撰写的《人民日报》社论《没有工程设计就不可能施工》

从20世纪50年代起，孙越崎在唐山开滦煤矿工作、生活超过25年，这是他在一次大会上发言时的照片，在此，经历"文化大革命""唐山大地震"等重大事件

孙越崎在邓颖超家做客

孙越崎与老友、戏剧大师曹禺在一起

孙越崎与好友、抗日名将郑洞国在一起　　孙越崎与老友薄一波在一起

孙越崎与老友、地质大家黄汲清在一起

1975年，孙越崎与王仪孟自费旅游，应原资源委员会同仁、时任浙江省水利厅厅长徐洽时邀请，参观新安江水电站

1982年，参观鞍钢轧钢厂，与原资源委员会同仁杨树堂、李松堂等合影

1983年，90岁的孙越崎"智力支边"，考察内蒙古工矿企业（左为吴京）

孙越崎90岁时，与家人合影

孙越崎参加天津港工程论证会

1985年，92岁的孙越崎冒酷暑考察长江38天，图为在葛洲坝调查

1985年，孙越崎考察三峡

20世纪80年代，原资源委员会同仁合影留念 [左起为吴京、王蕴珑（邹明夫人）、王仪孟、孙越崎、邹明、郭可诠]

孙越崎与著名科学家、孙越崎科技教育基金委员会首任主任钱伟长在一起

孙越崎与好友、中国科学院院长卢嘉锡在一起

1992年，由朱学范、程思远、钱伟长、卢嘉锡等20多位知名人士倡议，石油、煤炭系统捐资，建立"孙越崎科技教育基金"，同年10月举行首届大会，孙越崎亲自颁奖，并与大奖获得者合影

1992年10月，孙越崎与好友们合影（第二排左二起为王光英、卢嘉锡、钱正英、孙孚凌、孙竹生、谷牧、雷洁琼）

1993年10月13日，在百岁寿辰的宴会上，孙越崎做了20分钟的即席演讲，畅叙一生经历

1993年10月，首任敦煌艺术研究所所长常书鸿和夫人，为老友孙越崎百岁寿辰作"飞天献寿图"，李瑞环等在图上签名

1993年10月16日，家人为孙越崎祝贺百岁诞辰

孙越崎夫妇会见原玉门油矿同仁、台湾知名人士李达海（右为邹明）

孙越崎会见原资源委员会同仁，台湾"经济起飞"主要推进者之一李国鼎

1990年12月，孙越崎在香港召开的复旦大学世界校友联谊会上讲话

精神长存

1995年，何鲁丽（曾任民革中央主席及孙越崎科技教育基金委员会主任）吊唁孙越崎逝世

孙越崎长眠在这棵雪松下

为纪念乡贤孙越崎，浙江绍兴建立越崎中学，李瑞环题写校名，1997年10月开学。建校决策者绍兴县委书记陈敏尔（右）出席孙越崎塑像揭幕仪式。钱伟长题写馆名、薄一波撰写前言的"孙越崎纪念馆"同时在校内落成

2012年9月16日，孙越崎夫妇骨灰土迁葬故乡浙江绍兴越崎中学，仪式后家人与越崎中学和绍兴市教育局领导合影

题　　词

忠贞爱国
越崎人生

宋平题

纪念孙越崎老人

爱国敬业

追求奋斗

湯家寶 丙子年

盡畢生精力為中華工業
傾全部知識圖社會振興

薄一波
一九九六年七月五日

爱国敬业

耿直无私

为孙越崎纪念文集题

一九九六年十月 王兆国

孙越崎 [影集]

为国为民操劳
终生 纪念
越崎同志
　　　钱伟长
一九九六年九月一日

爱国一生

纪念孙越崎先生诞辰一百二十周年

何鲁丽

二〇二年九月

孙越崎先生纪念文集

越崎学长千古
　　　徐之元 筆

奋斗一生
　　徐之元 敬题

襟懷澄澈 軌範共欽
海天遙隔 迪教鮮承
壽超百齡 鶴馭歸真
慈祥永慕 愴念儀型

晚 孫運璿 拜啟

囑題 孫越崎先生文集

著作等身身永在
子孫維業業長存

金開英拜題

遐邇同傳齒德尊喜從多壽見
多仁稱觴更待雙還曆人瑞宜
舉國瑞稱

越崎先生百歲華誕之慶

趙樸初敬撰賀

孫越崎老先生百齡有參誕辰紀念

開發能源　振興經濟

功在國家　造福社會

李國鼎敬題